国家改革和发展示范学校建设项目
课程改革实践教材
全国中职汽车专业实用型规划教材

汽车发动机构造与维修

主　编　兰国龙

副主编　马　泽　王艳玲　詹淑红　万　赣
　　　　李明全　覃新居　马　征

编　者　周运超　徐立峰

哈爾濱工業大學出版社
HARBIN INSTITUTE OF TECHNOLOGY PRESS

内容简介

《汽车发动机构造与维修》为理论与实训一体化教材。在编写过程中，坚持理论与实践相结合的原则，注重培养学生的实践应用能力及创新精神。在内容上，集汽车发动机构造与维修于一体，重点突出汽车发动机维修操作技能；在阐述汽车发动机基本结构原理的同时，突出典型车型故障的检测及维修方法。

本教材可作为中高职院校汽车运用与维修专业教材，亦可作为汽车维修方面的培训教材，也可供汽车维修从业人员参考。

图书在版编目（CIP）数据

汽车发动机构造与维修 / 兰国龙主编. —哈尔滨：哈尔滨工业大学出版社，2014.8

ISBN 978-7-5603-4875-9

Ⅰ.①汽… Ⅱ.①兰… Ⅲ.①汽车-发动机-构造-高等学校-教材 ②汽车-发动机-车辆修理-高等学校-教材Ⅳ.①U472.43

中国版本图书馆CIP数据核字(2014)第174403号

责任编辑　李长波
出版发行　哈尔滨工业大学出版社
社　　址　哈尔滨市南岗区复华四道街10号　邮编 150006
传　　真　0451-86414749
网　　址　http://hitpress.tit.edu.cn
印　　刷　三河市越阳印务有限公司
开　　本　850mm×1168mm　1/16　印张 12.5　字数 360千字
版　　次　2014年8月第1版　2014年8月第1次印刷
书　　号　ISBN 978-7-5603-4875-9
定　　价　30.00元

前言

汽车维修职业教育的培养定位，是为汽车维修企业培养能够实现零距离上岗就业的一线技术工人。为了适应我国汽车维修行业技能型紧缺人才培养的需要，满足中等职业学校以就业为导向的办学目标和要求，同时，也为了配合中等职业学校汽车类专业开展一体化教学的需要，我们在本校汽车专业课程模块化改革的基础上，根据所制定的教学大纲，组织了部分专业骨干教师编写了《汽车发动机构造与维修》一体化教材。

本书根据汽车运用与维修技术领域和职业岗位的任职要求，对我国汽车产业和维修服务的发展需求以及市场用人标准进行调研分析之后，参照有关行业技能鉴定规范及中级技术工人登记考核标准，确定编写内容，简化烦琐的理论分析，突出结构、维修、检测以及故障诊断等内容的讲述，力求与职业资格标准相衔接，有较强的岗位针对性和实用性。

本书对发动机的两大机构、五大系统进行了全面描述，共分为10个模块，内容包括汽车发动机总体构造、曲柄连杆机构的构造与维修、配气机构的构造与维修、电控燃油喷射系统的构造与维修、柴油机燃料供给系的构造与维修、冷却系的构造与维修、润滑系的构造与维修、点火系的构造、启动系的构造、发动机的拆装调试。其中启动系与点火系在本书中只要求了解，不做重点要求，所以只讲了构造部分内容。每个模块均由多个学习任务组成，内容全面适用。在内容上并非传统的简单整合，而是以典型汽车的结构和维修操作项目进行编排。

本书主要特点如下：

1．由浅入深、循序渐进、由易到难地讲解发动机各个系统的结构与维修方法，把专业知识与技能操作有机地结合在一起，可有效地提高学习效率。

2．注重实践技能的培养，通过将每页分栏，将理论与实训相结合，以实训任务为载体，理论知识为指导，认知、理解、掌握每个学习任务。

3．注重内容与时俱进，加强电控燃油喷射系统等内容的介绍，删减化油器供给系等过时内容，努力使本书内容和当前汽车发动机构造与维修的技术发展相符合。

4．每个任务的设置充分考虑了现有的教学设施、教师梯队和其他教学资源，效率高，可操作性很强。

本书在编写过程中，参阅了大量的文献，同时得到了许多专家和同行的热情帮助和支持，在此，编者表示真诚的谢意。

由于编者的水平所限，且教学改革也在不断进行中，故难免会出现疏漏与不足之处，恳请广大读者提出宝贵意见和建议，以便再版时能修订改正。

编　者

目录

模块 1

汽车发动机总体构造

【知识目标】

1. 了解发动机结构基本术语；
2. 了解汽车发动机的总体构造；
3. 了解发动机各总成的名称与作用；
4. 了解四冲程柴油发动机的工作原理；
5. 掌握四冲程汽油发动机的工作原理。

【技能目标】

能够结合发动机，指认出发动机各总成的名称和安装位置。

【课时计划】

任务类别	任务内容	参考课时		
		理论课时	实训课时	合　计
任务 1.1	发动机基本结构和类型	2	4	6
任务 1.2	发动机工作原理	2	0	2
共计：8 课时				

情境导入

项目描述

周先生的一台卡罗拉轿车出现怠速抖动，急加速不良的现象。

项目分析

作为一名维修人员，要想准确、快速地找到问题，解决问题，首先就要对发动机的基本结构相当熟悉，才能更好地找出问题，为顾客排忧解难。

任务驱动

任务 1.1　发动机基本结构和类型

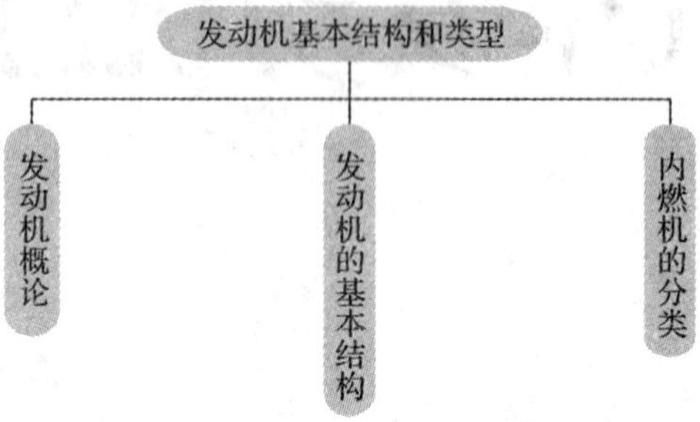

实训指导

实训　发动机的结构和类型认识

【实训准备】

1．设备与器材：发动机、翻转架、气缸垫、扭力扳手、世达组合工具、清洁毛巾等，共六套

2．将“任务工单”分发给每位学生

【实训目的】

1．了解发动机的作用

2．了解汽车发动机的整体构造

3．掌握两大机构、五大系统的作用及组成

4．熟悉发动机各个零部件及其相对安装位置

【实训步骤】

1．任务实施说明

发放发动机拆装说明

基础知识

1.1.1　发动机概论

1．汽车发动机

汽车发动机是将其他形式的能量转化为机械能的机器，是将燃料在气缸内部燃烧产生的热能直接转化为机械能的动力机械。汽车发动机有活塞式和旋转式两大类。本书所提汽车发动机，如无特殊说明，都是指往复活塞式内燃机。

2．汽车发动机的特点

汽车发动机具有单机功率范围大（0.6~16 860 kW）、热效率高（汽油机略高于0.3，柴油机达0.4左右）、体积小、质量轻、操作简单，便于移动和启动性能好等优点。被广泛应用于汽车、火车、工程机械、拖拉机、发电机、船舶、坦克、排灌机械和众多其他机械的动力。

1.1.2　发动机的基本结构

现代汽车发动机是一部由许多构造和系统组成的复杂机器，其构造形式多种多样。例如，现今最广泛使用的采用汽油和柴油作为燃料的往复活塞式发动机，其具体构造千差万别，但由于基本工作原理相同，所以其基本构造大同小异。汽油机通常由曲柄连杆机构、配气机构两大机构和燃料供给、润滑、冷却、点火、启动五大系统组成。柴油机通常由两大机构和四大系统组成（无点火系）。发动机的总体构造如图 1.1 所示。

1．曲柄连杆机构

曲柄连杆机构的作用是将燃料燃烧所产生的热能，经机构由活塞的直线往复运动转变为曲轴旋转运动而对外输出动力。机体还是发动机各个机构、各个系统和一些其他部件的安装基础，并且机体书，让学生按下列要求认知发动机，并将相关结果记录于“任务工单”：

（1）观察发动机的外观结构；

（2）老师进行拆装发动机示范、讲解，各小组长观摩；

（3）在小组长的带领下，进行发动机拆装，老师进行指导；

（4）拆装的零部件要有序摆放，小组成员结合说明书和实物进行对照，认知各个实物的名称，并按照任务工单进行填写。

2．实训指导

（1）拆卸机体组件

①拆下气缸盖螺栓，抬下气缸盖（实训图 1.1），取下气缸垫，注意气缸垫安装方向；

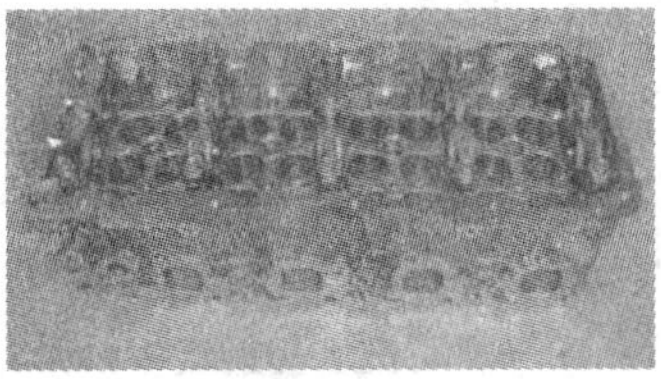

实训图 1.1

②旋松油底壳的放油螺钉，放出油底壳内机油。翻转发动机，拆下油底壳和油底壳密封垫，如实训图 1.2 所示。

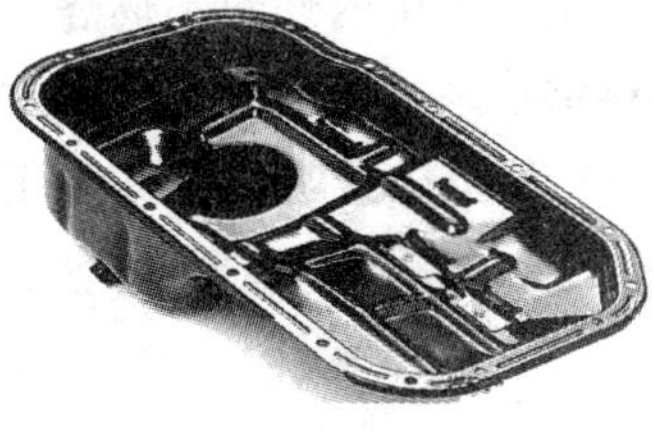

实训图 1.2

（2）拆卸发动机活塞连

许多部分还是配气机构、燃料供给系、冷却系和润滑系的组成部分。

图 1.1　发动机的总体构造

曲柄连杆机构由机体组、活塞连杆组和曲轴飞轮组三部分组成，如图 1.2 所示。

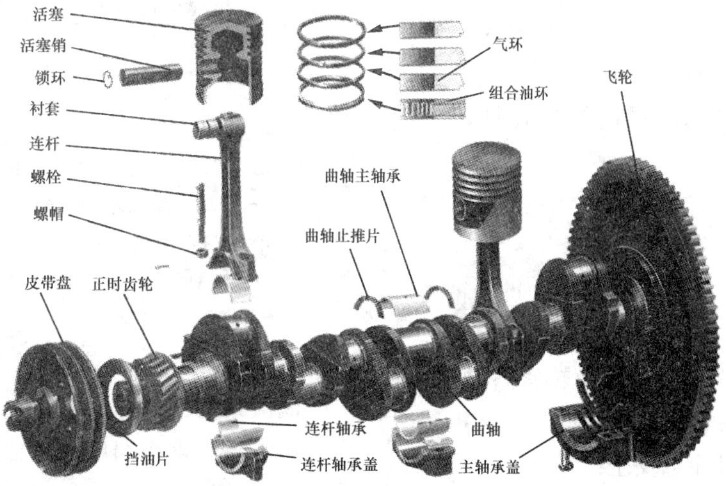

图 1.2　曲柄连杆机构

2．配气机构

配气机构的作用是将新鲜气体及时充入气缸，并将燃烧产生的废气及时排出气缸。

配气机构由气门组和气门传动组组成，如图 1.3 所示。

3．冷却系

冷却系的作用是保持发动机在最适宜的温度下工作。冷却系有水冷式和风冷式两种，现代汽车一般都采用水冷式。水冷式发动机

杆组，如实训图 1.3 所示

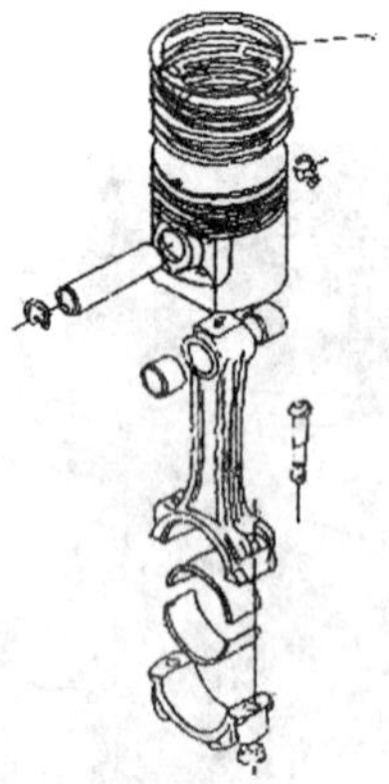

实训图 1.3

①转动曲轴，使发动机 1、4 缸处于下止点；

②分别拆卸 1、4 缸的连杆螺母，取下连杆轴承盖，注意连杆标对几号，并按顺序放好；

③用手锤木柄推出 1、4 缸的活塞连杆组，并注意活塞安装方向；

④将连杆轴承盖，连杆螺栓，螺母按原位置装回，不同缸的连杆不能调换；

⑤同样方法拆卸 2、3 缸的活塞连杆组。

（3）拆卸发动机曲轴飞轮组

①旋松飞轮紧固螺钉，拆卸飞轮，飞轮较重，拆卸时注意安全；

②拆卸曲轴带轮及其密封凸缘和油封；

③按实训图 1.4 要求从两端到中间旋松曲轴主轴承盖紧固螺钉，并注意一般分 2~3 次松开螺栓以及主轴承盖的装配记号与朝向，不同缸的主轴承盖与轴瓦不能互相调换；

一般由水泵、风扇、节温器、散热器、膨胀水箱、缸体水道等组成，如图 1.4 所示。

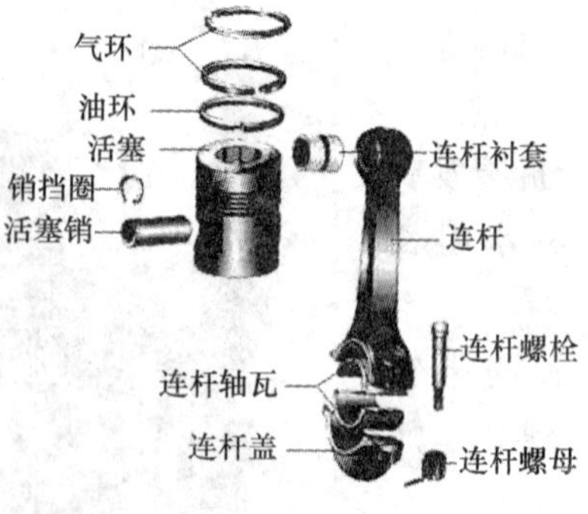

图 1.3　配气机构

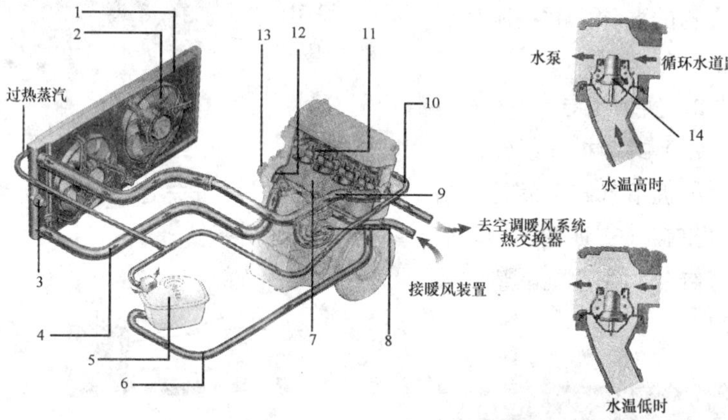

图 1.4　冷却系结构示意图

1—散热器；2—电动风扇；3—电动风扇双速热敏开关；4—进水管；5—冷却液膨胀水箱；6—冷却液下橡胶软管；7—气缸体水套；8—节气门热水管；9—冷却液上橡胶软管；10—发动机水套排气管；11—气缸盖水套；12—水泵；13—齿形带带轮；14—节温器

4．润滑系

润滑系的作用有润滑、密封、冷却、清洗、防锈、缓冲、减振等。

润滑系通常由油底壳、集滤器、机油泵、机油滤清器、机油压力表、机油道等组成，如图 1.5 所示。

5．燃料供给系

汽油机燃料供给系和柴油机燃料供给系因使用的燃料和燃烧过程不同，在结构上有很大不同，汽油燃料供给系根据混合气形成方式的不同，可分为传统化油器式（图 1.6）和电控直喷式。其作用是向气缸内供给一定浓度和数量的可燃混合气进行燃烧，再将燃烧后的废气排出气缸。

④抬下曲轴，再将主轴承盖及垫片按原位装回，并将螺栓拧入少许。

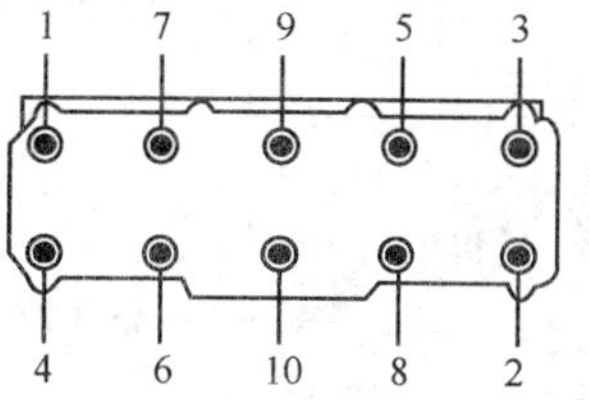

实训图 1.4

（4）发动机零部件清洗

①清除发动机零部件的所有油泥和污垢，刮除气缸、气缸盖及活塞积炭；

②用汽油清洗发动机零部件，尤其是活塞连杆组件和曲轴飞轮组件。

（5）发动机总体安装

按照发动机拆卸的相反顺序安装所有零部件。

（6）操作注意事项

监控学生是否按要求完成任务，并指导学生进行正确操作。

①监督学生有无规范操作；

②拆卸过程注意安全；

③拆卸下来的零部件要轻拿轻放。

【技术提示】

1. 拆卸发动机前要先将底壳里的油液放干净

2. 要正确使用合适的拆装工具

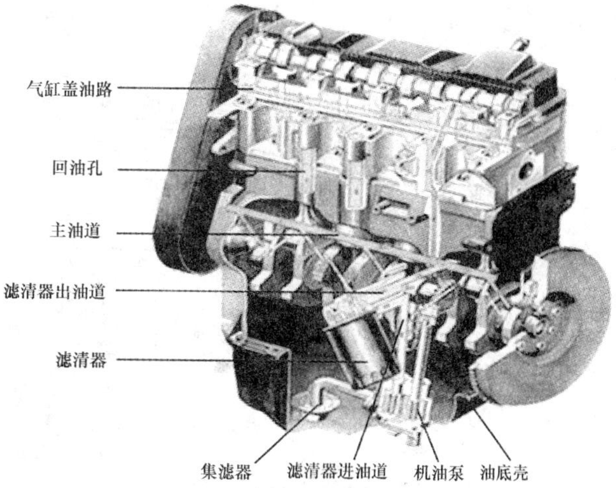

图 1.5　润滑系结构示意图

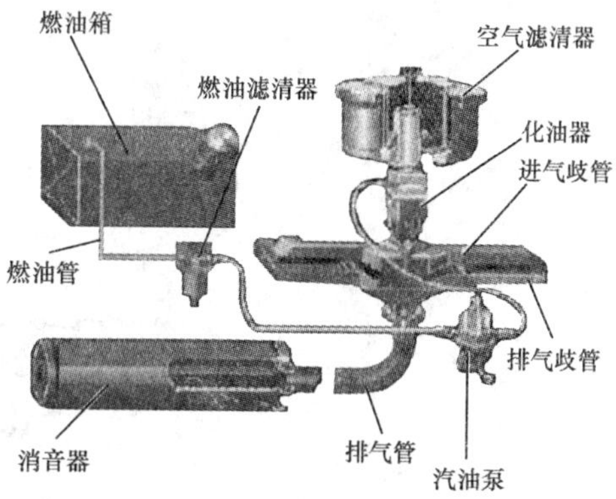

图 1.6　化油器式汽油机燃料供给系

电子控制燃油喷射系统燃料供给系是通过电子控制单元、各种传感器和执行器，精确控制空燃比，使发动机性能得到提高，以取代传统化油器式汽油机燃料供给系。

柴油机燃料供给系由燃油箱、输油泵、滤清器、喷油泵、喷油器、进排气管及排气消声器等。

6．点火系

点火系是汽油机独有的。其作用是按规定的时刻，准时点燃汽油机气缸内的可燃混合气。

点火系按控制方式的不同可以分为传统点火系、电子点火系和电控点火系。

（1）传统点火系包括电源、点火线圈、分电器、火花塞等，如图 1.7 所示。

（2）电子控制点火系在传统的点火系的基础上增加了电子控制单元、各种传感器和执行器等，对点火时刻能精确控制，有效地提高了汽车的动力性和经济性，减少了汽车的尾气排放。

7．启动系

启动系由启动机和启动继电器等组成，其作用是带动飞轮旋转以获得必要的动能和启动转速，使静止的发动机启动并转入自行运转状态，如图 1.8 所示。

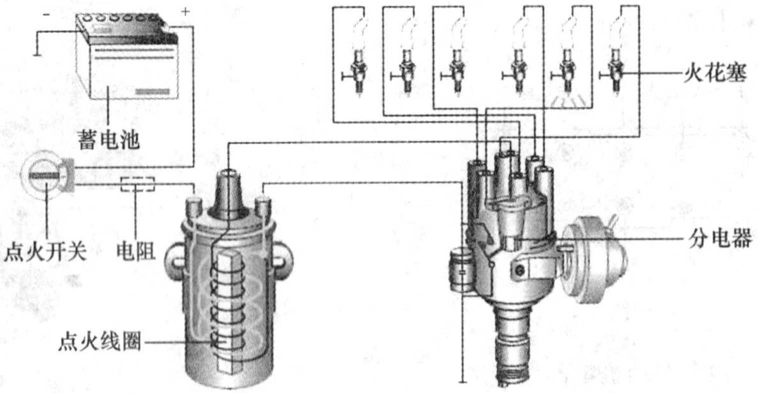

图 1.7　点火系

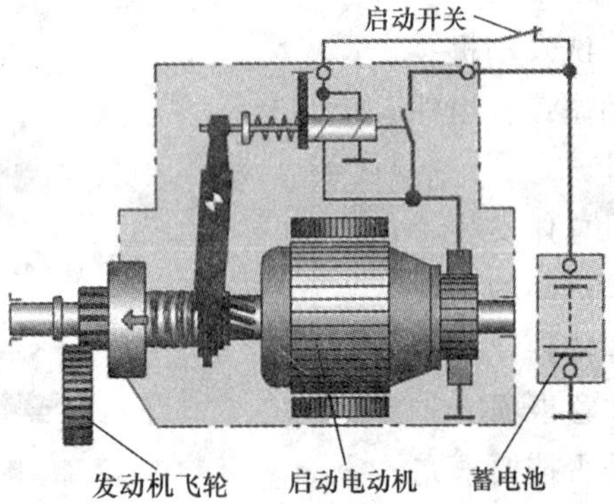

图 1.8　启动系

1.1.3　内燃机的分类

内燃机种类繁多，根据不同特点有不同分类。

（1）按冲程数不同，分为二冲程发动机和四冲程发动机。

（2）按着火方式的不同，分为点燃式内燃机和压燃式内燃机。

（3）按使用燃料种类的不同，可分为液体燃料内燃机、气体燃料内燃机和多种燃料内燃机。

（4）按进气状态的不同，分为非增压内燃机和增压内燃机。

（5）按冷却方式的不同，分为水冷式内燃机和风冷式内燃机。

（6）按气缸数及布置形式不同，分为单缸内燃机、多缸内燃机、卧式内燃机、立式内燃机、直列式内燃机和 V 形内燃机。

（7）按用途不同，分为汽车用、拖拉机用、机车用、农用、船用等。

任务 1.2　发动机工作原理

基础知识

1.2.1　发动机的基本名词术语

发动机基本名词术语如图 1.9 所示。

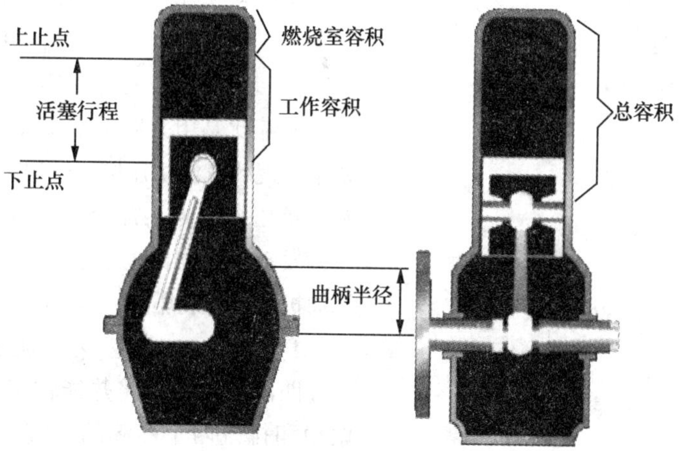

图 1.9　发动机基本名词术语

1. 上止点

上止点是指活塞顶离曲轴回转中心最远处，即活塞的最高位置。

2. 下止点

下止点是指活塞顶离曲轴回转中心最近处，即活塞的最低位置。

3. 活塞行程 S

活塞行程是指活塞由一个止点移到另一个止点间的距离，也称为冲程；行程的长度即为上、下止点间的距离，用 S 表示，单位为毫米，符号为 mm。

4. 曲柄半径 R

曲柄半径是指与连杆大端相连接的曲柄销的中心线到曲轴回转中心线的距离。曲柄半径用 R 表示，单位为毫米。显然，曲轴每转一周，活塞移动两个行程，即 $S=2R$。

5．气缸工作容积 V_h

一个活塞在一个行程中所经过的容积。

$$V_h = \frac{\pi D^2}{4\times10^6}S$$

式中 V_h——工作容积，m^3；

D——气缸直径，mm；

S——活塞行程，mm。

6．发动机的排量 V_{st}

发动机的排量为一台发动机所有气缸工作容积之和，即

$$V_{st} = \sum V_h^i$$

7．燃烧室容积 V_C

燃烧室容积是指活塞在上止点时，活塞顶上面空间的容积。用 V_C 表示，单位为 L。

8．气缸总容积 V_a

气缸总容积是指活塞在下止点时，活塞顶上面空间的容积。它等于气缸工作容积与燃烧室容积之和，即 $V_a=V_h+V_C$，用 V_a 表示，单位为 L。

9．压缩比 ε

压缩比是指气缸总容积与燃烧室容积的比值，即

$$\varepsilon = \frac{V_a}{V_C} = \frac{V_h+V_C}{V_C} = 1+\frac{V_h}{V_C}$$

压缩比是用来衡量空气或混合气被压缩的程度，影响发动机的热效率。现代汽油机压缩比一般为 7 ～ 11，如广州本田雅阁 2.4 i-VTEC 发动机压缩比为 9.7，而 3.0V6-VTEC 发动机压缩比则为 10。

发动机压缩比也不能过高，否则会导致压缩终了温度和压力升高，汽油机产生爆震燃烧，热负荷、机械负荷、噪声和振动加大，启动困难。

1.2.2 四冲程汽油机的工作原理

四冲程发动机将热能转变为机械能的过程，是经过进气、压缩、做功和排气四个连续的过程来完成一个工作循环。曲轴旋转两周，活塞往复四个行程完成一个工作循环的，称为四冲程发动机。四冲程汽油机的工作均经过四个行程，如图 1.10 所示。

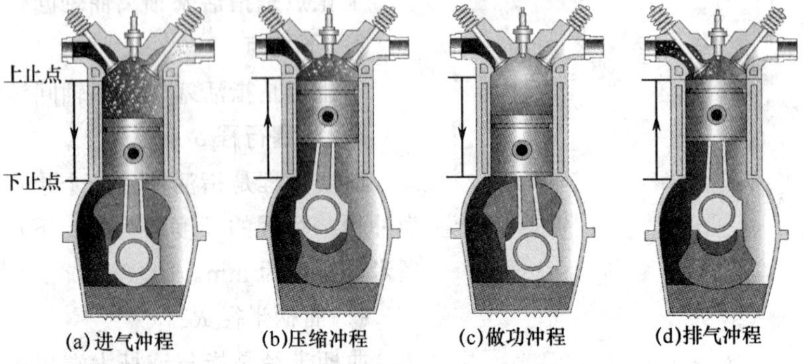

图 1.10 四冲程汽油机工作循环示意图

1. 进气冲程

活塞由曲轴带动从上止点向下止点运动，此时，排气门关闭，进气门开启。活塞移动过程中，气缸内容积逐渐增大，形成一定真空度，于是经过滤清的空气与汽油混合形成的可燃混合气，通过进气门被吸入气缸。至活塞到达下止点时，进气门关闭，停止进气。

由于进气系统存在进气阻力，进气终了时气缸内气体的压力低于大气压力，为 0.075 ～ 0.09 MPa。由于气缸、活塞等高温件及上一循环留下的残余废气的加热，气体温度升高到 370 ～ 440 K。

2. 压缩冲程

进气冲程结束时，活塞在曲轴的带动下，从下止点向上止点运动，气缸内容积逐渐减小，由于进、排气门均关闭，可燃混合气被压缩，至活塞到达上止点时，压缩结束。

压缩冲程中，气体压力和温度同时升高，并使混合气进一步均匀混合，压缩终了时，气缸内的压力为 0.6 ～ 1.2 MPa，温度为 600 ～ 800 K。

3. 做功冲程

在压缩冲程末，火花塞产生电火花点燃混合气，并迅速燃烧，使气体的温度、压力迅速升高而膨胀，从而推动活塞从上止点向下止点运动，通过连杆使曲轴旋转做功，至活塞到达下止点时做功结束。

在做功冲程中，开始阶段气缸内气体压力、温度急剧上升，瞬间压力可达 3 ～ 5 MPa，瞬时温度可达 2 200 ～ 2 800 K。随着活塞的下行，气缸容积增大，气缸内压力、温度逐渐下降，做功终了时，压力为 0.3 ～ 0.5 MPa，温度为 1 300 ～ 1 600 K。

4. 排气冲程

在做功冲程终了时，排气门打开，进气门关闭，曲轴通过连杆推动活塞从下止点向上止点运动，废气在自身剩余压力和在活塞推动下，被排出气缸，至活塞到达上止点时，排气门关闭，排气结束。

排气冲程终了时，由于燃烧室容积的存在，气缸内还存有少量废气，气体压力也因排气系统存在排气阻力而略高于大气压力。此时，压力为 0.105 ～ 0.115 MPa，温度为 900 ～ 1 200 K。

1.2.3 四冲程柴油机的工作原理

四冲程柴油机和四冲程汽油机一样，每个工作循环也是由进气、压缩、做功和排气四个冲程组成。但由于所使用燃料的性质不同，可燃混合气的形成和着火方式与汽油机有很大区别。下面主要叙述柴油机与汽油机工作循环的不同之处。

1. 进气冲程

进气冲程不同于汽油机的是进入气缸的不是可燃混合气，而是纯空气。由于进气阻力比汽油机小，上一冲程残留的废气温度也比汽油机低，进气冲程终了的压力为 0.075 ～ 0.095 MPa，温度为 320 ～ 350 K。

2. 压缩冲程

压缩冲程不同于汽油机的是压缩纯空气，由于柴油的压缩比大，为 15 ～ 22，压缩终了的温度和压力都比汽油机高，压力可达 3 ～ 5 MPa，温度可达 800 ～ 1 000 K。

3．做功冲程

此冲程与汽油机有很大差异，压缩冲程末，喷油泵将高压柴油经喷油器呈雾状喷入气缸内的高温高压空气中，被迅速汽化并与空气形成混合气，此时气缸内的温度远高于柴油的自燃温度为 500 K 左右），柴油混合气便自行着火燃烧，且此后短暂时间内边喷油边燃烧，气缸内压力和温度急剧升高，推动活塞下行做功。

做功冲程中，瞬时压力可达 5 ～ 10 MPa，瞬时温度可达 1 800 ～ 2 200 K，做功冲程终了时压力为 0.2 ～ 0.4 MPa，温度为 1 200 ～ 1 500 K。

4．排气冲程

此冲程与汽油机基本相同。排气冲程终了时的气缸压力为 0.105 ～ 0.125 MPa，温度为 800 ～ 1 000 K。

由上述四冲程汽油机和柴油机的工作循环可知：两种发动机工作循环的基本内容相似。每个工作循环曲轴转两周（720°），每一冲程曲轴转半周（180°）。四个冲程中，只有做功冲程产生做功，其他三个冲程是为做功冲程做准备工作的辅助冲程，都要消耗一部分能量。发动机启动时的第一个循环，必须有外力将曲轴转动，以完成进气和压缩冲程；当做功冲程开始后，做功能量便通过曲轴储存在飞轮内，以维持以后的冲程和循环得以继续进行。

四冲程汽油机和柴油机的工作循环也有不同之处。汽油机的混合气形成在气缸的外部，进气冲程中吸入气缸的是可燃混合气；柴油机的混合气形成在气缸的内部，进气冲程中吸入气缸的是纯空气。汽油机是点燃的；柴油机是压燃的。

任务实施

为了正确诊断、排除发动机故障，首先，必须熟悉发动机各组成分的具体结构，各部分组成作用，熟悉各个故障产生的现象，形成故障的可能原因；并通过实训，掌握发动机故障诊断和排除方法、步骤，因此熟悉发动机的结构显得尤为重要。

相关链接

汽车发动机新技术

汽油直喷燃烧技术（GDI）可以将内燃机的燃料效率提高 20%。这一新技术的基础技术的应用较早，但由于技术瓶颈的问题没有得到发展，只是到了近几年，由于电子技术和其他系统性能的提高，才使汽油直喷燃烧技术有所作为，越来越多地应用在汽车发动机上。

开发直喷技术的最初想法是由于在大多数情况下，发动机的空燃比可以调节到比用化学计算法得出的 14.7 ∶ 1 更稀薄的状态，不会对发动机性能造成负面的影响。然而，稀薄混合气体很难点燃，而且还会随之产生相应的排放物，其主要成分是氮氧化物（NO_x）。采用直喷技术后，燃油以细微滴状的薄雾方式进入气缸，而不是以蒸汽的方式。这也就意味着当燃油雾滴吸收热量变为可燃蒸汽时，实际上对发动机的气缸起到了冷却的作用。这种冷却作用降低了发动机对辛烷值的需要，所以其压缩比可以有所增加。而且正如柴油一样，采用较高的压缩比可以提高燃料的效率。

采用 GDI 技术还能够加快油气混合气体的燃烧速度，这使得 GDI 发动机可以很好地适应废气再循环技术。例如，在三菱的发动机上，当怠速运转过程中如果发动机燃烧不稳定，则发动机可以以 40 ：1 的空燃比很平稳地运行。如果采用了废气再循环 EGR 技术，那么发动机的空燃比可以提高到 55 ：1。

课后练习

1．汽车发动机总体构造是由哪些机构和系统组成的？各组成部分有何作用？

2．汽车内燃机都有哪些分类形式？

3．理解发动机有关名词术语：

上止点、下止点、活塞冲程、曲柄半径、工作容积、燃烧室容积、压缩比和工作循环。

4．简述发动机的工作原理及工作过程。

5．四冲程汽油机和柴油机工作有哪些不同？

模块 2 曲柄连杆机构的构造与维修

【知识目标】

1. 掌握机体组的组成以及各组成部分的作用；
2. 掌握活塞连杆组的组成以及各组成部分的作用；
3. 掌握曲轴飞轮组的组成以及各组成部分的作用；
4. 了解曲柄连杆机构故障现象、原因；
5. 掌握曲柄连杆机构故障诊断方法。

【技能目标】

1. 正确使用工量具，按规范对气缸盖、气缸垫和油底壳等机体组件进行拆装、检测，确认运行正常；
2. 正确使用工量具，按规范对活塞连杆组件进行拆装、检测，确认组件处于完好状态；
3. 正确使用工量具，按规范对曲轴飞轮组件进行拆装、检测，确认运行正常；
4. 能根据维修手册制订曲柄连杆机构故障诊断步骤；
5. 能正确诊断、排除曲柄连杆机构故障。

【课时计划】

任务类别	任务内容	参考课时		
		理论课时	实训课时	合　计
任务 2.1	机体组的构造与维修	2	4	6
任务 2.2	活塞连杆组的构造与维修	2	4	6
任务 2.3	曲轴飞轮组的构造与维修	2	4	6
任务 2.4	曲柄连杆机构常见故障诊断与排除	1	1	2
共计：20 课时				

情境导入

项目描述

一辆日产轿车在行车过程中出现冒黑烟、加速无力、怠速不稳、油耗增加等现象，进厂经检测后确定需进行发动机大修，发动机吊卸和拆解后，要对曲柄连杆机构进行维修。

项目分析

作为一名修理工，如何完成曲柄连杆机构的维修？首先分析曲柄连杆机构的结构组成，曲柄连杆机构包括机体组、活塞连杆组和曲轴飞轮组三部分。按照维修手册要求，对曲柄连杆机构的每部分进行拆解、检测和维修，恢复其技术状态。

任务驱动

任务 2.1　机体组的构造与维修

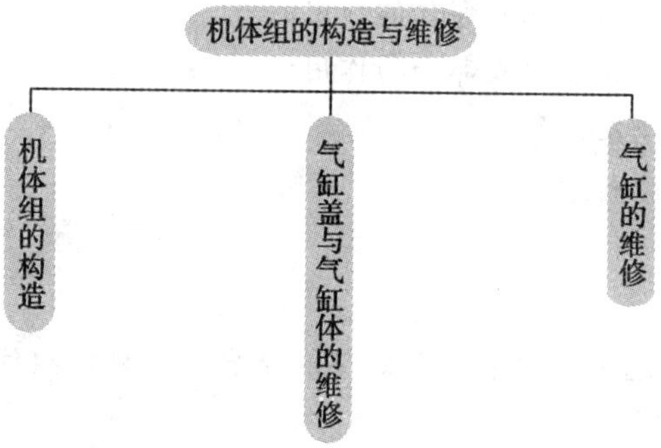

实训指导

实训 1　机体组的拆装

【实训准备】

1. 设备与器材：发动机、翻转架、扭力扳手、世达工具、工具车、清洁毛巾等，共六套

2. 将“任务工单”分发给每位学生

【实训目的】

1. 知道机体组的组成部分

基础知识

2.1.1　机体组的构造

机体组是构成发动机的骨架，是发动机各机构和各系统安装的基础，是安装发动机的所有主要零件和附件，承受来自各方面的载荷，并保证发动机各运动部件之间的准确位置关系。

机体组主要由气门室罩盖、气缸盖、气缸垫、气缸体、曲轴箱、油底壳等组成，如图 2.1 所示。

1. 气缸盖

气缸盖的功用是封闭气缸上部并与活塞顶部、气缸壁共同构成燃烧室，同时为其他零部件提供安装位置。现在大部分使用铝合金气缸盖，虽然成本高但刚度、强度较好，还可以减少整车质量。气缸盖上装有进、排气门座，气门导管孔，用于安装进、排气门和进、排气通道等。汽油机气缸盖上还加工有火花塞孔，柴油机有安装喷油器的孔。

2．能够说出各部分作用

3．掌握机体组的拆装方法

【实训步骤】

1．拆卸

（1）拆去进、排气管等附件；

（2）拆下气门室罩盖，注意螺栓要全部松开后再取下；

（3）摇转曲轴，当曲轴记号对齐正时记号时为第 1 缸上止点，如实训图 2.1 所示；

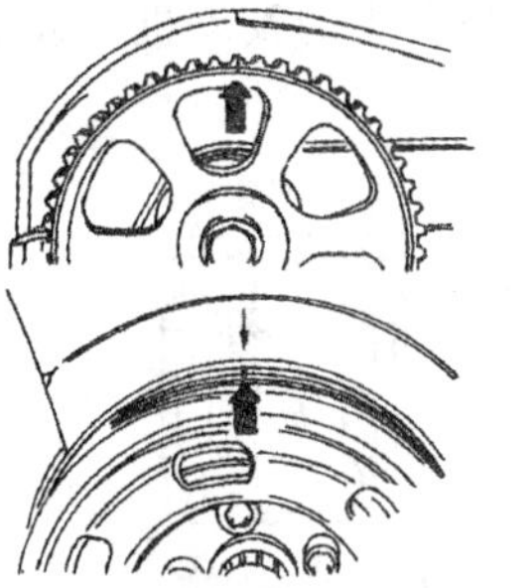

实训图 2.1

（4）拆卸链条张紧器；

（5）卸下凸轮轴轴承端盖，注意先松两端的螺栓，再松中间的，取下凸轮轴；

（6）将摇臂、液压挺柱按顺序取下，摆放好；

（7）用套筒取下气缸盖螺栓，共 10 个。拆卸时应按对角线方向交叉进行，并由外向内 2~3 次松开气缸盖螺栓，取下气缸盖和气缸垫，如实训图 2.2 所示；

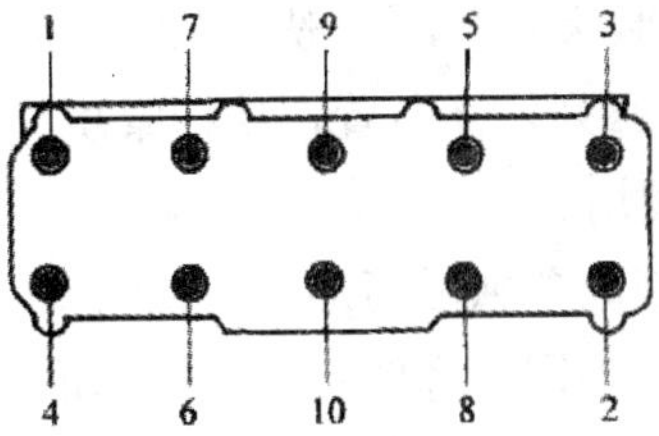

实训图 2.2

气缸盖是燃烧室的组成部分，燃烧室的形状对发动机工作状态影响很大，如图 2.2 所示。

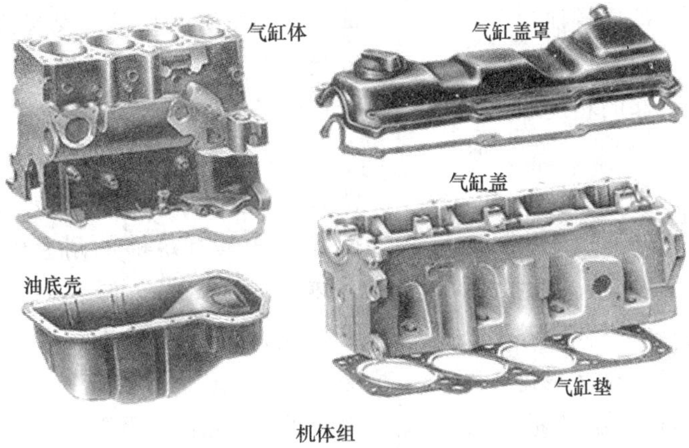

图 2.1　机体组

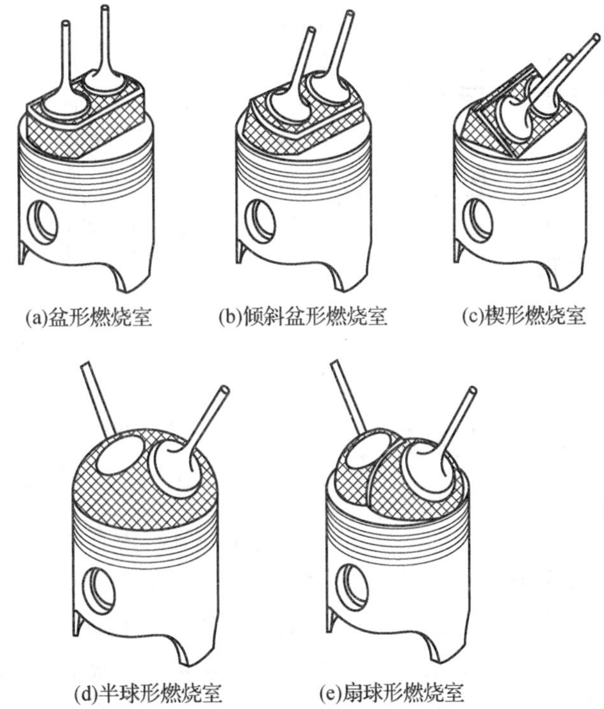

图 2.2　汽油机燃烧室的形状

盆形：动力性和经济性较差，如捷达、奥迪等。

楔形：结构简单紧凑，气道导流效果好，充气效率高，动力性和经济性较好，如切诺基等。

半球形：结构紧凑，散热面积小，火花塞位于燃烧室中间，火焰传播距离短，燃烧速度快，不易爆燃。现代轿车大部分使用，如桑塔纳 2000Gsi。

多球形：如德国大众 Golf 等。

2．气缸垫

气缸垫安装在气缸盖和气缸体之间，用于保证气缸体与气缸盖

（8）油底壳的拆卸：将发动机在翻转架上转 180°，用 10 mm 套筒，均匀松开并取下油底壳螺栓。

2. 装配

按拆卸的相反顺序装配机体组。

【技术提示】

1. 发动机首次拆卸时，气缸盖与气缸体两者难以分开，可以将一字螺旋具头部包上软布，将两者撬开

2. 气缸盖螺栓安装时，如实训图 2.3 所示，由内向外预紧安装

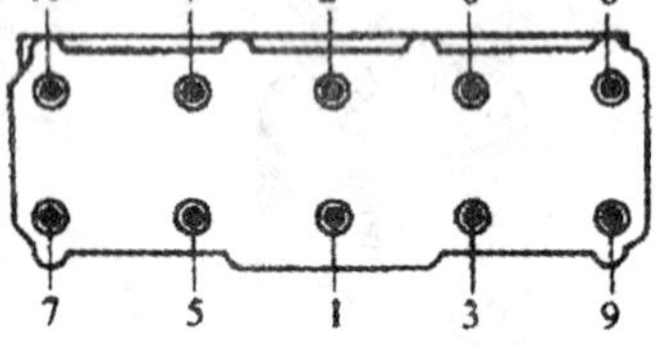

实训图 2.3

3. 具体安装技术参数，参照维修手册

实训 2 气缸垫的更换

【实训准备】

1. 设备与器材：发动机、翻转架、气缸垫、扭力扳手、世达组合工具、清洁毛巾、工具车等，共六套

2. 将“任务工单”分发给每位学生

【实训目的】

1. 掌握气缸垫的更换方法

2. 能够正确使用工具

【实训步骤】

1. 依据机体组拆卸方法，将发动机气缸盖拆卸下

间的密封，防止漏水、漏气。目前使用较多的是金属－石棉垫，为了加强密封，在气缸口、水孔、油道口处冲压有弹性凸筋，利用凸筋变形实现密封。气缸垫常见的损伤是烧蚀击穿，一般发生在水孔、油道口与气缸孔周围，使发动机漏气或冷却液进入润滑油。损坏的缸垫只能更换，不能修理。

3. 气缸体

（1）气缸体作为发动机的基础部件，能承受的恶劣工作条件必须满足以下要求：① 具有足够的刚度；②具有良好的冷却性能；③具有足够的耐磨性。气缸体材料多是由灰铸铁或铝合金铸造而成，在气缸体内部由许多加强筋、冷却水套和润滑油道组成。

（2）气缸体分类。气缸体根据与油底壳安装平面位置不同，分为一般式、龙门式及隧道式三种，其中一般式结构简单、加工方便，用于中小型发动机，龙门式刚度和强度较好但加工工艺性较差，用于大中型发动机，隧道式仅用于少数机械负荷大的发动机，如图 2.3 所示。

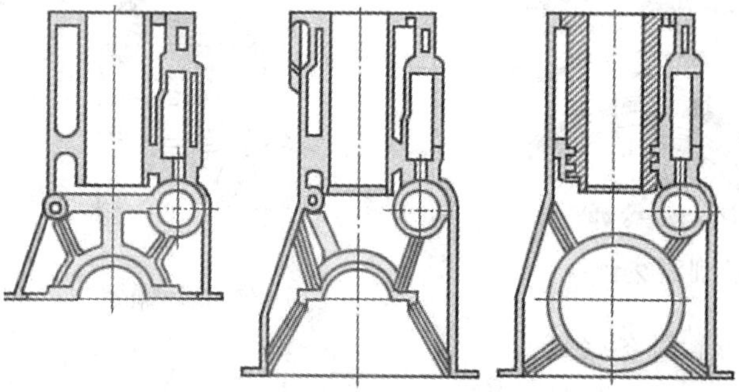

(a) 一般式　(b) 龙门式　(c) 隧道式

图 2.3　油底壳安装平面位置

为了使气缸内表面在高温下能正常工作，必须对气缸和气缸盖进行冷却，冷却方式有风冷和水冷，现在发动机采用的一般都是水冷式。水冷发动机的气缸周围和气缸盖都加工有可相通的冷却水套，冷却水可以在水套中不断循环带走热量。

（3）按气缸排列方式常分为单列、V 型和对置式三种，如图 2.4 所示。

单列即直列（L），发动机排量大于 2.5 L 的少于六缸都采用这种。

V 型气缸排成两列，中心线夹角小于 180°，缩短了机体的长度和高度，增加了宽度，减轻了质量，形状复杂，一般 6~12 缸会采用，大众又推出 W 型发动机，气缸分四列错开布置，结构紧凑、复杂，成本高，应用较少。对置式很少使用。

（4）为了使气缸便于修理，将气缸制成单独圆筒形零件（气缸套）装入气缸体内，缸套与缸体可以材料不同，降低生产和维修成本，也便于修理。气缸套有干式和湿式两种，干式装入缸体和气缸壁接触，刚度和强度较好，但加工复杂，散热不良；湿式外壁直接

2．取下气缸垫，观察气缸垫的安装方向

3．小心取出新的气缸垫，如损坏，会导致密封不严，损坏的缸垫只能更换不能修理

（1）在气缸内塞入干净的抹布，以免污物等进入缸壁和活塞间；

（2）清洁缸盖和缸体的密封表面，注意不要损伤表面，产生刮痕；

（3）铺上新的气缸垫。

如实训图 2.4 所示，注意箭头所示的定位销。

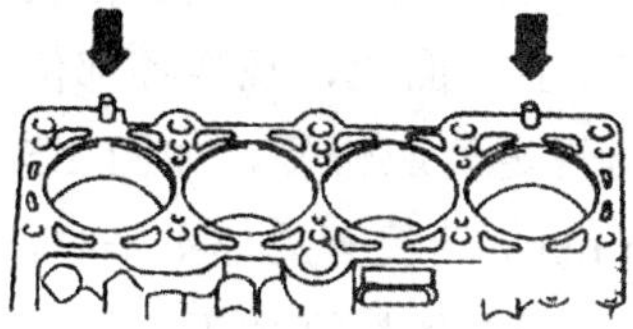

实训图 2.4

4．装上缸盖，其步骤按拆卸相反顺序安装

【技术提示】

具体安装技术参数，参照维修手册

实训 3　气缸盖与气缸体工作平面的维修

【实训准备】

1．设备与器材：发动机、翻转架、钢直尺、塞尺、扭力扳手、世达组合工具、清洁毛巾、工具车等，共六套

2．将“任务工单”分发给每位学生

【实训目的】

1．掌握气缸盖与气缸体的维修方法

2．能够正确使用工量具

与冷却水接触，一般应采取防漏措施。

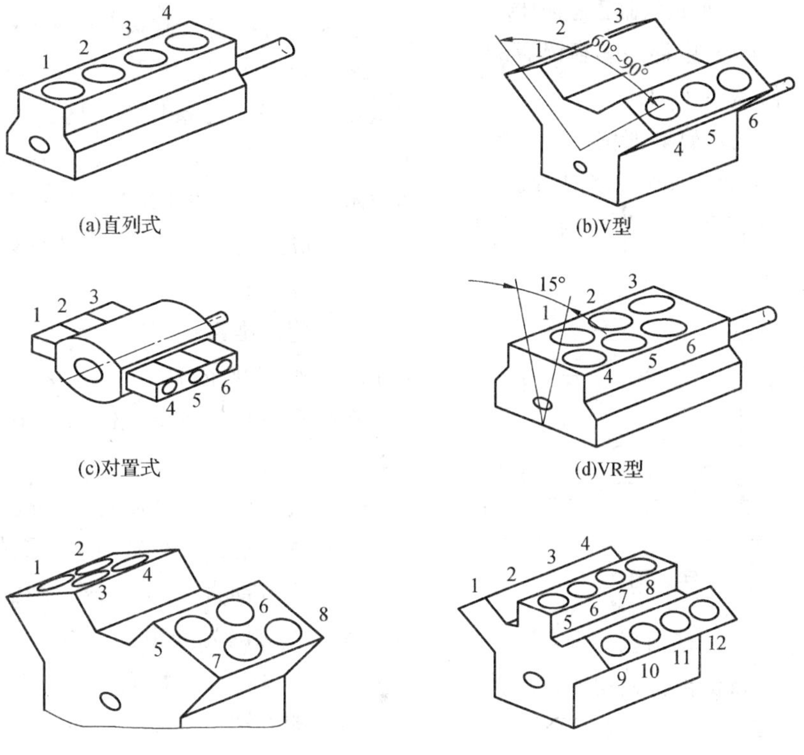

(a)直列式　(b)V型　(c)对置式　(d)VR型　(e)W型　(f)W型

图 2.4　气缸的排列方式

4．曲轴箱

气缸体下半部称为曲轴的曲轴箱，其内腔为曲轴的运动空间。曲轴箱的主要功用是保护和安装曲轴。曲轴箱分上曲轴箱和下曲轴箱。通常所说的曲轴箱指上曲轴箱，上曲轴箱与气缸体铸成一体，下曲轴箱为油底壳。

5．油底壳

油底壳的主要功用是储存机油和封闭机体或曲轴箱。

油底壳用薄钢板冲压或用铝铸制而成。油底壳内设有挡板，用以减轻汽车颠簸时油面的震荡。此外，为了保证汽车倾斜时机油泵能正常吸油，通常将油底壳局部做得较深。油底壳底部设放油螺栓。有的放油螺栓带磁性，可以吸引机油中的铁屑。

为保证油底壳与机体或曲轴箱之间的密封，油底壳的密封凸缘应具有一定的刚度。用薄钢板冲压的油底壳密封凸缘应有特殊的断面形状。

2.1.2　气缸盖与气缸体的维修

1．气缸体、气缸盖裂纹的检查

（1）气缸体、气缸盖裂纹的原因

气缸体、气缸盖因为工作温度不均导致产生热应力，在结构薄弱的环节造成破裂；在交变应力作用下导致疲劳裂纹的出现；或因冲击、撞击、过度拧紧或对中不好而导致零件变形等不规范操作都

【实训步骤】

1．测量气缸盖翘曲变形

（1）用棉纱和扁铲清洁气缸盖下平面；

（2）测量部位：在气缸盖横向、纵向、对角线方向进行测量，如实训图 2.5 所示；

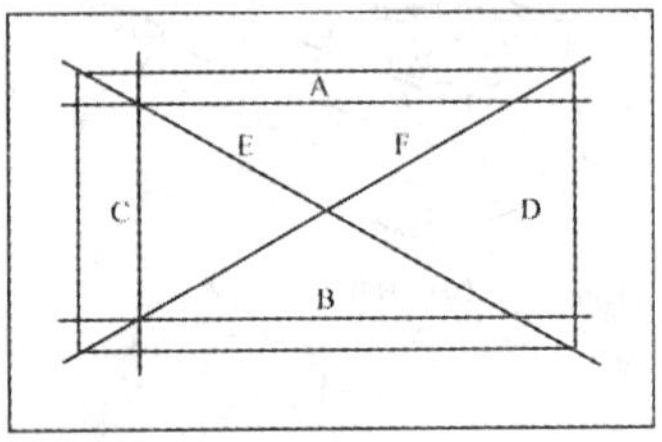

实训图 2.5

（3）将钢直尺垂直紧贴各个待测部位，用塞尺测量钢直尺与气缸盖下平面间的最大间隙值，并记录，如实训图 2.6 所示。

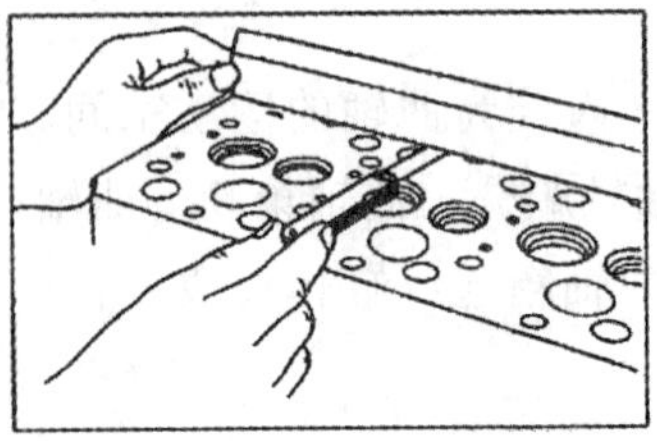

实训图 2.6

2．测量气缸体上平面的平面度

（1）清洁气缸体上平面；

（2）选择测量部位：在气缸体上平面横向、纵向、对角线方向进行测量，如实训图 2.5 所示；

（3）将钢直尺垂直紧贴各个待测部位，用塞尺测量钢直尺与气缸盖下平面间的最大间隙值，并记录，如实训图 2.6 所示。

会使缸体和缸盖产生裂纹甚至断裂。

（2）气缸体、气缸盖裂纹的检查

水压试验：将气缸盖和气缸垫装在气缸体中，用盖板装在水套的进水口位置上，用水管将气缸体和水压机连通，其他水道口封闭，将水压入水道。在条件许可时应使用 80 ～ 90 ℃的热水进行试验，也可把具有一定压力的自来水直接通入气缸体进行试验。水压试验要求水压为 0.3 ～ 0.4 MPa，保持 5 min 应没有渗漏。

2．气缸体、气缸盖平面翘曲变形的维修

（1）变形原因

在装配、维修过程中，不按工艺规程操作使气缸盖紧固螺栓扭力不均，不按顺序拆装，或装配过程中气缸盖螺栓的拧紧力矩过大等。在高温下拆卸缸盖使缸盖发生拱曲，或缸体、缸盖因裂纹采用热焊而引起变形。

（2）气缸体、气缸盖变形的检查

气缸体上平面和气缸盖下平面的平面度可用长度大于气缸体长度的刀口尺或钢直尺测量，平放在缸体或缸盖平面上，观察各部位是否漏光。对漏光处用塞尺检查，如超出规定值应修复，如图 2.5 所示。平面度误差在整个平面不大于 0.05 mm，若仅有局部不平时，可用刮削的方法；平面度误差较大时采用平面磨床磨削加工，但加工量不能过大，为 0.25 ～ 0.50 mm，否则会影响压缩比。

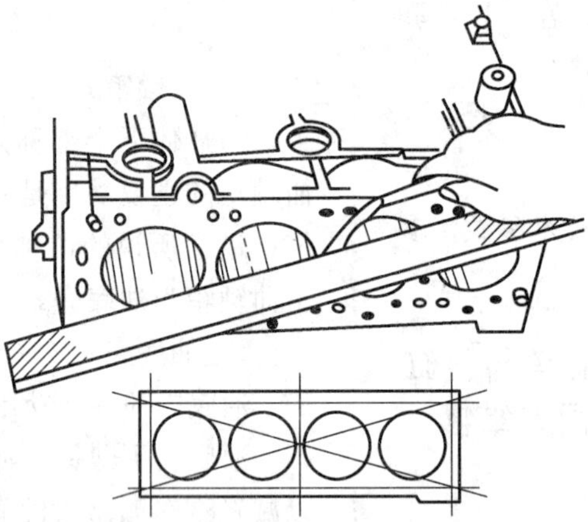

图 2.5　气缸体上面变形的检测

2.1.3　气缸的维修

气缸经过长期使用被磨损到一定程度，发动机动力就会显著下降，燃料消耗急剧增加，使发动机的经济性变差。气缸磨损程度是确定发动机是否需要大修的主要依据。

（1）气缸磨损特征

气缸的磨损程度是判断发动机技术状况是否良好、是否需要大修的重要依据。在正常情况下气缸的磨损是在活塞环运动区域产生不均匀磨损，并且有一定的规律性：

从气缸轴向方向，磨损呈上大下小的锥形，最大磨损部位在活塞处于上止点位置时，第一道活塞环所对应的缸壁处；气缸第一道

【技术提示】

1．待检测平面应彻底清除水垢、积炭，消除毛刺并铲平

2．不能用力按钢直尺

3．具体维修技术参数，参照维修手册

实训 4　气缸的测量

【实训准备】

1．设备与器材：发动机、翻转架、量缸表、外径千分尺（75 ～ 100 mm）、游标卡尺、清洁毛巾等，共六套

2．将“任务工单”分发给每位学生

【实训目的】

1．掌握量缸表、外径千分尺、游标卡尺等工量具的使用方法

2．掌握气缸的测量方法

【实训步骤】

（1）清洁气缸壁（积炭等）;

（2）观察气缸磨损情况;

（3）用游标卡尺测量气缸直径;

（4）根据气缸直径选择合适的测量推杆，固定在量缸表下端，使整个测杆长度与气缸直径相适应;

（5）校正量缸表尺寸，将千分尺调到气缸的标准尺寸，再将量缸表通过千分尺校正到气缸的标准尺寸（使测杆有 2 mm 左右的压缩量），旋转表盘使指针归零;

（6）测量气缸上、中、

环以上部位几乎没有磨损，会出现明显的台阶，气缸的最下部位也没有磨损。沿气缸圆周方向上，磨损呈不规则的椭圆形，最大磨损部位是活塞处于上止点位置时一般在进气门对面缸壁处。同一台发动机第一缸和最后一缸（直列式的）磨损严重。

（2）气缸磨损原因

活塞位于上止点附近时各道环的背压最大，第一道环最大，以下逐道减少；加上气缸上部温度高，润滑差，进气中的灰尘，废气中的酸性物质引起的腐蚀等，都会造成气缸上部磨损大，下部磨损小。而圆周方向的最大磨损部位主要是活塞的侧压力和曲轴的轴向窜动造成。

（3）气缸磨损的检测

测量气缸磨损程度的目的是确定发动机是否需要进行大修，以确定修理尺寸的级别。气缸磨损程度一般用圆度和圆柱度表示。也有用气缸的最大磨损量来表示。

① 气缸的外观检验。观察气缸划痕、裂纹等有无明显缺陷。

② 检测气缸磨损项目。

a．最大磨损量：是指气缸的最大磨损直径与未磨损直径之差。

b．圆度误差：同一截面的相互垂直方向上直径之差的一半是这个截面的圆度，不是气缸的圆度，取最大值作为气缸的圆度。

c．圆柱度误差：同一方向上，上、下直径之差的一半为该方向的圆柱度，取最大值作为气缸的圆柱度。

d．配合间隙：指气缸中部直径与活塞裙部下端直径之差。

③ 气缸的检测部位。

上部：活塞处于上止点时第一道环所对应的（距气缸上端 10 mm）缸壁处。

中部：气缸的上部、下部的中间部位。

下部：气缸下沿往上 10 mm。

（4）气缸的修理

① 气缸修理尺寸的确定。气缸磨损超过允许的限度时，应确定气缸的修理尺寸，并选配与气缸修理尺寸同级的活塞、活塞环，以恢复气缸的正确几何形状和活塞与气缸的配合间隙。

② 气缸的镗削量和镗削尺寸的确定。

气缸镗削量的计算：镗削量 = 活塞最大直径 – 气缸最小直径 + 配合间隙 – 磨缸余量。

镗削设备和定心基准：目前常用的镗削设备有两种，固定式和移动式镗削机。其中固定式比移动式的加工精度要高。气缸镗削的定心基准有同心法和偏心法两种。

③ 气缸的镗削。气缸镗削的目的是恢复气缸原有的圆度、圆柱度和表面粗糙度的要求，保证各缸中心线与曲轴主轴承孔中心线在一个平面内，并相互垂直。

气缸镗削加工要求：严格控制磨头的转速和往复速度。

气缸的珩磨：气缸镗削加工后，必须进行珩磨加工，使气缸具

下三个位置的纵向和横向气缸直径，测量时应摆动量缸表，指针指示的最小值为被测值，如实训图 2.7 所示，并记录测得结果；

（7）计算气缸圆度误差和圆柱度误差；

（8）确定气缸修理尺寸级别。

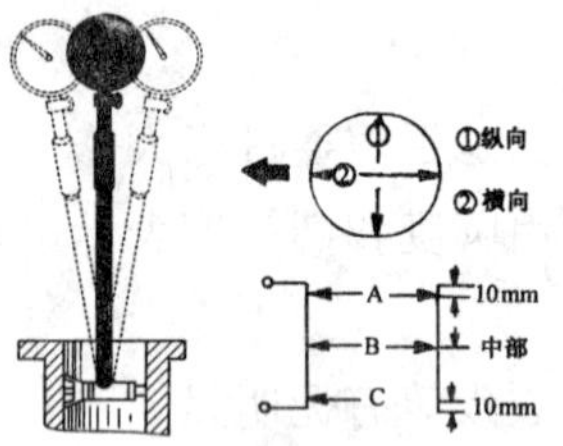

实训图 2.7

【技术提示】

1．保证量缸表测杆头部清洁，手应握量缸表橡胶部位，以防产生误差

2．具体维修技术参数，参照维修手册

有合理的表面粗糙度和配合特性，并具有良好的磨合性能。

（5）气缸的镶配与换配

气缸采用修理尺寸法修理超过最后一级时应用镶套法恢复到气缸的原有尺寸。

① 干式气缸套的镶配：应用压力机压出旧缸套，并检查承孔与待换缸套过盈量是否符合要求。

② 湿式气缸套的换配：更换套时，只需拆旧换新，不需对承孔进行加工。

任务 2.2 活塞连杆组的构造与维修

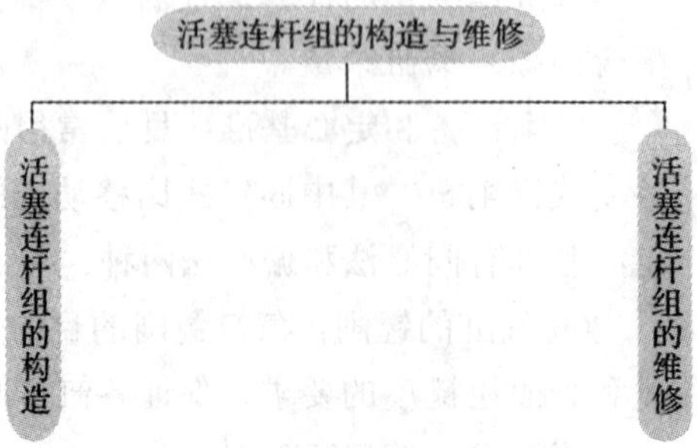

实训指导

实训 5　活塞连杆组的拆装

【实训准备】

1. 设备与器材：发动机、翻转架、世达组合工具、扭力扳手、活塞环钳、活塞环压缩器、橡皮锤、机油壶、清洁毛巾等，共六套

2. 将“任务工单”分发给每位学生

【实训目的】

1. 能够正确使用工具对活塞连杆组进行拆、装

2. 掌握活塞连杆组的拆装步骤

【实训步骤】

1. 拆卸

（1）如需拆卸多个活塞连杆，拆装之前，首先要观察活塞的朝前标记，同时做好各个活塞的分缸标记，可用样冲和橡胶锤做标记；

（2）用扭力扳手旋转发动机曲轴，将 1 缸活塞处于下止点；

（3）用扭力扳手预松 1 缸连杆轴承盖螺母，再用套筒拆卸连杆轴承盖螺母；

（4）用橡皮锤敲松连杆轴承盖，并取下连杆轴承盖（含轴瓦），瓦片朝上放置；

（5）用橡皮锤轻击连杆大头，松开取下活塞连杆，活塞连杆下落过程中，用手接住；

（6）及时将连杆与连杆轴承盖装配起来，注意对准

基础知识

2.2.1　活塞连杆组的构造

活塞连杆组就是一个曲柄滑块机构，将活塞的往复运动转变为曲轴的旋转运动，将汽油燃烧作用在活塞上的压力转变为曲轴的扭矩，实现对外输出，驱动汽车运行。

活塞连杆组由活塞、活塞环、活塞销和连杆等组成，如图 2.6 所示。

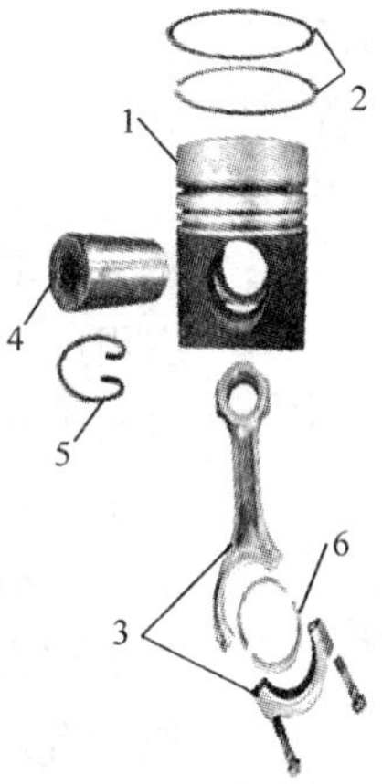

图 2.6　活塞连杆组

1—活塞；2—活塞环；3—连杆；4—活塞销；
5—活塞销卡簧；6—连杆轴瓦

1. 活塞

（1）活塞的功用

活塞顶与气缸盖、气缸壁共同构成燃烧室；承受气缸中气体压力，将此压力通过活塞销传递给连杆，驱动曲轴旋转。

（2）工作条件

活塞在气缸内承受周期性变化的气体压力和惯性力，做高速往复运动。并且与高温燃气直接接触，加之润滑不良、散热困难，同时伴有化学腐蚀。

（3）材料要求

活塞在这样恶劣的条件下工作，就要求活塞具有足够高的刚度、强度；导热性好，耐高温高压、耐腐蚀；质量小，以及良好的耐磨性和热稳定性。活塞一般采用高强度铝合金材料制造。

（4）活塞的组成及特点

活塞是由活塞顶部、活塞头部、活塞裙部组成，如图 2.7 所示。

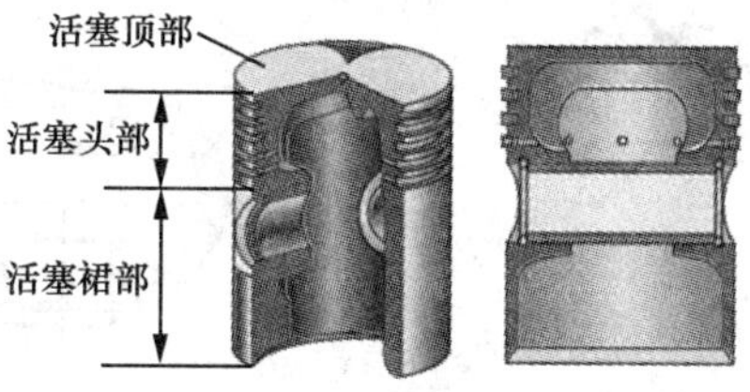

图 2.7　活塞结构

装配标记，如实训图 2.8 所示；

实训图 2.8

（7）用活塞环拆装钳拆卸两道气环，如实训图 2.9 所示，再拆油环，油环可以用手取下；

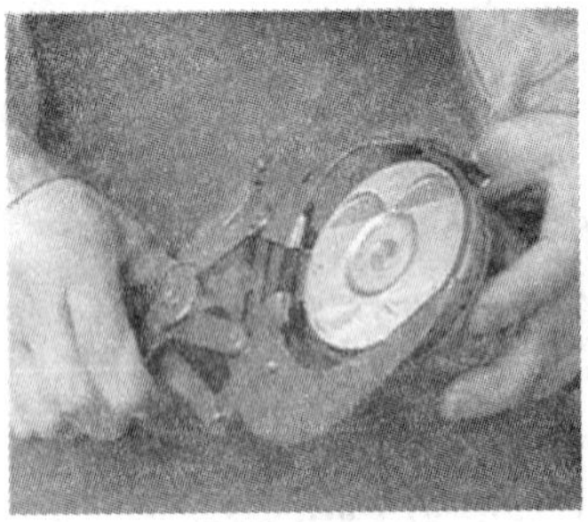

实训图 2.9

（8）拆活塞销卡簧，如实训图 2.10 所示；

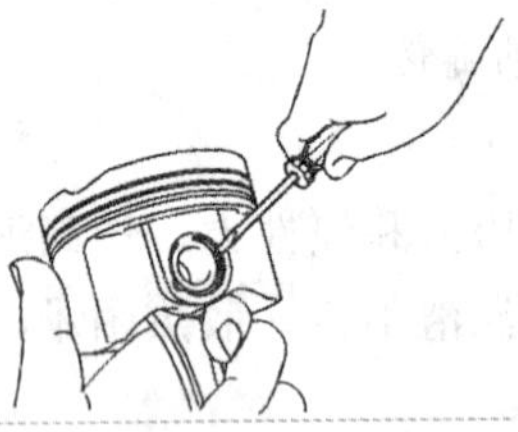

实训图 2.10

（9）加热活塞，使用橡皮锤和铜棒取下活塞销，如实训图 2.11 所示；

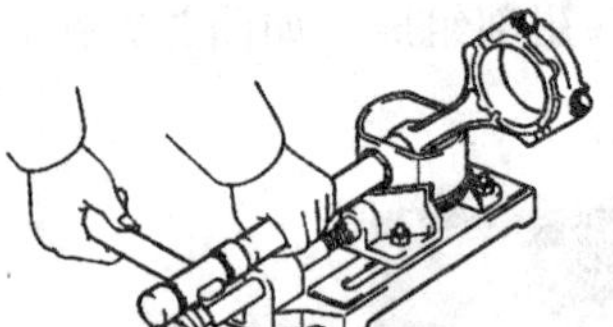

实训图 2.11

（10）清洁全部部件。

活塞顶部：与气缸盖和气缸壁共同组成燃烧室，承受高温气体的压力。活塞顶部有平顶、凸顶、凹顶等几种形状，如图 2.8 所示。

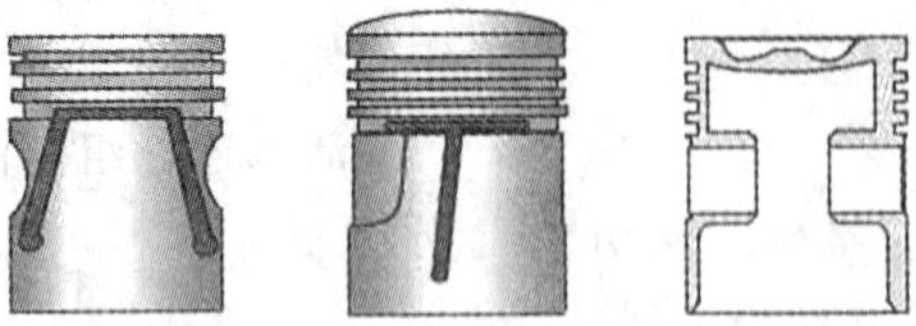

(a) 平顶活塞　(b) 凸顶活塞　(c) 凹顶活塞

图 2.8　活塞顶部形状

平顶活塞结构简单，吸热面积小，制造工艺方便，在汽油机上应用广泛；凸顶活塞刚性好，强度高，吸热面积大，难加工，可获得较大压缩比；凹顶活塞可通过凸凹深度获得不同的压缩比，但顶部温度高，易积炭，加工困难。

活塞头部：指活塞环槽以上到活塞销座孔以上的部分。一般活塞头部有数道环槽，用以安装活塞环，实现对气缸的密封，汽油机通常有三道环槽，其中两道气环槽和一道油环槽。活塞顶部吸收的热量主要通过活塞环传给气缸壁，再由冷却水带走。

活塞裙部：指油环槽下端面起至活塞底平面的部分。其作用是为活塞在气缸内做往复运动导向，并承受侧压力。在活塞裙部的上部制造有活塞销座，用来安装活塞销，是活塞与连杆的连接部分，销座孔需要很高的加工精度。活塞销偏置就是活塞销座孔轴线向活塞中心线左侧偏移 1 ～ 2 mm，可以防止活塞在受压力较大的压缩上止点换向时撞击气缸壁形成“敲缸”。

为使活塞在正常温度下与气缸壁保持比较均匀的间隙，以免在气缸内卡死或加大局部磨损，必须在冷态下预先把活塞裙部加工成不同的形状。①将活塞裙部加工成椭圆形，且椭圆形长轴方向与销座垂直，如图 2.9 所示；②将活塞裙部加工成阶梯形、锥形或桶形，如图 2.10 所示。

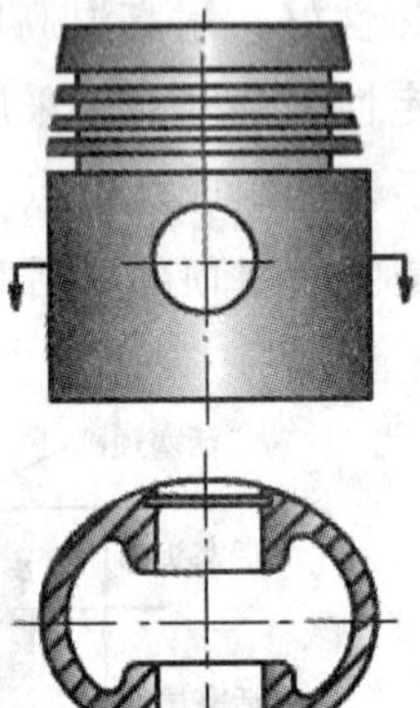

图 2.9　椭圆形活塞裙部

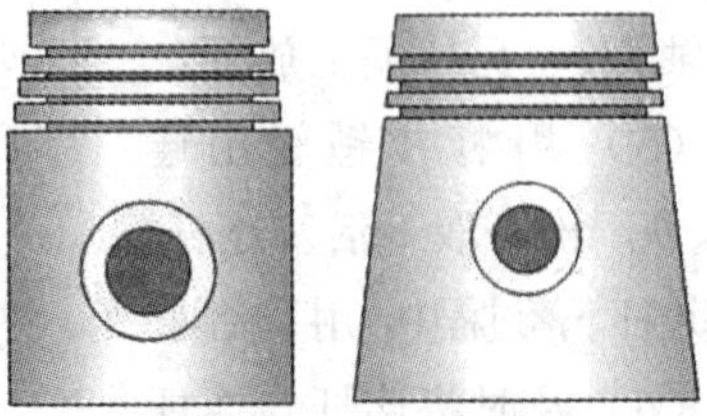

(a) 阶梯形　(b) 锥形

图 2.10　阶梯形、锥形活塞裙部

同时，为了减小销座附近的热变形量，有的活塞在销座附近的裙部外表面制成凹陷，有的在裙部受侧压力小的一面开 T 形槽。如图 2.11 所示。

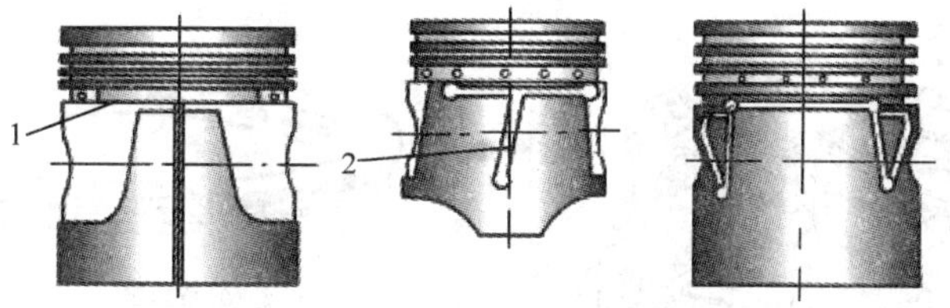

图 2.11　活塞裙部隔热槽和膨胀槽

1—绝热槽；2—膨胀槽

2．活塞环

（1）活塞环的种类

活塞环按功用可分为气环和油环两类，如图 2.12 所示。

（2）活塞环的功用

活塞环的功用是保证气缸壁与活塞之间的密封，同时还将活塞头部的热量传给气缸，再由气缸中的气体冷却液或空气带走热量。另外，油环起到刮油、布油的作用，将气缸壁上多余的机油挂回油底壳，并在气缸壁上均匀布油。

（3）活塞环的间隙

发动机工作时，活塞及活塞环都会发生膨胀。活塞环在气缸内应有开口间隙，与环槽应有侧隙和背隙，如图 2.13 所示。

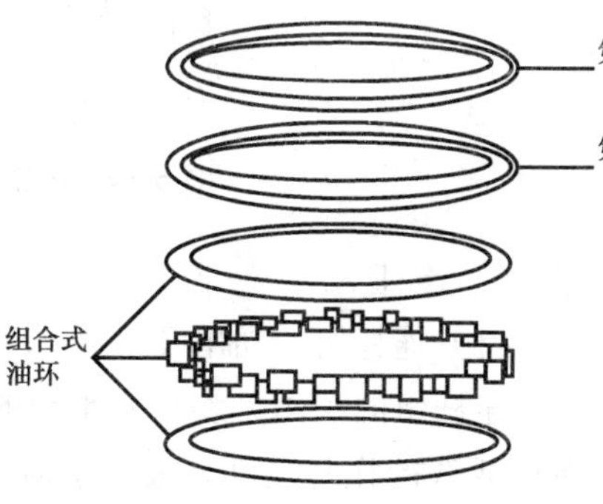

图 2.12　活塞环

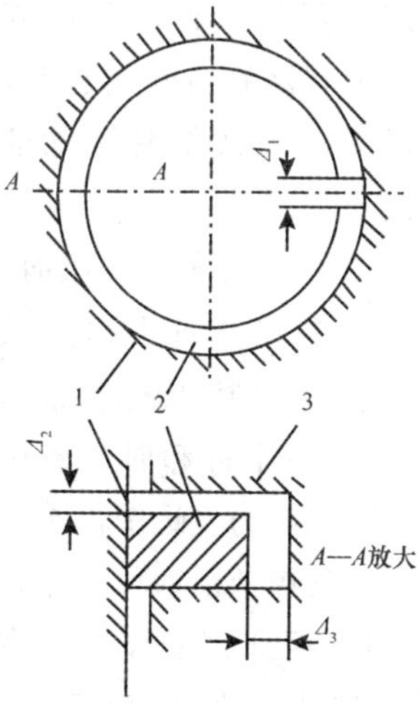

图 2.13　活塞环的间隙

1—气缸；2—活塞环；3—活塞

Δ_1—开口间隙；Δ_2—背隙；Δ_3—侧隙

（4）气环

气环安装在活塞头部的气环槽内，一般是 2 ～ 3 道，各道气环的截面形状不同，所以，气环安装时必须按顺序进行，为了保证气缸的密封，各气环的开口应错开。

2．安装

（1）将活塞销涂机油并安装，装上卡簧，安装到位；

（2）先安装油环，再用活塞环拆装钳先装第二道气环，再装第一道气环，活塞环开口处有标记的一面朝上安装，如实训图 2.12 所示；

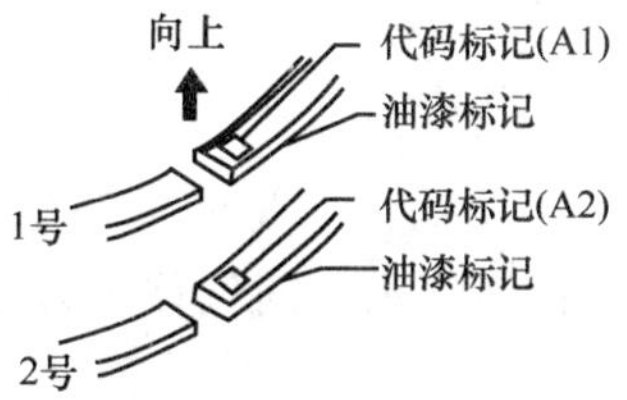

实训图 2.12

（3）调整活塞环开口，第一环开口与活塞销轴线呈 45°，再将 1、2 环开口互错 180°，油环和第二道气环错开 90°，机体翻转，如实训图 2.13 所示；

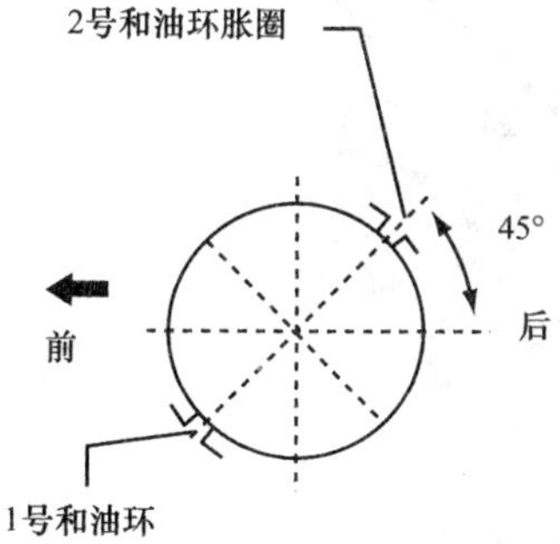

实训图 2.13

（4）确认活塞朝前记号，缸数记号，对活塞裙部和气缸壁布油；

（5）取下连杆轴承盖，用活塞环压缩器抱紧活塞头部；

（6）将连杆装入气缸内，用橡皮锤敲平活塞环压缩器边缘，再次加紧卡箍；

（7）检查、调整活塞的

方向，确认正确后用橡皮锤柄将活塞敲入气缸，如实训图 2.14 所示；

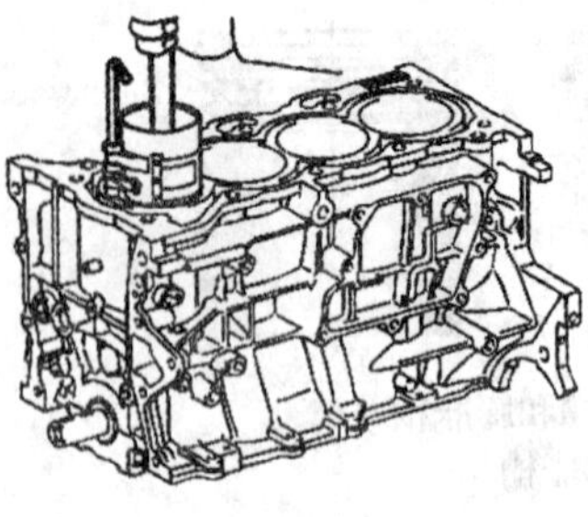

实训图 2.14

（8）机体翻转，对连杆轴瓦布油；

（9）安装连杆轴承盖，注意对准标记，用扭力扳手按规定数值拧紧；

（10）检查活塞连杆组安装情况，旋转曲轴，看是否有卡滞，如有卡滞，全部拆除，重新安装。

【技术提示】

1．进行多缸发动机活塞连杆组拆卸时，务必观察是否有区别各缸的标记，如没有，需做不易消除的标记

2．活塞连杆出气缸时，手一定要在气缸出口处接住，不要落到地面

3．活塞拆卸时，务必注意安全，力度适中，不要过大力气撑断活塞环

4．活塞销安装后，在活塞销上来回移动活塞，检查活塞与活塞销的安装情况

5．具体维修技术参数，参照维修手册

（5）油环

油环安装在活塞头部的油环槽内。目前汽车发动机上采用的油环有两种结构形式：整体式和组合式，如图 2.14 所示。

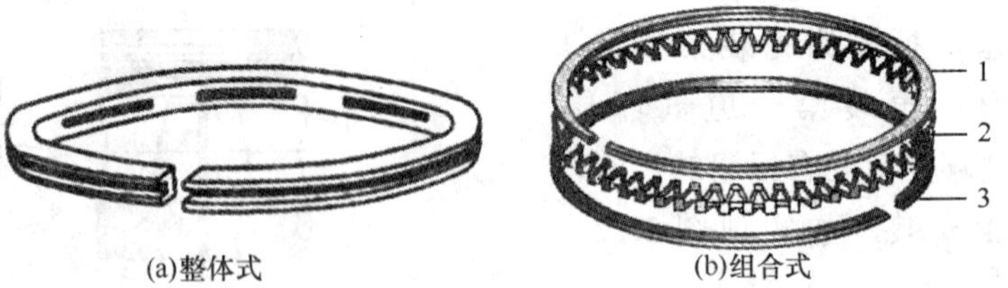

图 2.14　活塞环的间隙

1—油环刮片（上）；2—衬簧；3—油环刮片（下）

3．活塞销

（1）活塞销的功用

活塞销用于连接活塞和连杆小头，并把活塞承受的气体压力传给连杆。

（2）活塞销的连接方式

活塞销的连接方式有全浮式和半浮式，如图 2.15 所示。

全浮式：活塞销能在连杆衬套和活塞销座孔中自由转动，其特点是实际接触面积大，减轻磨损且磨损均匀。因此被广泛应用。

半浮式：活塞销与活塞销座孔或连杆小头，一处固定，一处浮动。

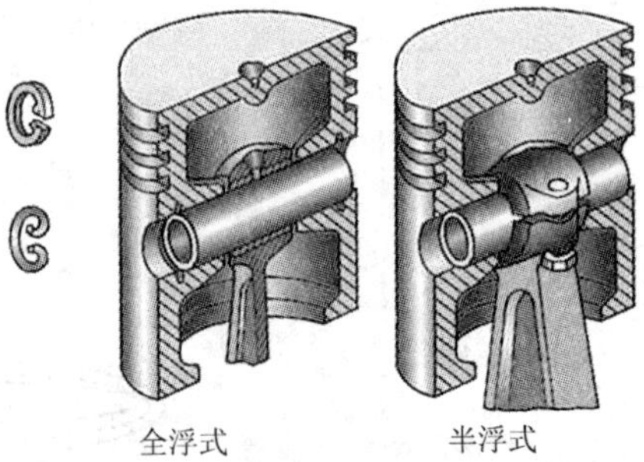

图 2.15　活塞销的连接方式

4．连杆

（1）连杆组的功用及组成

连杆组的功用是将活塞承受的力传给曲轴，推动曲轴转动，从而使活塞的往复运动转变为曲轴的旋转运动。连杆由小头、大头、杆身组成，如图 2.16 所示。

柴油机连杆的受力较大，连杆大头的尺寸往往超过气缸直径，为使连杆大头能通过气缸便于拆装，将连杆大头沿与连杆杆身轴线成 30°～60°的方向切开，形成斜切口，斜切口连杆在往复惯性力作用下受拉时，在切口方向作用有较大的横向力，因此，要有可靠的定位装置。斜切口连杆常用的定位方式有止口定位、套筒定位和锯齿定位。

实训 6　活塞连杆组的检测

【实训准备】

1．设备与器材：发动机气缸体、活塞连杆组、翻转架、世达组合工具、外径千分尺、塞尺、遮光板、活塞环弹力检测仪、连杆校验仪、清洁毛巾等，共六套

2．将“任务工单”分发给每位学生

【实训目的】

1．能够正确使用工具对活塞连杆组进行维修

2．掌握活塞连杆组的维修步骤、方法

【实训步骤】

1．活塞磨损的测量

（1）清洁并观察活塞的磨损情况；

（2）用外径千分尺测量活塞裙部下端的直径，如实训图 2.15 所示；

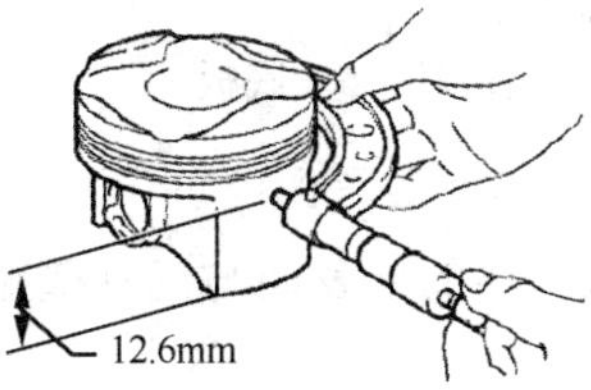

实训图 2.15

（3）记录所测数据；

（4）与维修手册的数据对比，看是否合格。

2．活塞环的检验

（1）活塞环的弹力检测

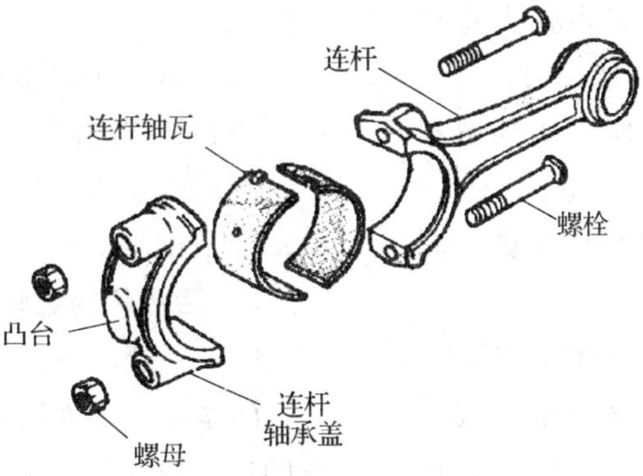

图 2.16　连杆的结构

（2）连杆螺栓

连杆盖和连杆大头用连杆螺栓连在一起，连杆螺栓在工作中承受很大的交变载荷作用，为此，采用优质合金钢并经过精加工特制而成。

（3）连杆轴承

连杆轴承也称连杆轴瓦。现代发动机用连杆轴承是由钢背和减磨层组成的分开式薄壁轴承，以减小摩擦阻力和曲轴连杆轴颈的磨损，如图 2.17 所示。

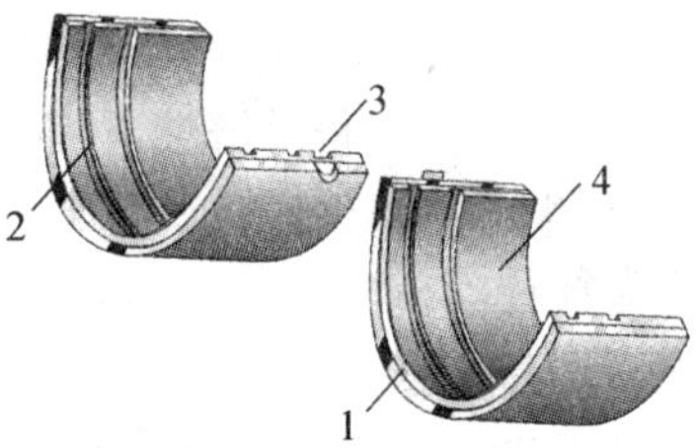

图 2.17　连杆轴瓦

1—钢背；2—油槽；3—定位凸键；4— 减磨合金层

2.2.2　活塞连杆组的维修

活塞连杆组的维修主要包括活塞的选配、活塞环的维修、连杆的维修、活塞销的选配和活塞连杆组的组装。

1．活塞的选配

（1）活塞的损伤形式

活塞的损伤主要是磨损，发生在活塞的环槽、销座孔、裙部处。有时还有活塞的刮伤、烧蚀等现象。

（2）活塞的选配

当气缸的磨损超过允许值或活塞发生明显损伤时，必须对气缸进行修理，并要根据气缸的修理尺寸选配活塞。选配活塞时应注意：

① 按气缸的修理尺寸选用同一级修理尺寸和同一尺寸组的活塞。

② 活塞成套选配时，同一台发动机应选用同一厂牌的活塞，以保证其材料和性能的一致性。

③ 成组选配活塞中，尺寸差和质量差应符合要求。其尺寸差一般为 0.01 ～ 0.025 mm，质量差一般为 5 ～ 10 g。销座孔的涂色标

① 用活塞环弹力检测仪检测活塞环的弹力；

② 与维修手册的数据比较，看是否合格。

（2）活塞环的漏光度检验

① 清洁气缸体、活塞环；

② 将活塞环压入气缸内，用倒置的活塞将其推平，如实训图 2.16 所示；

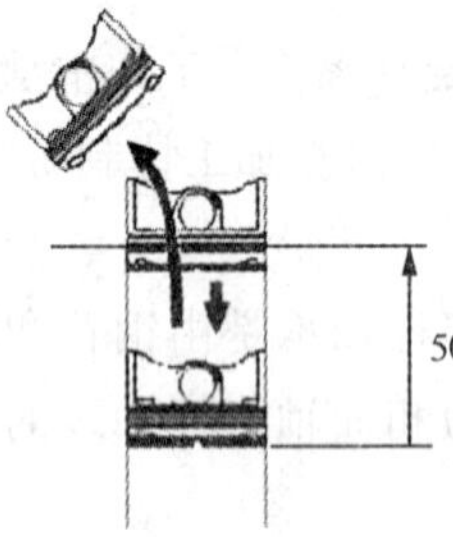

实训图 2.16

③ 用一直径略小于活塞外径的遮光板盖在环的上侧；

④ 在气缸下部放置灯光，从气缸上部观察活塞与气缸壁的缝隙，确定其漏光情况；

⑤ 记录漏光情况，与维修手册数据比较，看是否合格。

（3）活塞环开口间隙检查

① 清洁气缸体、活塞环；

② 将活塞环压入气缸内，用倒置的活塞将其推平，且依次推到三道活塞环相应的上止点位置，然后用塞尺测量，如实训图 2.17 所示；

记应相同。

④ 成组选配活塞时，应注意分组标记和涂色标记。

（3）活塞的测量

测量活塞的裙部，测量时用外径千分尺在活塞销垂直方向测量，将测得数值与标准尺寸相减得到磨损量。

2. 活塞环的维修

（1）活塞环的损伤形式

活塞环在工作时，由于受高温作用和润滑条件差的影响，活塞环的损伤主要是磨损，随磨损的加剧，活塞环的弹力逐渐减弱，端隙、侧隙增大，此外，还有可能断裂损坏。

（2）活塞环的选配

发动机大修时，应根据气缸的修理尺寸，选用与气缸、活塞同一级修理尺寸级别的活塞环。为确保活塞环的工作性能，要求其具有足够的弹性以保证与气缸壁紧密贴合和在环槽内有合适的配合间隙。在选配活塞环时应进行活塞环的弹力检验、漏光检验和“三隙”检验。

（3）活塞环弹力的检测

活塞环的弹力是指活塞环的端隙达到规定值时作用在活塞环上的径向力。弹力过大使环的磨损加剧；弹力过小，气缸的密封性变差，导致燃料和润滑油消耗增加，燃烧室积炭严重，发动机动力性和经济性下降。活塞环弹力的检验如图 2.18 所示。

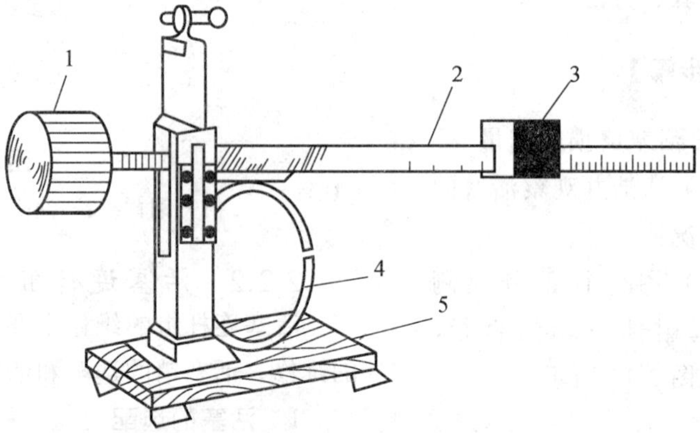

图 2.18 活塞环弹力的检验
1—重锤；2—秤杆；3—活动量块；4—活塞环；5—底板

（4）活塞环漏光度的检测

为了保证活塞环的密封作用，要求活塞环的外表面与气缸壁贴合良好，避免造成漏气和机油上窜现象。

活塞环漏光度校验仪，将被检验的活塞环套入以三组滚轮支承并能自由转动的环规中，挡盘、灯泡等固定在底座上，套筒内的灯光透过活塞环与气缸壁的缝隙，将环规转动一圈，便可以从上面观察到活塞环的漏光程度，如图 2.19 所示。

活塞环漏光度的技术要求是：在活塞环端口左右 30° 范围内不应有漏光点，在同一活塞环上的漏光点不能多于两处，每处漏光弧长所对应的圆心角不得超过 25°，同一环上漏光弧长所对应的圆心

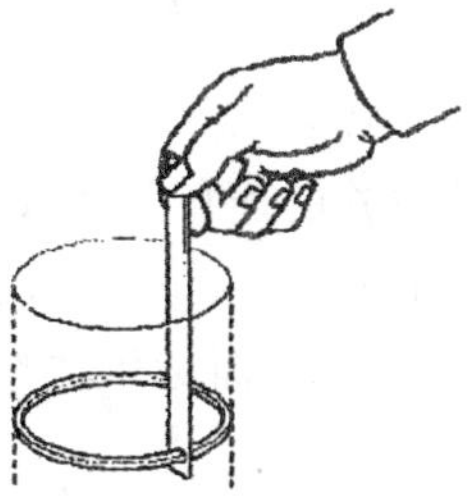

实训图 2.17

③ 将活塞环安装到活塞环槽上，或者不安装，用塞尺和活塞环配合，在活塞环槽上测量侧隙，如实训图 2.18 所示，记录数据；

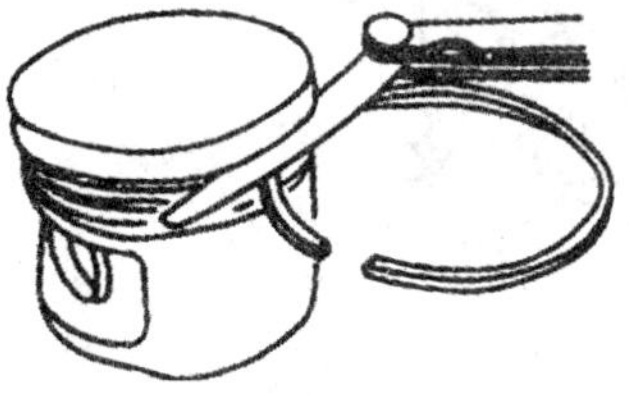

实训图 2.18

④ 用游标卡尺测量活塞环槽的深度值和活塞环的厚度，深度与厚度的差值为背隙，记录数据；

⑤ 将记录的数据与维修手册数据比较，看是否合格，针对情况进行修复。

3．连杆变形的检验

① 连杆变形的检验在连杆校验仪上进行，测量弯曲度（实训图 2.19）和扭曲度（实训图 2.20）；

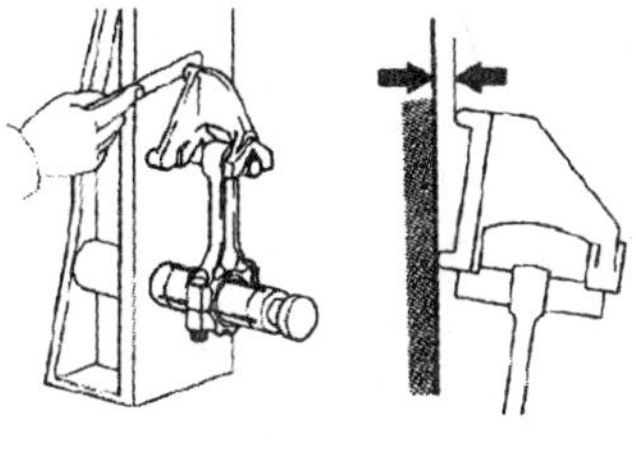

实训图 2.19

角之和不得超过 45°，漏光处的缝隙应不大于 0.03 mm。

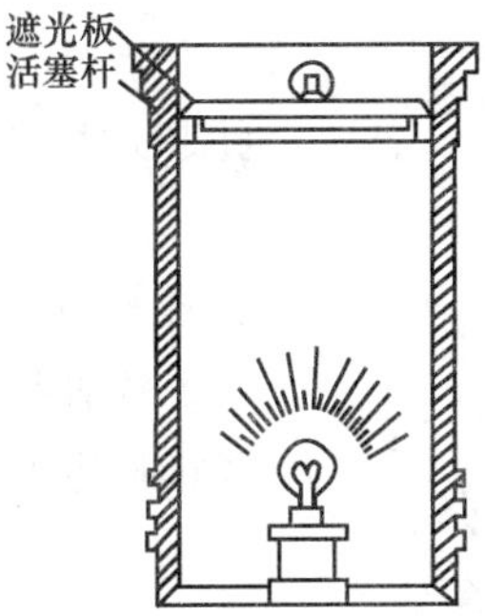

图 2.19　活塞环漏光度的检测

（5）活塞环的“三隙”检验

活塞环的三隙过大，会影响气缸的密封性，使之产生漏气和窜油；三隙过小，易将活塞环在工作时卡死在气缸内，因此，活塞环三隙必须符合技术要求。

① 活塞环的端隙检测。

将活塞环置于气缸套内，并用倒置活塞的顶部将活塞环推入气缸内相应的位置，然后用厚薄规测量。端隙大于规定值，应更换；端隙过小，应对环口的一端加以锉削。锉削时，注意环口应平整、无毛刺，如图 2.20（a）所示。

② 活塞环的侧隙检测。

将活塞环放入环槽内，在环槽内滚动应自由，既不松动，又无阻滞现象。用厚薄规按图 2.20（b）所示的方法测量，其值应符合要求。侧隙过大，应更换，侧隙过小，将活塞环置于平板上的砂布研磨。

③活塞环的背隙检测。

背隙通常以环槽深度与活塞环径向厚度的差值来衡量。测量时，将环落入环槽底，再用深度游标卡尺测出环外圆柱面沉入环岸的数值，如图 2.20（c）所示。

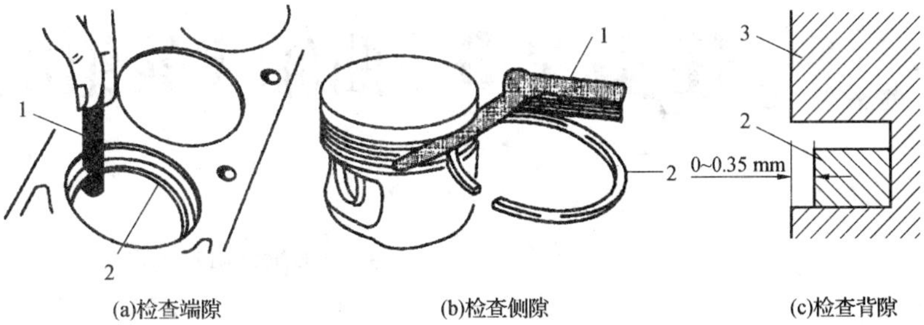

图 2.20　活塞环三隙的检查

1—塞尺；2—气环；3—活塞

3．连杆的维修

（1）连杆的损失形式

连杆在工作中，由于受复杂的交变载荷的作用，易造成连杆的弯曲、扭曲，大小头内孔的磨损，螺栓孔的损坏，大头端接触面损

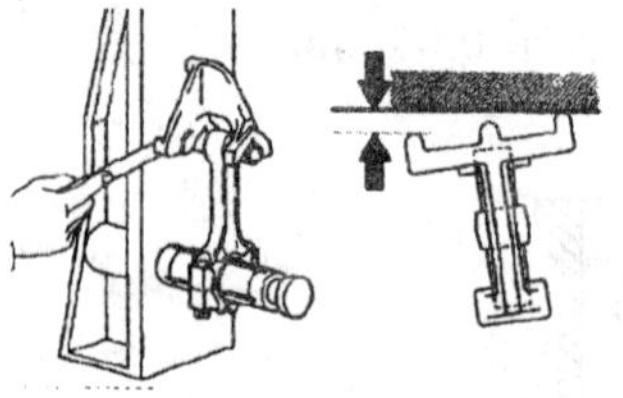

实训图 2.20

② 记录检测数据，与维修手册数据比较，看是否合格，针对具体情况修复。

【技术提示】

1. 塞尺在使用前必须清除塞尺和工件上的污垢

2. 在使用塞尺测量时，在检测的部位上来回运动，感觉有点脱滞为宜，测量时动作要轻，不允许硬插

3. 具体维修技术参数，参照维修手册

伤，以及连杆的裂纹等。

（2）连杆变形的检验与校正

连杆变形的检验在连杆校验仪上进行，经过检验的连杆，如弯、扭超过规定值，应记住弯、扭方向和测量值，进行校正。

连杆弯曲的校正在压床或弯曲校正器上进行，用弯曲校正器校正连杆弯曲的方法如图 2.21 所示。

连杆扭曲的校正可将连杆夹在台虎钳上，用扭曲校正器、管钳或长柄扳钳进行校正。用扭曲校正器校正连杆扭曲的方法如图 2.22 所示。

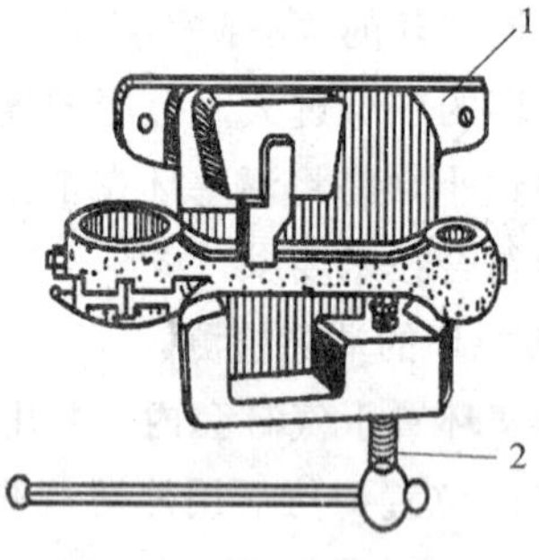

图 2.21　连杆弯曲校正

1—弯曲校正器；2—校正杆

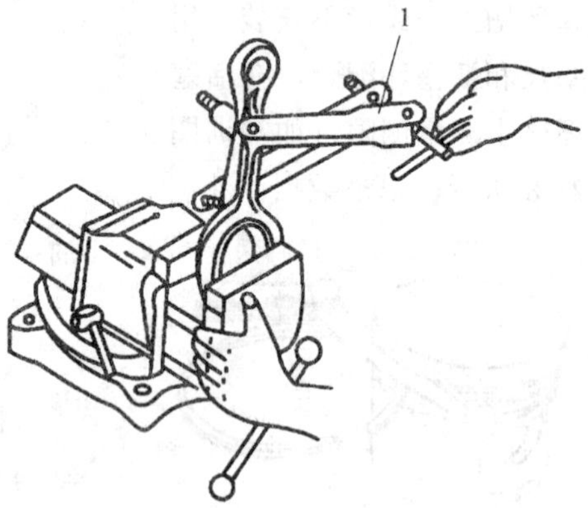

图 2.22　连杆扭曲校正

4. 活塞销的选配

① 同一台发动机应选配同一厂牌、同一修理尺寸的成组活塞销。

② 活塞销表面应无任何锈蚀和斑点。

③ 表面粗糙度 *Ra* 小于 0.2 μm，圆柱度误差小于 0.002 5 mm，质量差在 10 g 的范围内。

任务 2.3　曲轴飞轮组的构造与维修

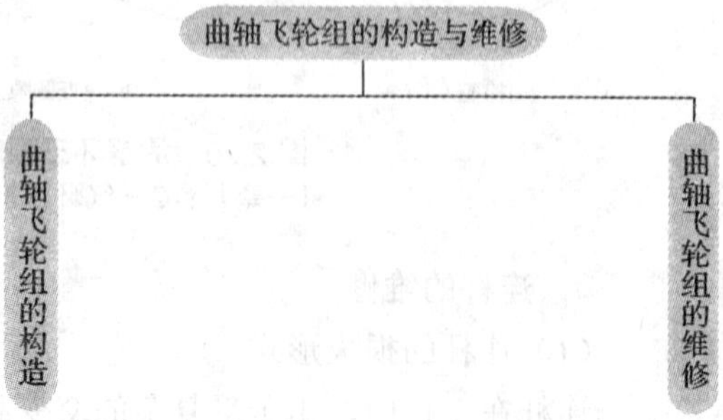

实训指导

实训 7 曲轴飞轮组的拆装

【实训准备】

1．设备与器材：发动机、翻转架、世达组合工具、扭力扳手、机油壶、清洁毛巾等，共六套

2．将“任务工单”分发给每位学生

【实训目的】

1．能够正确使用工具对曲轴飞轮组进行拆装

2．掌握曲轴飞轮组的拆装步骤

【实训步骤】

1．拆卸

（1）将发动机翻转 180°；

（2）拆卸飞轮，对角分 2~3 次拧下飞轮上的 6 个固定螺栓，取下飞轮；

（3）如实训图 2.21 所示拆下曲轴后油封凸缘，对角分 2~3 次拧下曲轴后油封凸缘的 6 个固定螺栓，用橡皮锤轻击并取下曲轴后油封凸缘；

实训图 2.21

（4）拆卸曲轴主轴承盖，检查各主轴承盖有无标

基础知识

2.3.1 曲轴飞轮组的构造

曲轴飞轮组主要由曲轴、曲轴主轴承和连杆轴承、飞轮、扭转减震器、曲轴带轮以及正式链轮等组成，如图 2.23 所示。

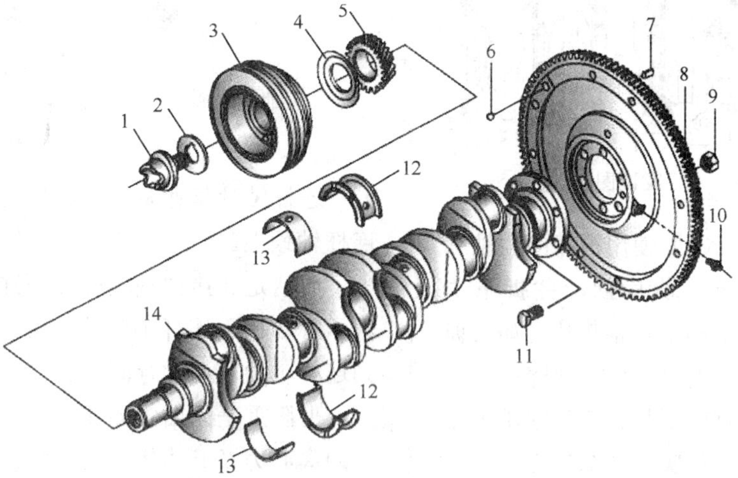

图 2.23 曲轴飞轮组

1—启动爪；2—启动爪锁紧垫片；3—扭转减震器、带轮；4—挡油片；5—正时齿轮；6—第 1、6 缸活塞上止点记号；7—圆柱销；8—齿圈；9—螺母；10—黄油嘴；11—曲轴与飞轮连接螺栓；12—中间轴上下轴瓦；13—主轴承上下轴瓦；14—曲轴

1．曲轴的作用、工作条件和材料

曲轴的作用是将活塞连杆组传来的燃气压力转变为转矩并对外输出，同时，还驱动汽车的传动系、发动机的配气机构和其他辅助装置（如水泵、发电机等）。

曲轴的工作条件：曲轴承受周期性变化的燃气压力及活塞连杆等运动件的往复和旋转惯性力作用。承受高转速变化和负荷的变化。

曲轴的要求：由于曲轴受到这些力使其产生弯曲和扭曲变形，导致其振动，要求曲轴必须具有足够的刚度、强度、耐磨性和很好的平衡性。

曲轴的材料：一般采用优质中碳钢或中碳合金钢模锻，其轴颈表面进行高频淬火或氮化处理，提高其耐磨性。有的采用球墨铸铁铸造曲轴。

2．曲轴的构造

曲轴一般是由主轴颈、连杆轴颈、曲柄、平衡重、前端轴和后端凸缘等组成，如图 2.24 所示。一个连杆轴颈和它两端的曲柄及主轴颈构成一个曲拐。

主轴颈是曲轴的支承部分，曲轴分为全支承曲轴和非全支承曲轴。每个连杆轴颈两边都有一个主轴颈，称为全支承曲轴，否则称为非全支承曲轴。全支承曲轴刚度较好，承载负荷较小，多用于柴油机和负荷较大的汽油机。

记，如无，则按顺序做上记号，且按实训图 2.22 所示的顺序分 2~3 次均匀拆下主轴承螺栓。

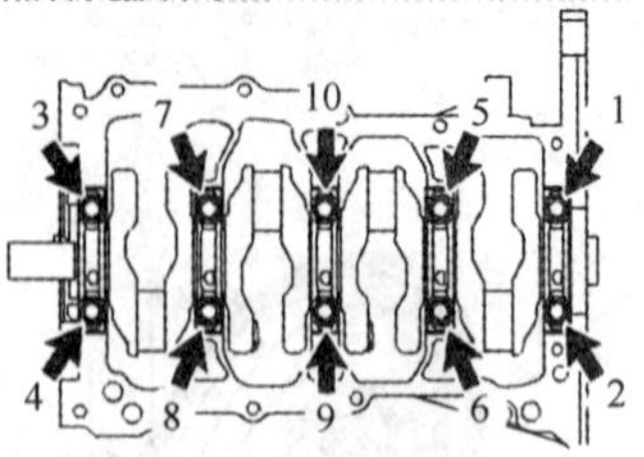

实训图 2.22

（5）使用拆卸的主轴承螺栓，前后撬动并拆下主轴承和下止推垫片，如实训图 2.23 所示（一般情况下，止推垫圈只在 3 号主轴承盖处，如实训图 2.24 所示）；

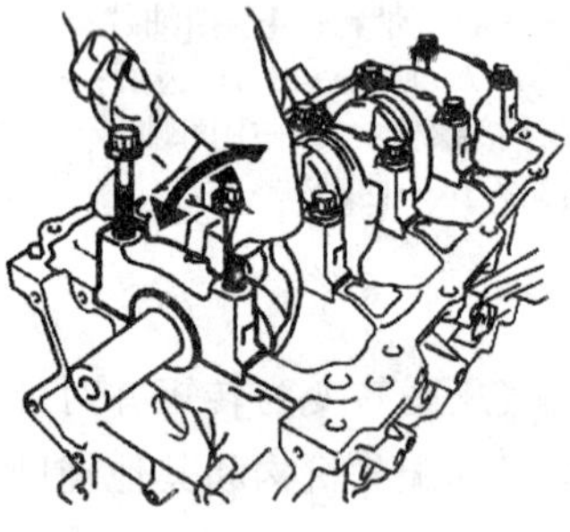

实训图 2.23

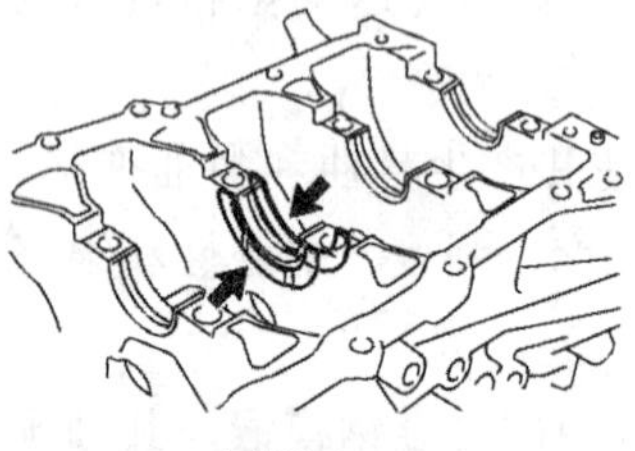

实训图 2.24

（6）将下轴瓦和主轴承放在一起，按顺序摆放好；

（7）抬出曲轴；

（8）取出曲轴上轴瓦，按顺序摆放好，如实训图 2.25 所示。

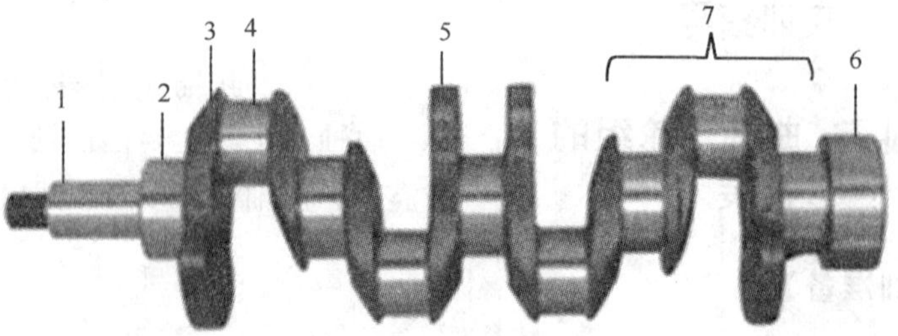

图 2.24　曲轴构造

1—曲轴前端；2—主轴颈；3—曲柄；4—连杆轴颈；5—平衡重；6—曲轴后端；7—曲拐

连杆轴颈是曲轴和连杆连接的部分，连杆大端和连杆盖安装在连杆轴颈上。

曲柄是连接曲轴主轴颈和连杆轴颈的部分，曲轴上钻有连接主轴承、曲柄、连杆轴颈的油道，以使主轴承内的润滑油经此油道流到连杆轴颈表面进行润滑。

平衡重是因曲轴高速旋转，在连杆大端、连杆轴颈和曲柄等产生的离心力及其力矩，还有往复惯性力而设置的，目的是使发动机运转平稳。因此，一般在曲柄的相反方向设置平衡重，使其产生的力矩与上述惯性力矩相平衡。

3．曲轴前、后端的密封及轴向定位

曲轴前端装有驱动配气机构凸轮轴的正时齿轮（正时带轮或正时链轮）、驱动水泵和风扇的带轮、止推片及扭转减震器等，曲轴后端有安装飞轮的凸缘。曲轴前、后端都伸出曲轴箱，安装密封装置，防止机油沿曲轴轴颈外漏。常见的密封装置有甩油盘、自紧油封和回油螺纹等。

发动机工作时，曲轴受到来自离合器施加于飞轮的轴向力以及行驶阻力变化或突然加、减速出现的轴向力作用而引起曲轴的轴向窜动。尤其是影响活塞连杆组与气缸之间的位置关系。所以，曲轴工作时受热膨胀，又允许能自由伸长，防止与轴承端面的间隙消失，所以要设置轴向定位装置。一般只设置一处，该装置可设在曲轴的前端、中间或后端，如图 2.25 所示。

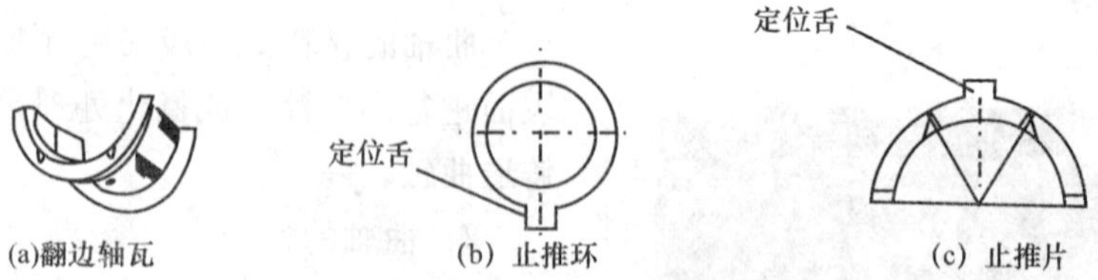

图 2.25　曲轴止推装置

4．曲拐的布置

曲轴的形状及各曲拐的相对位置取决于气缸数、气缸排列形式和发动机的工作顺序。曲拐数取决于发动机的气缸排列方式和气缸数。直列式发动机曲拐数和气缸数相同；V 型发动机曲拐数是气缸数的一半。在选择各缸工作顺序时，应注意以下几点：

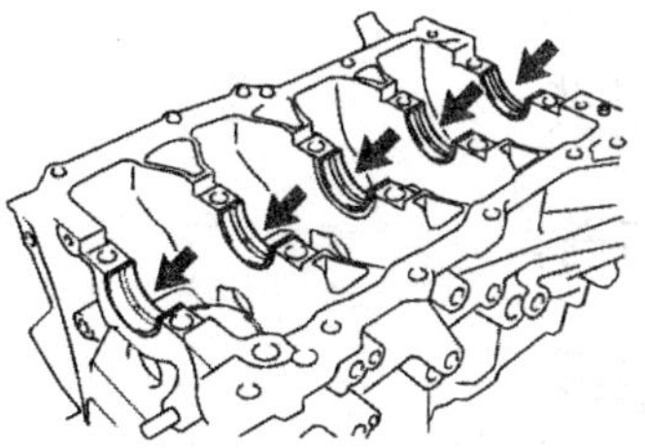

实训图 2.25

2．安装

（1）安装上轴瓦（除3号轴颈外）；将带有机油槽的上轴瓦安装到气缸体上；不要在轴承与接触表面涂抹机油；

（2）安装上轴瓦（3号轴颈），将带机油槽的上轴瓦安装到气缸体上；

（3）安装下轴瓦，将下轴瓦安装到轴承盖上，如实训图2.26所示；不要在轴承和接触表面涂抹机油；

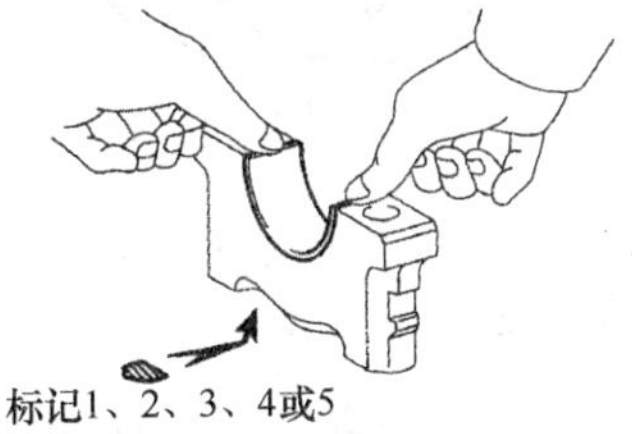

实训图 2.26

（4）安装曲轴上止推垫圈，使机油槽向外将2个止推垫圈安装到气缸体的3号轴颈下方，如实训图2.27所示；在曲轴止推垫圈上涂抹发动机机油；

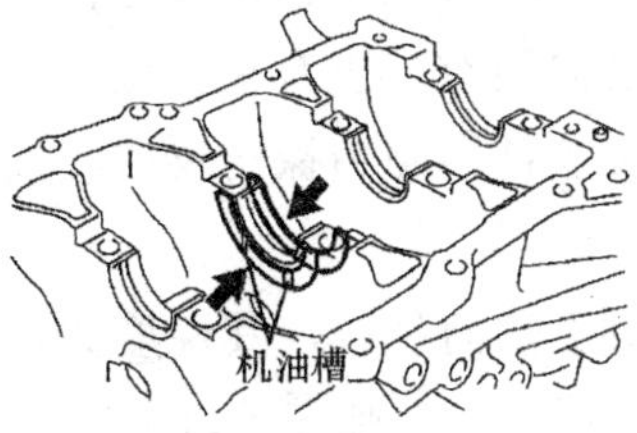

实训图 2.27

（5）安装曲轴，在上轴瓦上涂抹机油，并将曲轴

① 应使各缸的做功间隔尽量均衡，即发动机每完成一个工作循环，各缸都应点火做功一次，以保证发动机运转平稳。对于缸数为 i 的四冲程发动机，其做功间隔角为 720°/i。

② 连续做功的两缸应尽量相隔远些，防止发动机热负荷集中，减轻主轴承承担载荷，避免进气行程中发生“干涉”而影响充气量。

③ 曲拐布置应尽量对称、均匀。

④ V型发动机左、右两列应交替做功。

常见的四冲程直列四缸发动机的曲拐布置和工作顺序如下：

四冲程直列四缸发动机的做功间隔角为720°/4=180°。四个曲拐对称布置在同一个平面内，如图2.26所示。发动机的工作顺序为1—3—4—2和1—2—4—3两种。1—3—4—2工作循环见表2.1。

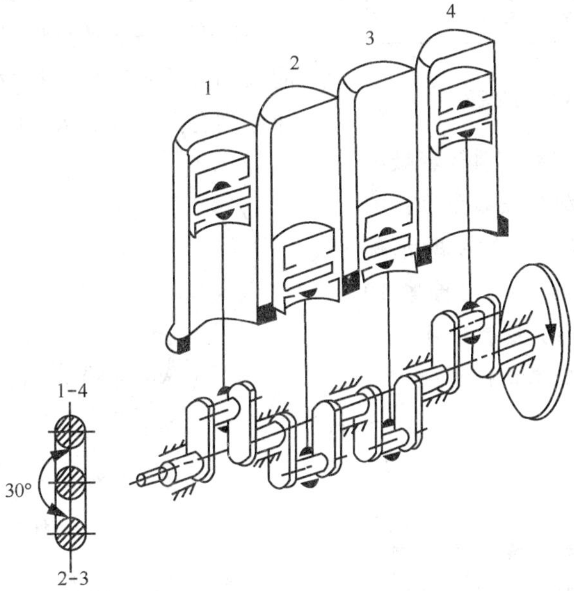

图 2.26 直列四缸发动机曲拐布置

表 2.1 四缸发动机工作循环表（工作顺序1—3—4—2）

曲轴转角/（°）	第1缸	第2缸	第3缸	第4缸
0～180	做功	排气	压缩	进气
180～360	排气	进气	做功	压缩
360～540	进气	压缩	排气	做功
540～720	压缩	做功	进气	排气

5．扭转减震器（图2.27）

为了消减曲轴的扭转振动，在发动机的前端多装有扭转减震器。常用的扭转减震器有橡胶式、摩擦式和硅油式等多种形式。

6．飞轮

飞轮的作用是通过储存和释放能量来提高发动机的均匀性和平稳性，以及改善发动机克服短时超载能力，同时，又将发动机的动力传递给离合器。

安装到气缸体上；在下轴瓦上涂抹机油；检查数字标记，并将轴承盖安装到气缸体上，如实训图2.28所示；在轴承盖螺栓的螺纹上和轴承螺栓下涂抹一薄层机油；

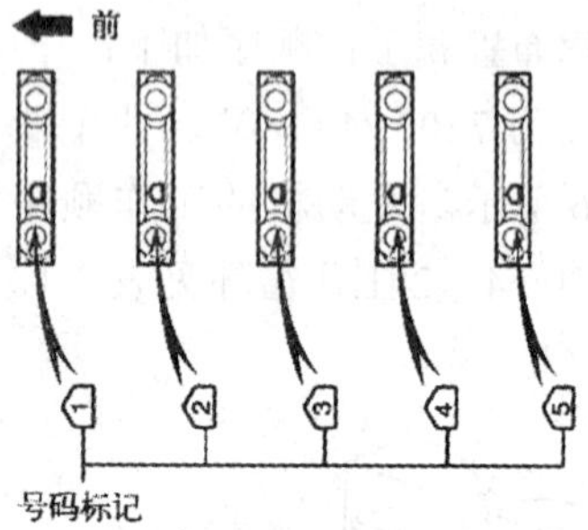

实训图2.28

（6）用橡胶锤轻轻敲击轴承盖以确保安装正确；同时按照实训图2.29所示顺序分2～3次均匀拧紧10个主轴承端盖螺栓；用扭力扳手按规定数值拧紧；

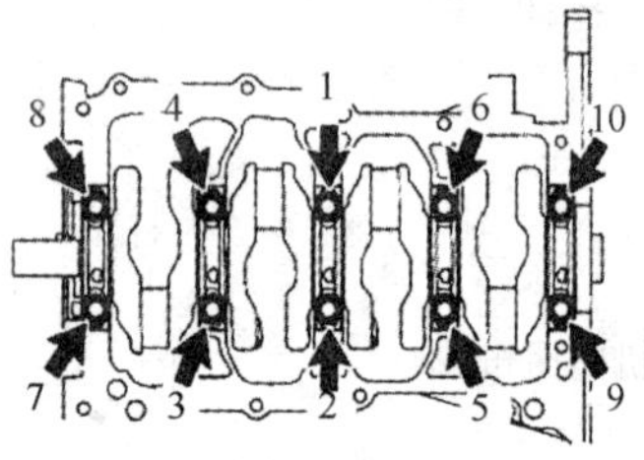

实训图2.29

（7）旋转曲轴，应能够转动灵活；

（8）安装发动机后油封座圈，螺栓按规定数值拧紧；

（9）安装飞轮，安装时应对正定位孔，否则无法安装，对角分2～3次拧紧6个螺栓，并且使用扭力扳手按规定数值拧紧。

【技术提示】

具体安装技术参数，参照维修手册

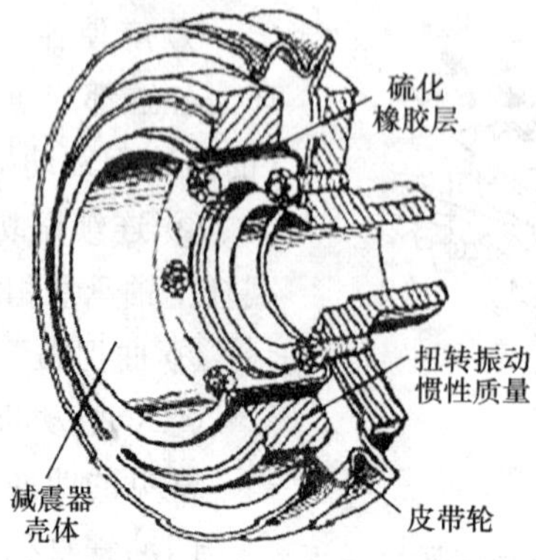

图2.27　扭转减震器

飞轮是一个转动惯量较大的圆盘，多采用灰铸铁制作，飞轮外缘压有齿圈，与启动机的驱动齿轮相啮合，供启动发动机时使用。为保证有足够的转动惯量的前提下尽可能减小飞轮质量，应使飞轮的大部分质量都集中在轮缘上，因而轮缘通常做得宽而厚。飞轮上通常刻有第一缸点火正时记号，以便校准点火时间，如图2.28所示。

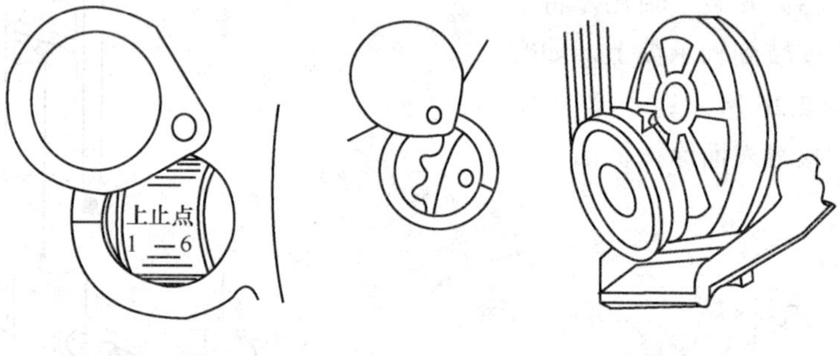

(a)CA6102型　(a)EQ6100-1型　(c)BJ492Q型

图2.28　飞轮上点火正时记号

飞轮与曲轴装配后要进行动平衡试验。为了拆卸时不破坏其平衡，飞轮与曲轴之间有严格的相对位置，通常用定位销或不对称布置的螺栓来保证。

2.3.2　曲轴飞轮组的维修

1. 曲轴的维修

曲轴常见的损伤有曲轴的裂纹及断裂、曲轴的变形、曲轴轴颈的磨损等。

（1）曲轴裂纹的维修

曲轴的裂纹一般出现在应力集中部位，通常在主轴颈或连杆轴颈与曲柄臂相连的过渡圆角处，表现为横向裂纹。也有在轴颈中的油孔附近出现沿轴向延伸的裂纹。曲轴裂纹常用磁力探伤仪或浸油敲击法检验。

曲轴轴颈表面不允许有横向裂纹。对于轴向裂纹，其深度如在曲轴轴颈修理尺寸以内，可通过磨削曲轴消除，否则应予以报废。

（2）曲轴变形的维修

曲轴在工作过程中，由于轴承间隙过大、发动机爆燃、个别轴承烧坏“抱轴”等原因，都可能导致曲轴受力不均，而产生弯曲。曲

实训 8　曲轴的维修

【实训准备】

1. 设备与器材：发动机、翻转架、外径千分尺、世达工具、磁力表座、百分表、V型铁、清洁毛巾等，共六套

2. 将“任务工单”分发给每位学生

【实训目的】

能够正确使用量具对曲轴进行维修

【实训步骤】

1. 曲轴轴颈磨损的测量

（1）V型铁块放置在工作平面上，将曲轴架在V型铁上，如实训图 2.30 所示；

实训图 2.30

（2）用毛巾清洁曲轴轴颈，以免油污等影响测量精度；

（3）在实训图 2.31 所示曲轴每个轴径的两个边缘位置上，沿横向和纵向两个方向测量轴径的直径；

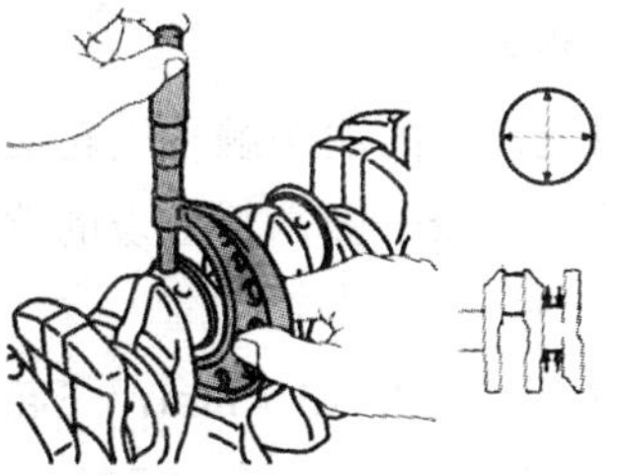

实训图 2.31

（4）记录数据，计算曲轴轴颈圆度与圆柱度，与维修

轴弯曲后，若不及时维修而继续使用，可能使曲轴产生裂纹甚至断裂。

在对曲轴弯曲变形检验时，检查中间主轴颈对两端主轴颈的径向圆跳动误差。其误差如小于 0.15 mm 时，可结合光磨曲轴时加以修正；当径向跳动度误差大于 0.15 mm 时，应校正曲轴。如图 2.29 所示。曲轴弯曲变形校正，一般采用冷压校正（图 2.30）或敲击校正法。当变形不大时，可采用敲击校正法。当曲轴弯曲量较大时，校正必须分步、反复多次，直到符合要求为止。校正后曲轴径向圆跳动误差不得大于 0.05 mm。

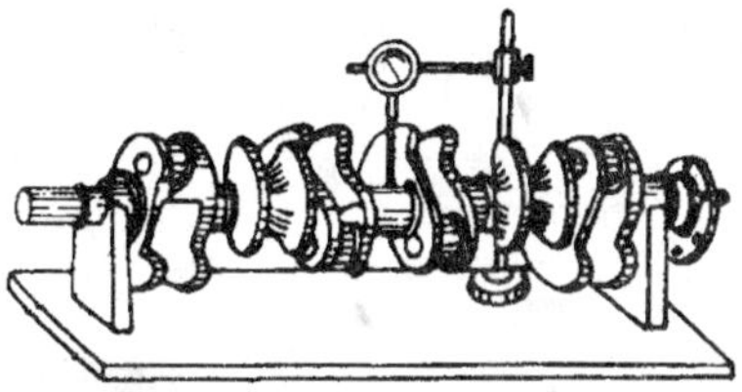

图 2.29　曲轴弯曲的检测

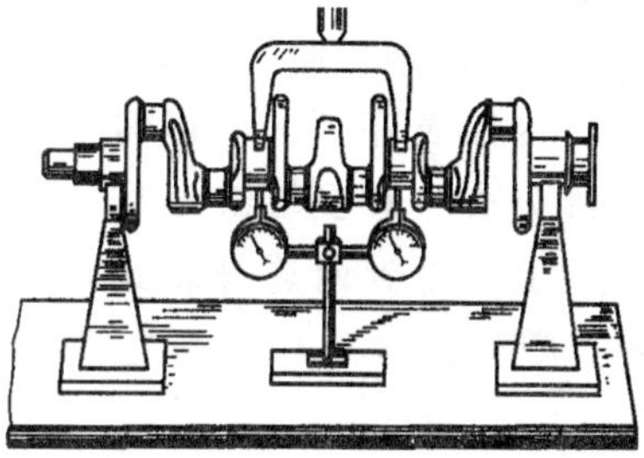

图 2.30　曲轴弯曲的冷压校正

曲轴扭曲变形的检验与弯曲检验一样，将曲轴两端主轴颈置于检验平板的 V 型铁块上，使曲轴两端同一曲柄平面内的两个连杆轴颈位于水平位置，用百分表测量两轴颈最高点至平板的高度差 ΔA，据此求得曲轴主轴线的扭曲角 θ 为

$$\theta=\frac{360\Delta A}{2\pi R}=\frac{57\Delta A}{R}$$

式中　R——曲柄半径，mm。

曲轴扭曲变形的校正：曲轴扭曲变形量一般较小，可直接在曲轴磨床上结合对连杆轴颈磨削时予以修正。

注意：若曲轴既有弯曲又有扭曲，应先校正扭曲，后校正弯曲。

（3）曲轴轴颈磨损的检验

轴颈磨损检验的目的是确定曲轴是否需要磨修及磨修的修理尺寸大小。检验曲轴轴颈磨损量时，用外径千分尺测量主轴颈及连杆轴颈的圆度和圆柱度误差，如图 2.31 所示。

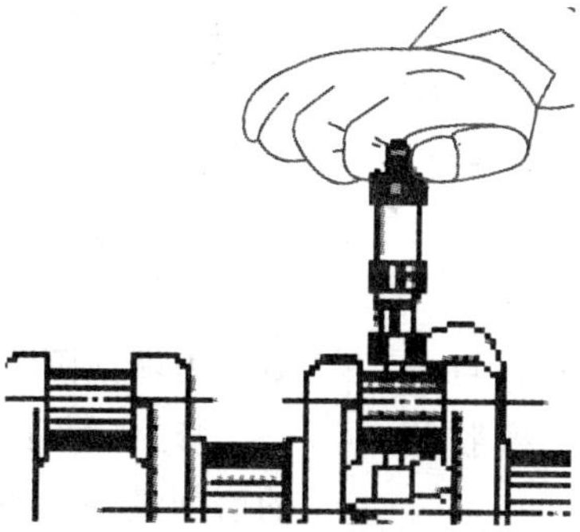

图 2.31　曲轴轴颈磨损测量

曲轴轴颈的修磨：发动机大修时，对轴颈磨损已经超过规定的

手册数据对比，看是否合格。

2．曲轴弯曲测量

（1）将曲轴放置在V型块上，清洁连杆轴颈；

（2）安装、检查、调整百分表，使百分表的测量触点垂直抵压到1缸连杆轴颈上，调整表头使大指针指在0刻度，如实训图2.32所示；

（3）曲轴扭曲的测量：松开磁性表座开关，慢慢将百分表平移到6缸连杆轴颈上，得到两连杆轴颈的高度差。

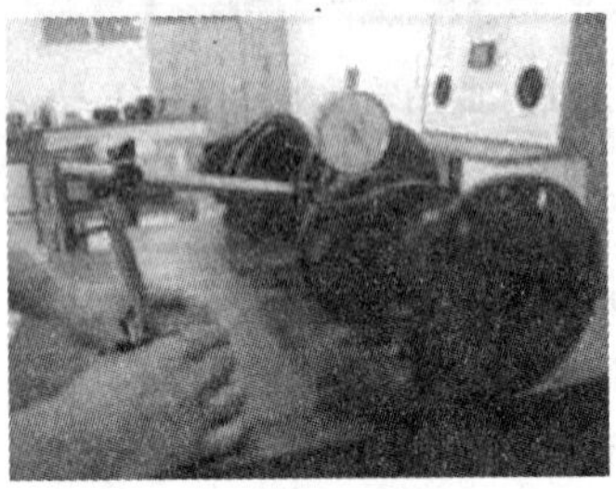

实训图 2.32

3．曲轴扭曲测量

（1）将曲轴放置在V型块上，清洁主轴颈；

（2）安装、检查、调整百分表，使百分表的测量触点垂直抵压到中间主轴颈上；调整表头使大指针指在0刻度；

（3）曲轴扭曲的检测：用百分表触头抵住中间主轴颈，慢慢转动曲轴一周，百分表所示最大摆量除以2即为弯曲度。

【技术提示】

1．外径千分尺、百分表在使用时，手握橡胶部分，避免造成误差

2．具体安装检测参数，参照维修手册

曲轴，应按修理尺寸法对各道轴颈进行光磨修复。

（4）轴向间隙的检查与调整

为了发动机机件的正常工作，曲轴必须留有合适的轴向间隙。间隙过小，会因机件受热膨胀而卡死；间隙过大，曲轴工作时将产生轴向窜动，加速气缸的磨损，活塞连杆组出现不正常磨损，还影响配气相位和离合器的正常工作。因此，曲轴装到缸体上之后，应检查其轴向间隙。

曲轴轴向间隙的检查可用百分表或塞尺检查，将百分表触头顶在曲轴平衡块上，用撬棒将曲轴前后移动，观察表针摆动数值，即为轴向间隙。如图2.32所示。另一种方法是用撬棒将曲轴撬向一端，再用塞尺测量推力轴承止推面与轴颈定位肩之间的间隙，即为轴向间隙。

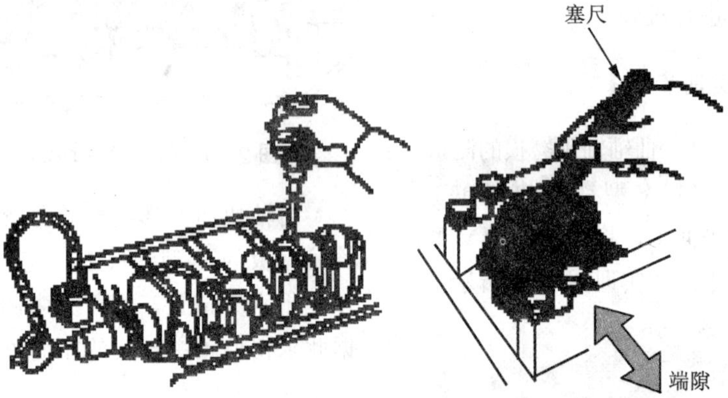

图 2.32　用百分表、塞尺检查曲轴轴向间隙

2．飞轮的维修

飞轮常见的损伤主要有齿圈磨损、松动、打齿和端面打毛，飞轮与离合器摩擦片接触的工作面磨损、刮痕和起槽。

（1）齿圈的维修

齿圈牙齿单面磨损，可将齿圈翻转装配，继续使用。如齿圈松动或轮齿损坏连续4个以上时，则应更换新齿圈。齿圈与飞轮的过盈配合为0.30～0.50 mm，装配时，将齿圈加热到623～673 K，热压在飞轮凸缘上。

（2）飞轮工作面的维修

飞轮工作面磨损成波浪形或起槽，深度超过0.5 mm时，或飞轮端面圆跳动误差超过0.50 mm时应光磨修整。

检查方法是：将百分表架装在飞轮壳上，表的测头触在飞轮的光滑端面上，旋转表盘，使指针对零，转动飞轮一圈，百分表的读数差为端面圆跳动误差。

修整后与曲轴配合的端面圆跳动误差不得大于0.15 mm，飞轮的磨削量不得超过1 mm，否则应更换飞轮。

任务 2.4　曲柄连杆机构常见故障诊断与排除

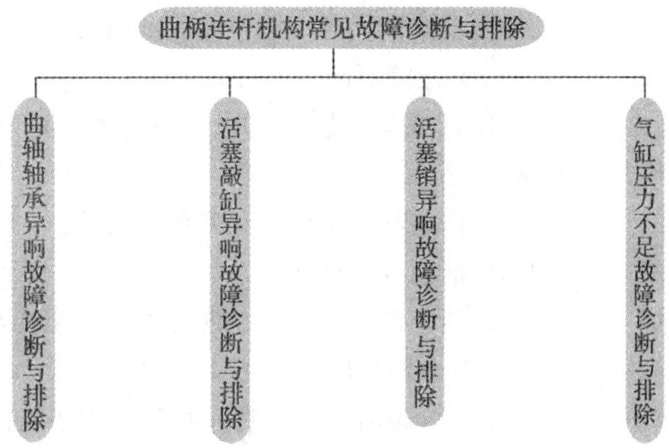

实训指导

实训 9　气缸的压缩压力检测

【实训准备】

1. 设备与器材：实训车辆、气缸压力表、转速仪、蓄电池电量测试仪、火花塞套筒、世达组合工具、工具车等，共六套

2. 将“任务工单”分发给每位学生

【实训目的】

1. 能够根据故障现象，正确诊断故障

2. 能够根据维修手册制订诊断步骤，排除故障

【实训步骤】

1. 观察、咨询故障现象

轿车使用过程中出现发动机耗油最大，动力不足，

基础知识

曲柄连杆机构的异响是由于曲柄连杆机构机件的磨损和损伤，导致配合件的配合间隙破坏，使零件在运动中由于振动和相互碰撞而发生的金属响声。曲柄连杆机构的异响在不同程度上反映发动机的故障。可根据异响产生的部位、响声特征、变化规律以及排烟情况等，或借助诊断仪器，找出故障产生的原因并及时排除。主要包括曲轴轴承响、活塞敲缸响和活塞销响等。

1. 曲轴轴承异响故障诊断与排除

（1）故障现象

① 发动机转速突然变化时，发出低沉连续的“当、当、当”敲击声。

② 发动机转速越快响声越大，负荷增加，响声随之增加，响声的部位在气缸的下部。

③ 单缸断火时，响声明显减弱，复火后又立即出现。

④ 观察机油压力表，机油压力明显降低。

（2）故障原因

① 轴承盖固定螺栓松动，导致其径向间隙过大。

② 轴承与曲轴轴颈磨损过大，致使其径向间隙过大。

③ 轴承润滑不良，使轴承耐磨合金层烧蚀、脱落。

④ 轴承与轴承座孔配合松动。

（3）故障排除

如确诊轴承有响声，则应拆卸油底壳，对有异响的轴承进行检查。若是轴承盖螺栓松动，可按规定扭矩拧紧；若是轴承磨损或止推垫片磨损致使径向间隙过大，或轴承表面合金层烧蚀脱落，可更温度偏高现象。

2．分析故障可能原因

（1）某一气缸压力过低，气缸、活塞、活塞环磨损过大；活塞环对口、卡死、断裂；进、排气门关闭不严；气缸垫损坏不密封；

（2）相邻两缸压力过低，两缸相邻处的气缸垫损坏窜气；

（3）全部或多数气缸压力过低，气缸盖下平面翘曲；

（4）气缸压力过高，燃烧室内积炭过多，造成燃烧室容积变小。

3．检测过程

（1）检测前提条件

① 发动机应运转至正常工作温度，水冷发动机水温达 75 ～ 95 ℃；

② 拆下空气滤清器；

③ 拆除全部火花塞；

④ 节气门至全开位置；

⑤ 拔下点火线圈插头与油泵继电器；

（2）使用蓄电池电量检测仪检测蓄电池电量，应符合要求；

（3）使用转速仪检测在以上状态下启动 3 ～ 5 s 时的发动机转速，应在 150 ～ 200 r/min；

（4）安装气缸压力表，把气缸压力表的锥形橡胶接头压紧在被测缸的火花塞孔内；

（5）用启动机带动曲轴旋转 3 ～ 5 s，指针稳定后读取读数，然后按下单向阀使指针回零；每个气缸的测量次数应不少于两次；实测值为两次检测的平均值；

（6）按上述步骤 (3)~(4) 换同一修理尺寸的轴承；当轴承磨损时，应修磨轴颈并配以相应的修理级别的轴承。

2．活塞敲缸异响故障诊断与排除

（1）故障现象

① 发动机怠速或低速运转时，在气缸上部发出清晰的“嗒、嗒、嗒”敲击声。

② 冷车时响声明显，热车时响声减弱。

③ 单缸断火后，响声减弱或消失。

（2）故障原因

① 活塞与气缸的配合间隙过大，导致活塞撞击缸壁而发出敲击声。

② 活塞与气缸壁的润滑条件太差。

③ 活塞或连杆变形。

④ 活塞销与销座孔、连杆衬套装配过紧。

（3）故障排除

如确诊为活塞敲缸响，则卸下活塞连杆组进行检查，如是配合间隙过大而产生异响，是活塞磨损过大的，应更换同一修理级别的活塞；是气缸磨损过大的，应镗削气缸并配以相应的修理级别的活塞。如是活塞或连杆变形引起的异响，应校正连杆或更换活塞。如是活塞销与活塞销座孔、连杆衬套配合过紧引起的异响，则应修刮连杆衬套或活塞销座孔。

3．活塞销异响故障诊断与排除

（1）故障现象

① 发动机怠速和中速时响声明显清脆，为有节奏的“嗒、嗒、嗒”响声。

② 发动机转速变化时，响声的周期也随之变化。

③ 发动机温度升高后，响声不减弱。

④ 该缸断火后，响声明显减弱，恢复该缸工作时，又出现响声。

（2）故障原因

① 活塞销与连杆衬套配合松旷。

② 活塞销与活塞销座孔配合松旷。

③ 连杆衬套与连杆小端承孔配合松旷。

（3）故障排除

如确诊有活塞销响，则应拆卸活塞连杆组，分别检查活塞销与连杆衬套、连杆衬套与连杆小端承孔以及活塞销与活塞销座孔的配合情况。更换松旷的活塞销、衬套及活塞，然后重新修配。

4．气缸压力不足故障诊断与排除

发动机在长期工作中，由于气缸、活塞在高温、高速、高压和润滑不良的情况下，引起气缸的磨损和活塞、活塞环的磨损而导致气缸的压力降低；同时，气门的高频开、闭，致使气门、气门座的磨损和烧蚀，引起气门关闭不严，致使气缸压力降低；在装配气缸盖时由于没有按规定的扭矩和拧紧顺序拧紧缸盖固定螺栓，导致缸依次检测各个气缸，并记录数据。

4．检测完后续工作

将相关拆下零部件按照正确顺序装到原车上：

（1）安装火花塞；

（2）安装高压分线；

（3）安装喷油器电插头；

（4）安装空气滤清器。

5．清点工具，整理工位

【技术提示】

1．气缸压力表的锥形橡胶接头务必要压紧在火花塞孔，否则密封不严，数据不准确

2．故障诊断时，必须熟悉曲柄连杆机构故障现象，再分析可能原因，逐步排除

3．具体安装检测参数，参照维修手册

盖未压实气缸垫，引起气缸窜气，致使气缸压力不足。

（1）故障现象

①水箱易“开锅”并缺水。

②发动机工作时出现“断缸”现象，发动机运转不平稳，抖动。

③油底壳内的机油压力增大，机油变质加速。

④在发动机的进气管道内“喘气”，在排气管道内“放炮”等现象。

⑤发动机动力不足。

（2）故障原因

①气缸与活塞、活塞环磨损过大，漏气增多，导致气缸密封性变差，气缸压力不足。

②气门与气门座关闭不严，导致气缸密封性下降，气缸压力不足，出现“喘气”现象。

③气缸盖平面翘曲变形，与气缸之间没有压实气缸垫，导致漏气，致使气缸密封性下降，气缸压力不足。

④未按规定扭矩或规定顺序拧紧缸盖固定螺栓，引起缸盖变形，没有压实气缸垫，导致气缸密封性下降，气缸压力不足。

⑤气缸垫烧垫，引起漏气。

（3）故障排除

气缸压力的检查，用气缸压力表进行检测。测量时，使发动机运转至正常温度后熄火，然后拆除火花塞，将压力表的锥形橡胶头压紧在火花塞孔，转动曲轴，使曲轴转速保持规定的转速，记录此时压力表的数值。比照气缸压力标准值，看是否符合要求。如确诊为气缸压力不足，应拆下活塞连杆组，检查气缸、活塞及活塞环；检查气门及气门座的密封等。如是烧气缸垫引起的，应更换气缸垫；如是气门密封不严引起的，应研磨气门，若严重，更换气门及气门座；如是活塞与气缸磨损引起的，磨损轻微，应更换加大一级的活塞环，磨损严重的，应采用修理尺寸法镗削气缸并更换相应同一级修理尺寸的活塞。

任务实施

为了正确诊断、排除曲柄连杆机构故障，首先，必须熟悉曲柄连杆机构各组成分的具体结构，各部分组成作用，熟悉曲柄连杆机构故障产生的现象，形成故障的可能原因；并通过实训，掌握曲柄连杆机构诊断和排除方法、步骤。

相关链接

新型曲柄连杆机构简介

曲柄连杆机构工作时，曲柄与连杆的角度在360°内随曲轴旋转不停地变化，在上、下止点时有效系数为零，当曲柄与连杆的夹角为90°时，有效系数才能达到100%，在其他角度下，力就会被分解，也就减少了功率的传递系数。

新型曲柄连杆机构包括气缸、机体、活塞及活塞销，两个内齿轮与机体直接固定连接，两个内齿轮相同且同轴线、左右对称布置，两个内齿轮内设有与其相啮合的双联外齿轮，双联外齿轮又与内齿轮啮合，双联外齿轮的中间连接轴为偏心轴，其偏心轴的轴线垂直于双联外齿轮的节圆平面且与节圆相交，双联外齿轮的节圆直径是内齿轮的1/2，双联外齿轮的轴孔与曲轴的圆周运动部分同轴线旋转连接，曲轴的动力输出端与内齿轮同轴线，偏心轴与活塞销和连杆的两端转动连接。

新型曲柄连杆机构克服传统曲柄连杆机构的活塞的固定运动行程和活塞的侧向力，以及气缸、活塞及活塞环的严重磨损。具有使活塞减少侧向力，且可以调整活塞行程的新技术，以提高发动机的机械效率，延长气缸、活塞及活塞环的使用寿命，并满足不同工况对活塞行程的要求。

新型曲柄连杆机构，由于降低气缸与活塞的摩擦，延长了气缸与活塞的使用寿命，从而提高了发动机的机械效率、提升发动机的有效输出功率，在使用过程中燃油、机油的消耗降低，降低排放污染物，减少发动机大修次数和使用成本；可调整活塞的动态行程，结构简单，效率高。

课后练习

1．安装气缸盖螺栓应注意哪些问题？
2．气缸垫的作用是什么，安装气缸垫应注意什么？举例说明。
3．活塞裙部的横槽和竖槽分别起什么作用？
4．如何区别全浮式和半浮式活塞销？
5．活塞环按功用如何分类？各自的作用是什么？
6．曲轴为什么需要轴向定位？怎样定位？
7．什么是圆度和圆柱度？如何测量气缸的圆度和圆柱度？
8．试述说曲柄连杆机构故障现象、故障原因和排除方法。

模块 3

配气机构的构造与维修

【知识目标】

1. 掌握配气机构组成；
2. 掌握配气机构的工作过程；
3. 了解配气相位；
4. 掌握气门间隙的定义和重要意义；
5. 掌握气门组的组成以及各部分组成的作用；
6. 掌握气门传动组的组成以及各部分组成的作用；
7. 了解配气机构故障现象、原因；
8. 掌握配气机构故障诊断、排除方法。

【技能目标】

1. 正确使用工量具，按规范对气门组件进行拆装、检测；
2. 正确使用工量具，按规范对气门传动组进行拆装、检测；
3. 正确使用工量具，检查、调整气门间隙；
4. 能按规范对正式带（链）进行检查和更换；
5. 能根据维修手册制订曲柄连杆机构故障诊断步骤；
6. 能正确诊断、排除曲柄连杆机构故障。

【课时计划】

任务类别	任务内容	参考课时		
		理论课时	实训课时	合　计
任务 3.1	配气机构的功用和组成	2	3	5
任务 3.2	气门组的构造与维修	2	3	5
任务 3.3	气门传动组的构造与维修	2	3	5
任务 3.4	配气机构的常见故障诊断与排除	1	2	3
共计：18 课时				

情境导入

项目描述

一辆日产轿车在行车过程中出现冒黑烟、加速无力、怠速不稳、油耗增加等现象，进厂经检测后确定需进行发动机大修，发动机吊卸和拆解后，已经完成了曲柄连杆机构的维修。接下来要对配气机构进行维修。

项目分析

作为一名修理工，如何完成配气机构的维修？首先分析配气机构的结构组成，配气杆机构包括机体组、活塞连杆组和曲轴飞轮组三部分。按照维修手册要求，对配气机构的每部分进行拆解、检测和维修，恢复其技术状态。

任务驱动

任务 3.1　配气机构的功用和组成

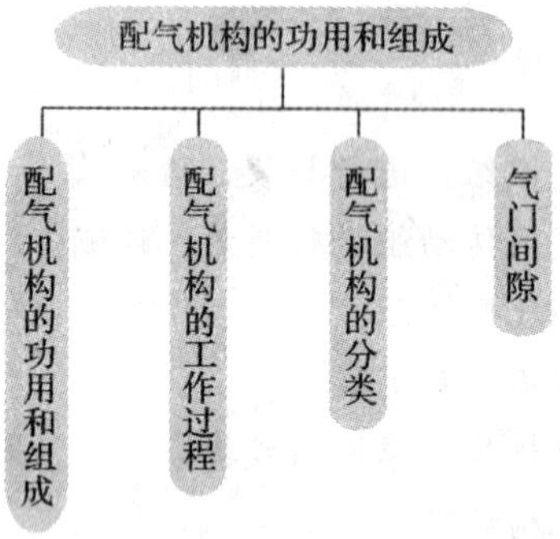

实训 1　配气机构的拆装

【实训准备】

1. 设备与器材：发动机、翻转架、扭力扳手、世达工具、工具车、气门弹簧拆装工具、清洁毛巾等，共六套

2. 将“任务工单”分发给每位学生

基础知识

3.1.1　配气机构的功用和组成

1. 配气机构的功用

配气机构的功用是按照发动机每一气缸内所进行的工作循环和发火次序的要求，定时地开启和关闭各缸的进、排气门，使新鲜可燃混合气（汽油机）或纯空气（柴油机）得以及时进入气缸，废气得以及时从气缸排出。

2. 配气机构的组成

配气机构主要由气门组、气门传动组两部分组成。配气机构的组成如图 3.1 所示。

【实训目的】

1．知道配气机构的组成部分

2．能够说出各部分的作用

3．掌握配气机构的拆装方法

【实训步骤】

1．拆卸

（1）拆下气门室罩盖分总成，螺栓由外向内均匀拧下；

（2）拆下气门室罩盖衬垫；

（3）旋转曲轴，将曲轴记号对齐正时记号，此时，第1缸在上止点，如实训图3.1所示；

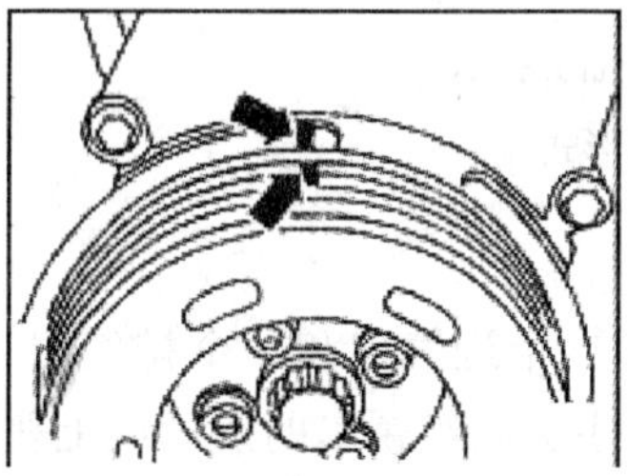

实训图 3.1

（4）拆下曲轴皮带轮；

（5）拆卸链条张紧器；

（6）拆卸正时链条盖分总成；

（7）拆卸链条分总成；注意观察链条的正时标记，如实训图3.2所示，并核对曲轴正时链轮上的标记，如实训图3.3所示；

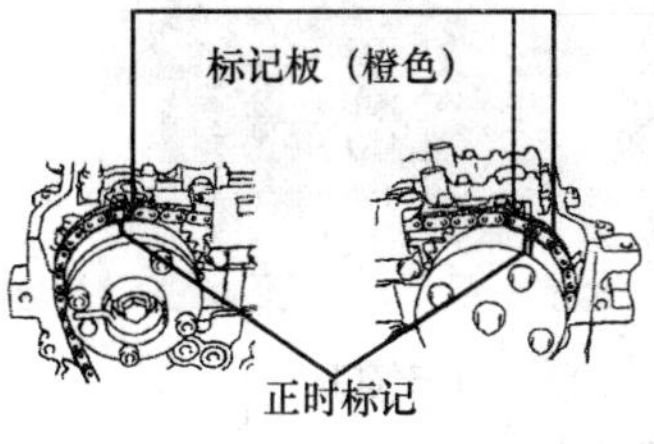

实训图 3.2

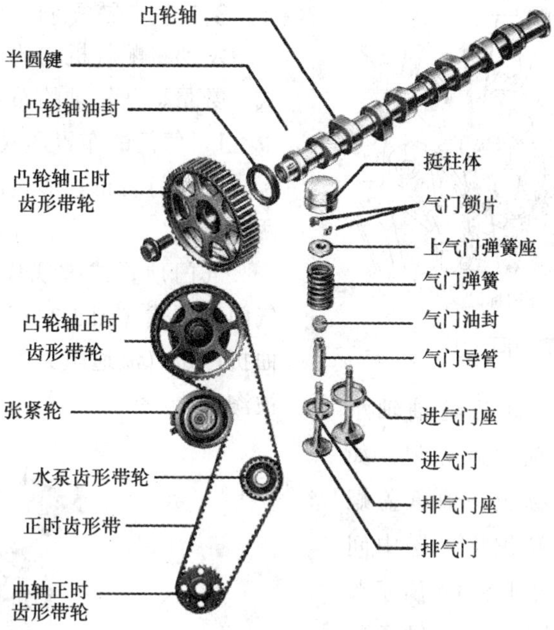

图 3.1　配气机构的组成

气门组用来封闭进、排气道。其主要零件包括气门、气门座、气门导管、气门弹簧、气门弹簧座等，气门组的组成与配气机构的形式基本无关，结构大致相同。

气门传动组的作用是对气门定时和关闭。气门传动组的组成会因为配气机构的形式不同而异，主要包括正时齿轮（或带轮、链轮）、正时皮带（或正时链条）、凸轮轴、挺柱、推杆、摇臂、摇臂轴等零件。

3.1.2　配气机构的工作过程

以下置凸轮轴式配气机构为例（图3.2），发动机工作时，曲轴动力传给正时齿轮，正时齿轮带动凸轮轴旋转，当发动机需要进行进排冲程时，凸轮凸起部分通过挺柱、推杆推动摇臂摆转，使得摇臂的另一端向下推开气门，并压缩气门弹簧。当凸轮凸起部分转过挺柱后，凸轮对挺柱的推力减小，气门在弹簧张力下逐渐关闭，凸轮凸起部分离开挺柱时，气门在气门弹簧作用下完全关闭。

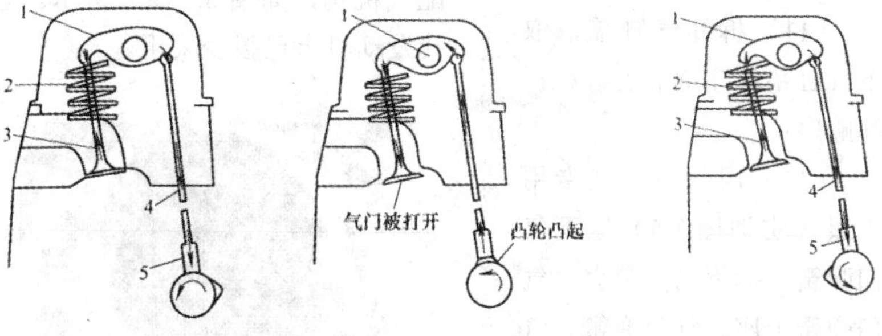

(a) 气门关闭　(b) 气门打开　(c) 气门关闭

图 3.2　配气机构的工作过程

1—摇臂；2—气门弹簧；3—气门；4—推杆；5—凸轮

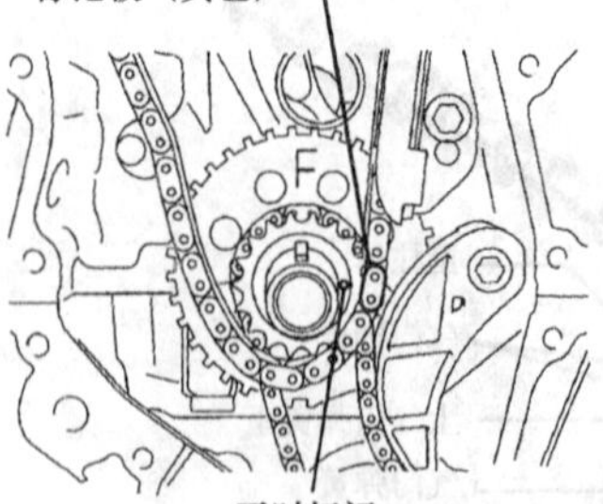

实训图 3.3

（8）拆卸凸轮轴轴承盖；注意轴承盖标记，如无，则做标记，轴承盖螺栓先松两端螺栓再松中间螺栓，如实训图 3.4 所示顺序，均匀拧下 10 个轴承盖螺栓；

（9）取下进、排凸轮轴，注意观察凸轮轴正时链轮上的正时记号；

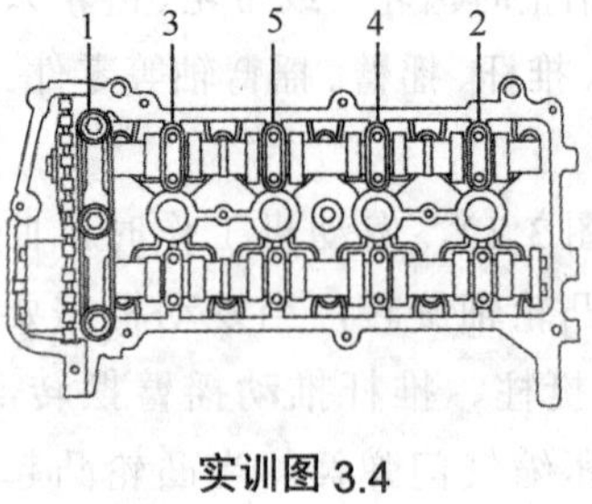

实训图 3.4

（10）取下摇臂、液压挺柱，摆放好，将气门杆尾部气门垫取下放好；

（11）拆卸气缸盖，取下气缸垫；注意缸盖螺栓拆卸顺序；

（12）用气门弹簧专用工具（实训图 3.5）压下气门弹簧，拆下气门锁夹、气门弹簧上座、气门弹簧、气门油封、气门等。

3.1.3 配气机构的分类

发动机配气机构的形式多种多样，其主要区别是气门的布置形式、数量、凸轮轴的布置形式和驱动方式。

1．气门的布置形式分类

按气门的布置形式，配气机构可分为气门顶置式和气门侧置式两种。

气门顶置式被现代汽车发动机广泛应用，如图 3.3（a）所示。气门侧置式（图 3.3（b））因燃烧室结构不紧凑，热量损失大，气道曲折，进气流通阻力大，从而使发动机的经济性和动力性变差，已被淘汰。

(a) 气门顶置式　　(b) 气门侧置式

图 3.3　气门布置形式

2．按气门的数量分类

一般发动机都采用每缸两气门，即一个进气门和一个排气门。为了进一步提高气缸的换气性能，许多中、高级轿车的发动机上普遍采用每缸多气门结构，如三气门、四气门、五气门等，如图 3.4 所示。气门数目的增加，使发动机的进、排气通道的断面面积大大增加，提高充气效率，改善发动机的动力性能。

3．凸轮轴的布置形式

（1）下置凸轮轴式配气机构

凸轮轴位于气缸下部（曲轴箱内）的配气机构为下置凸轮轴式配气机构，如图 3.5（a）所示。它多应用于转速较低的发动机，现代发动机上已很少采用。

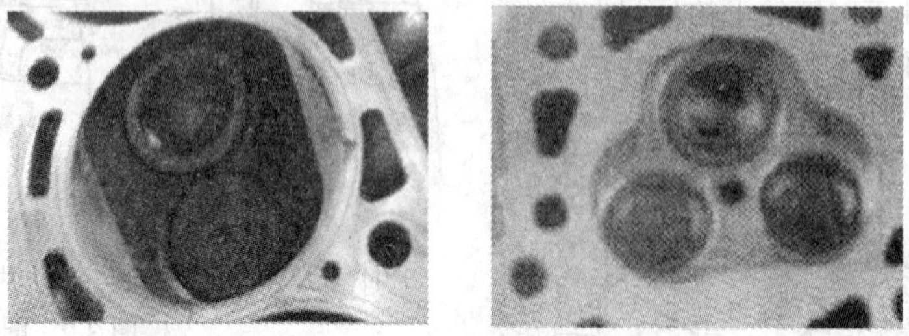

(a) 双气门　　(b) 三气门

图 3.4　气门按数量分类

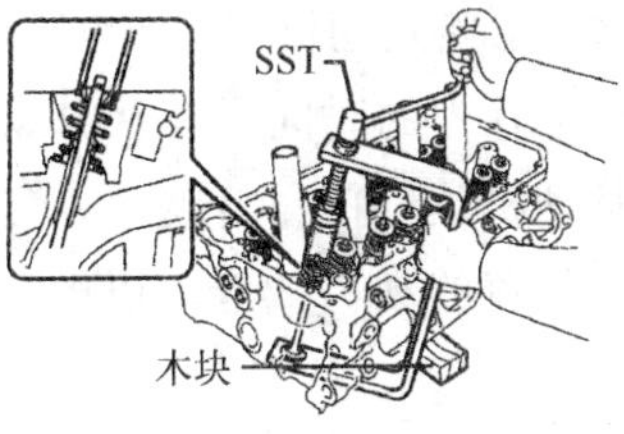

实训图 3.5

2．安装

（1）安装进排气门、气门弹簧、气门弹簧座；用气门弹簧专用工具安装气门弹簧，再装上气门锁夹；

（2）安装气缸垫、气缸盖，注意气缸盖螺栓的安装顺序；

（3）安装气门垫、摇臂等；

（4）安装进、排气凸轮轴；在放置之前，需在轴承座处及凸轮上涂抹润滑油，然后将轴承盖按记号和方向安装到凸轮轴轴承座上，拧紧螺栓；

（5）正时链条必须按正时记号装好：

① 转动曲轴，使第 1 缸处于上止点；

② 将第 1 缸进、排气凸轮轴转到外八字状态；

③ 将链条上黄色链接记号对准曲轴链轮记号，将两个黑色链接分别对准进排气凸轮上的标记，装上链条；

（6）安装正时链条盖分总成；

（7）安装曲轴皮带轮；

（8）安装链条张紧器；先将张紧器压缩用锁钩定位，装入并固定，转动曲轴使张紧器锁钩松开顶住链条托链板；

（9）旋转曲轴两周，检查曲轴、凸轮轴正时标记是

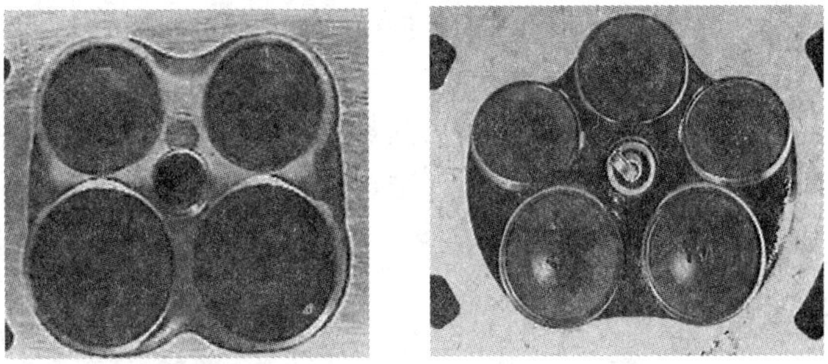

(c) 四气门　　(d) 五气门

图 3.4　气门按数量分类（续）

（2）中置凸轮轴式配气机构

中置凸轮轴式配气机构的凸轮轴位于气缸体的中上部，如图 3.5（b）所示。其相对于下置凸轮轴式更适用于较高转速的发动机。

（3）上置凸轮轴式配气机构

凸轮轴置于气缸盖上。适合于高速发动机，现代发动机基本上都采用这种结构。

此外，根据上置凸轮轴的个数，配气机构又分为单上置凸轮轴（SOHC）和双上置凸轮轴（DOHC）两种。

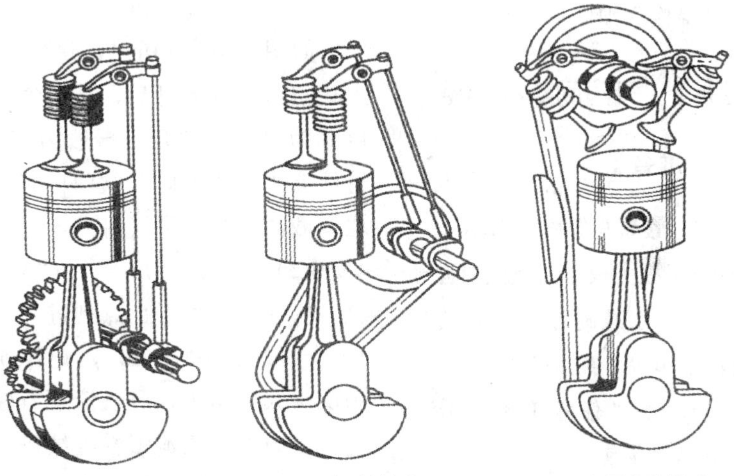

(a)下置凸轮轴式　　(b)中置凸轮轴式　　(c)上置凸轮轴式

图 3.5　凸轮轴按位置分类

3.1.4　气门间隙

1．配气相位

用曲轴转角表示的进、排气门开闭时刻和开启的持续时间，称为配气相位。通常将进、排气门的实际开闭时刻和持续时间用曲轴转角的环形图来表示，这种图形称为配气相位图，如图 3.6（a）所示。

四行程发动机的每一个行程，曲轴旋转 180°。由于发动机的转速很高，一个行程经历的时间是很短的。进气门和排气门的打开

否还对齐，如出现偏差，则重新安装；

（10）安装气缸盖罩衬垫；

（11）安装气门室罩盖分总成。

【技术提示】

1．装配前必须对零件进行清洗和必要的润滑

2．液压挺柱等组件按顺序摆放

3．气门组件、液压挺柱、凸轮轴轴承盖等必须按原位装入，不得装错

4．安装正时链条，必须对正正时记号，并检查张紧度

5．具体安装技术参数，参照维修手册

实训2 气门间隙的调整

【实训准备】

1．设备与器材：发动机、翻转架、扭力扳手、世达工具、塞规、一字螺旋刀、工具车、清洁毛巾等，共六套

2．将“任务工单”分发给每位学生

【实训目的】

1．掌握气门间隙的两种调整方法

2．能够正确使用工量具调整气门间隙

【实训步骤】

1．逐缸调整法

（1）拆下气门室罩盖；

（2）摇转曲轴，将1缸旋转至压缩上止点；

和关闭时刻对充气效率有很大的影响，并直接影响发动机的工作性能。例如，当发动机转速为2 800 r/min时，一个行程的时间只有0.01 s。为了使进气更充分，排气更彻底，现代发动机让气门早开晚关，以延长进、排气时间，并充分利用进、排气气流的动力效应，以改善进、排气状况，提高发动机的动力性。

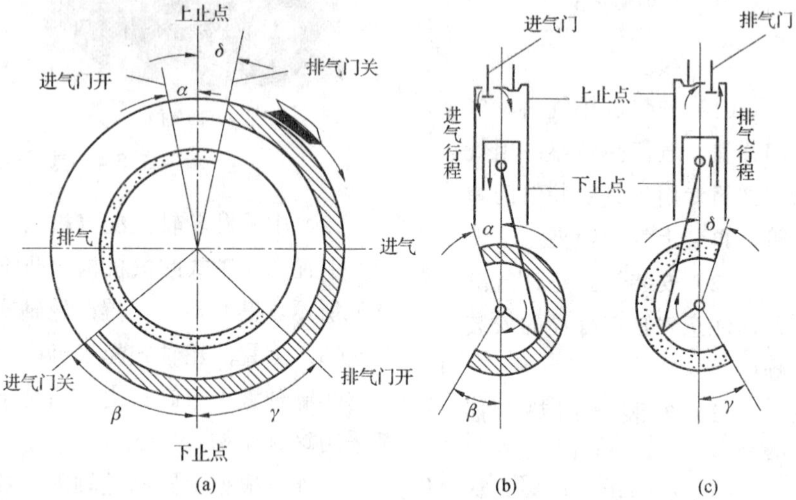

图3.6 发动机配气相位图

（1）进气提前角

如图3.6（b）所示，进气门是在排气冲程接近终了，活塞到达上止点前便开始开启，从进气门开始开启到上止点曲轴所转过的角度称为进气提前角，一般为10°～30°，记作α。进气门早开，使得活塞到上止点时，气门已有一定开度，所以可以获得较大的进气通道截面，减少进气阻力。

（2）进气滞后角

从进气行程下止点到进气门关闭曲轴转过的角度称为进气滞后角，一般为40°～80°，记作β。活塞到达下止点时，气缸内压力仍低于大气压力，且气流还有较大的惯性，适当延迟关闭气门，可利用压力差和气流惯性继续进气。进气门开启持续时间所对应的曲轴转角，即进气持续角为α+180°+β。

（3）排气提前角

如图3.6（c）所示，排气门是在做功后期，活塞到达下止点前开始开启，从排气门开始开启到下止点曲轴转过角度称排气提前角，一般为40°～80°，记作γ。做功行程接近结束时，气缸内压力为0.3～0.5 MPa，做功作用已不大，此时，提前打开排气门，便于废气排除，减小活塞上行排气时的阻力，减少功率损失，同时可以防止发动机过热。

（4）排气滞后角

从上止点到排气门关闭曲轴所转过的角度称为排气滞后角，一般为10°～30°，记作δ。整个排气过程持续的时间或排气持续角为γ+180°+δ。排气门晚关，则是利用废气流动的惯性，在排气滞后

（3）检查第 1 缸进、排气门的气门间隙：选用标准气门间隙数值左右的塞尺片（实训图 3.6），插入摇臂与气门杆端尾部之间进行间隙检查，与维修手册规定值进行比较；

实训图 3.6

（4）间隙不符时，松开锁紧螺母，用一字螺旋刀拧出或拧入调整螺钉（实训图 3.7），在气门杆与摇臂间插入厚度与气门间隙相等的塞尺，边拧入边调整，来回抽动塞尺，至塞尺抽动时感觉到拖滞，拧紧锁紧螺母，再次复查间隙；

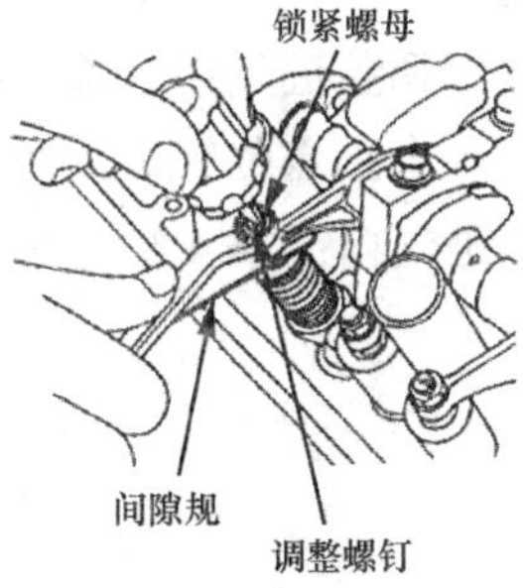

实训图 3.7

（5）按照发动机的点火做功顺序，要转曲轴 180°，依次调整剩余各缸进、排气门，每缸调整后，都要进行复查；

（6）安装气门室罩盖。

2．两次调整法

（1）拆下气门室罩盖；

（2）摇转曲轴，使 1 缸

角内继续排气，以减少气缸内的残余废气量。

（5）气门重叠角

由于进气门早开和排气门晚关，在上止点附近就出现了一段进、排气门同时开启的现象，称为气门叠开。叠开期间的曲轴转角称为气门叠开角，其值为进气提前角与排气滞后角之和，即 $\alpha+\delta$。

由于气门的早开晚关，气门叠开现象是不可避免的。但是由于新鲜气体和废气都有各自的流动惯性，一般不会出现废气倒流回进气道和新鲜气体随废气一起排出的现象。相反，进入气缸内的新鲜气体可增加气缸内气体压力，有利于废气排出，使进气更充分，排气更干净。

2．气门间隙

发动机在冷态下，当气门处于完全关闭状态时，气门与传动件之间的间隙称为气门间隙，如图 3.7 所示。

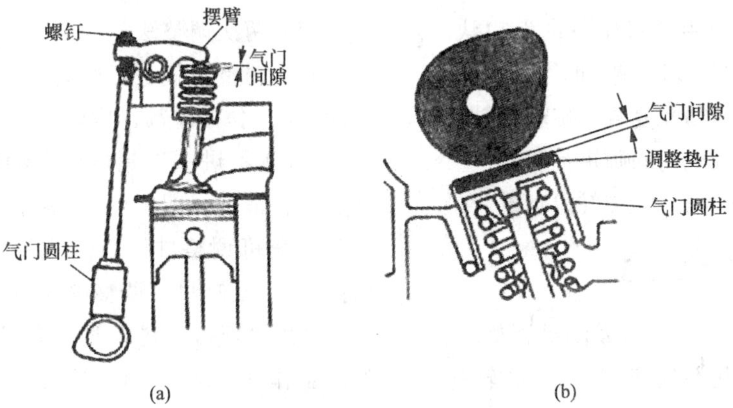

图 3.7　气门间隙

发动机工作时，气门将因温度升高而膨胀。如果气门及其传动件之间在冷态时没有间隙或间隙过小，则在热态时，气门及其传动件的受热膨胀就会引起气门关闭不严，造成气缸漏气，功率下降，甚至不易启动，还容易导致气门烧蚀。所以，发动机在冷态装配时，在气门与气门传动件之间应留有适当的间隙以补偿气门受热后的膨胀量。

间隙过大：进、排气门开启滞后，缩短了进、排气时间，降低了气门的开启高度，改变了正常的配气相位，使发动机因进气不足、排气不净而功率下降，此外，还使配气机构零件的撞击增加，磨损加快。

间隙过小：发动机工作后，零件受热膨胀，将气门推开，使气门关闭不严，造成漏气，功率下降，并使气门的密封表面严重积炭或烧坏，甚至气门撞击活塞。

气门间隙的调整部位取决于配气机构的结构形式，气门间隙调整有的利用摇臂推杆一端的调节螺钉进行调整，如图 3.7（a）所示。有些上置凸轮轴式发动机没有摇臂，其气门间隙是通过更换挺柱上不同厚度的垫片来调整的，如图 3.7（b）所示。

在装有液压挺柱的配气机构中，由于液压挺柱能自动“伸长”或“缩短”，以补偿气门的热胀冷缩，所以不需留气门间隙。

气门间隙的调整，通常可采用逐缸调整法或两次调整法。

（1）逐缸调整法

逐缸调整法的调整步骤如下。

① 转动发动机曲轴，使第一缸处于压缩行程上止点位置，此时该缸的进、排气门均处于关闭状态，气门间隙可调。

② 检查与调整该缸进、排气门的间隙。如果是有摇臂的配气机构，先松开摇臂上的调整螺钉的锁紧螺母，将厚薄规插入气门杆与摇臂之间，拧动调整螺钉，使厚薄规被轻轻压住，抽出时稍有压力即可，调好后拧紧锁紧螺母，然后用厚薄规复查一次。

③ 转动曲轴，以同样方法检查调整其余各缸的气门间隙。

由此可见，对多缸发动机，用逐缸调整法时费时间。但此法调整气门间隙较为准确。

（2）两次调整法

两次调整法就是把发动机上所有气门分两次调整完毕，此法操作简单，工作效率高。实际工作中常采用“双排不进法”进行分析。

“双排不进法”是根据发动机气缸的工作状况，把气门的调整分成四种情况。即：“双”表示某缸进、排气门均可调整；“排”表示某缸只可调整排气门；“不”表示某缸进、排气门均不可调整；“进”表示某缸只可调整进气门。

采用“双排不进”时，应根据发动机的做功顺序进行分析，例如：工作次序为 1—3—4—2 的四缸发动机，当第 1 缸活塞处于压缩行程上止点位置时，第 1 缸进、排气门均可调整；第 3 缸调整排气门；第 4 缸进、排气门都不可调整；第 2 缸调整进气门。第一次调整完后，旋转活塞，使第 4 缸处于压缩行程上止点位置，此时第 1 缸进、排气门均不可调整；第 3 缸可调整进气门；第 4 缸进、排气门均可调整；第 2 缸可调整排气门。

处于压缩上止点；

（3）根据发动工作顺序和“双排不进”口诀，判断出完全关闭的气门，然后调整这些气门间隙：

① 第 1 缸处于压缩上止点时，调整进、排气门；

② 第 3 缸处于压缩行程下至点时，调整排气门；

③ 第 4 缸处于排气行程上止点时，都不可调节；

④ 第 2 缸处于排气行程下至点时，进气门可调；

（4）摇转曲轴 360°，使第 4 缸处于压缩上止点，继续使用“双排不进”口诀，检查、调整剩余的气门间隙；

（5）复查，旋转曲轴对各缸气门间隙进行复查；

（6）安装气门室罩盖。

【技术提示】

1．六缸发动机调整时，利用逐缸调整法，曲轴每次旋转 120°。两次调整法，曲轴旋转 360°

2．注意对正上止点记号

3．气门调整时，所调气门应在完全关闭状态下

4．具体安装技术参数，参照维修手册

任务 3.2 气门组的构造与维修

实训 3 气门组检测

【实训准备】

1. 设备与器材：气门组、外径千分尺、游标卡尺、百分表、磁力表座、气门光磨机、工具车、清洁毛巾等，共六套

2. 将“任务工单”分发给每位学生

【实训目的】

1. 能正确使用工量具对气门组进行检测

2. 掌握气门组检测的方法

【实训步骤】

1. 气门的维修

（1）气门外观的检查

① 检查前，清楚气门头部的积炭，如实训图 3.8 所示；

② 检查气门外表面有无裂纹、烧蚀、严重的锥面磨损、弯曲、变形等缺陷，如有则更换气门；

基础知识

3.2.1 气门组的构造

气门组包括气门、气门座、气门导管和气门弹簧等。气门组的功用是维持气门的关闭。气门组各零件之间的装配关系如图 3.8 所示。

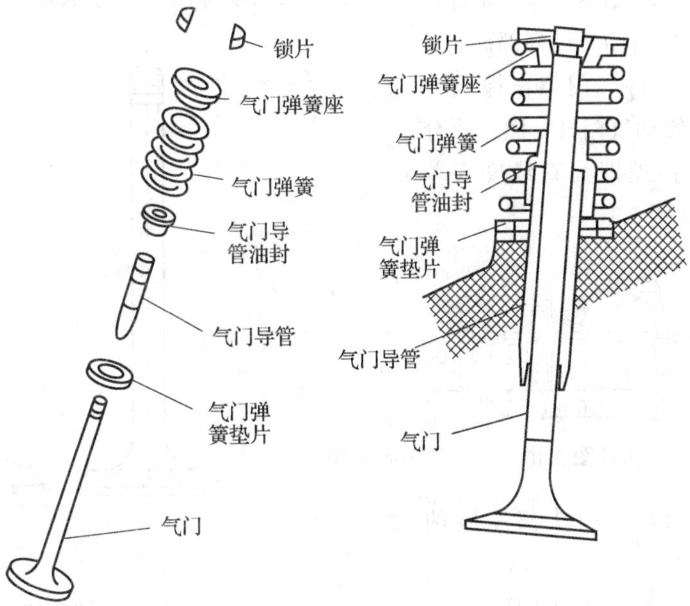

图 3.8 气门组各零件之间的装配关系

1. 气门

（1）气门的功用

气门布置在气缸盖上，用于开启或关闭各缸的进、排气口。气门分进气门和排气门，位于进气口处的气门称为进气门，位于排气口处的气门称为排气门。

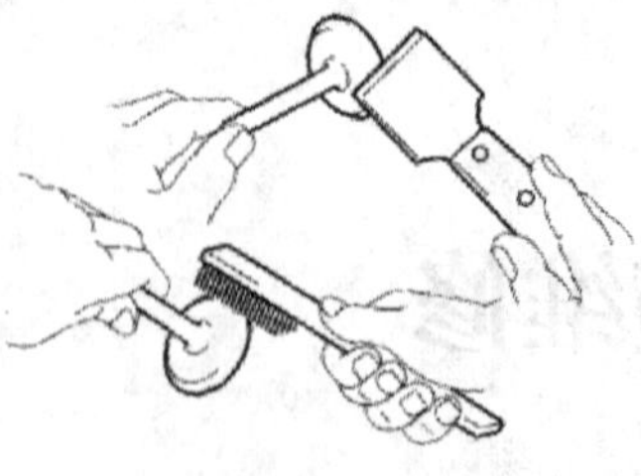

实训图 3.8

（2）气门杆直径测量

① 清洁气门杆部位；

② 用外径千分尺测量气门杆磨损程度（实训图 3.9）；

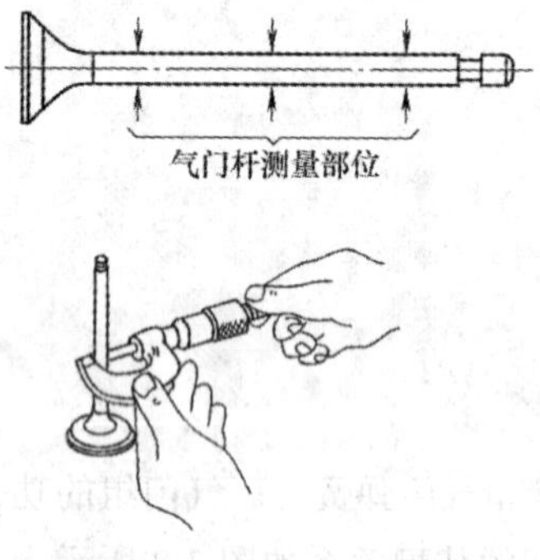

实训图 3.9

（3）气门杆弯曲度的检查

① 清洁气门杆部；

② 将气门架在检测台上，转动气门杆一圈，百分表的摆差即为直线度误差（实训图 3.10）；

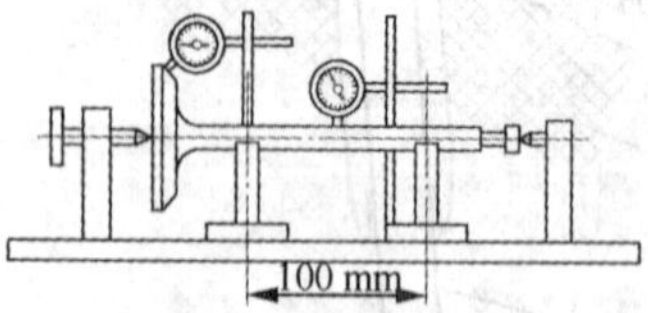

实训图 3.10

（4）气门头部厚度的检查

① 清洁气门头部；

② 使用游标卡尺测量气门头部厚度（实训图 3.11）；

（5）气门头部密封面的检查

① 清洗气门及气门座，在气门工作面上用铅笔沿

气门的工作条件非常恶劣。第一，气门直接与高温燃气接触，受热严重，而散热困难，因而工作温度很高。排气门最高温度可达 1 050 ～ 1 200 K，进气门温度达到 570 ～ 670 K；第二，气门承受气体压力、气门弹簧力以及气门落座时的惯性冲击力；第三，气门的冷却和润滑条件较差。

（2）气门的结构

汽车发动机的进、排气门一般是菌状的，由头部和杆部两部分组成，如图 3.9 所示。

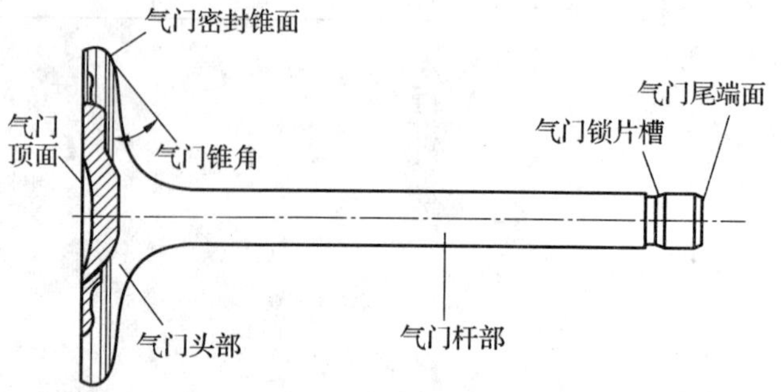

图 3.9　气门的结构

①气门头部。

气门头部的作用是与气门座配合进行密封，杆部则与气门导管配合，为气门的运动起导向作用。气门头部由顶部和密封锥面组成。

气门顶部的三种形状如图 3.10 所示。

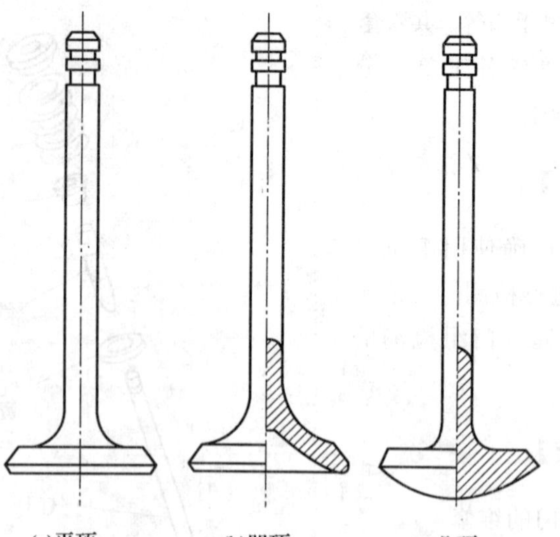

图 3.10　气门顶部的形状

平顶气门具有结构简单、制造方便、受热面积小等优点，多数发动机均采用此结构。凹顶气门的头部与杆部有较大的过渡圆弧，进气阻力小，受热面积大，只适合做进气门。凸顶气门的强度高，排气阻力小，受热面积大，只适合做排气门。

②气门锥面。

气门头部与气门座接触的工作面，称为密封锥面。它是一个与

径向均匀地画上若干条线，如实训图 3.12 所示；

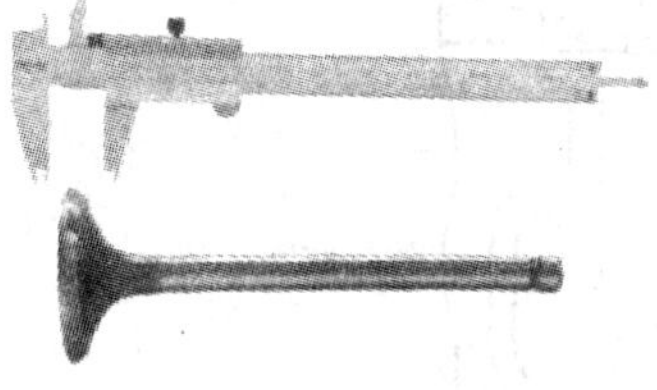

实训图 3.11

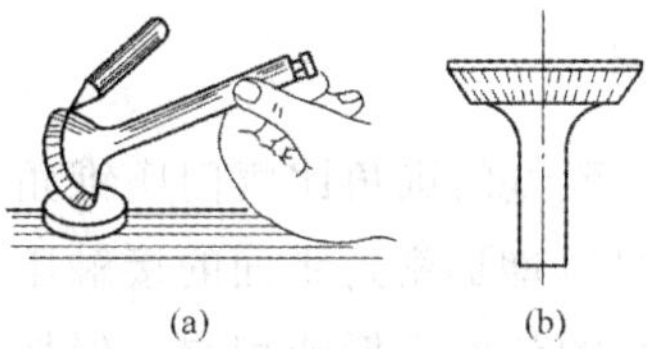

实训图 3.12

② 气门与相配气门座接触，略压紧并转动气门 45°～90°，取出气门，查看所画铅笔线条；如铅笔线条均被切断，则表示密封良好，否则，应重新研磨。

2. 气门导管的检测

（1）百分表检测：将气缸盖倒置在工作台上，将气门顶开升至高出座口为 10 mm 左右，安装磁力表座，使百分表的触头触及气门头边缘，侧向推动气门头，同时观察百分表指针的摆动，其摆动量即为实测的近似间隙，如实训图 3.13 所示；

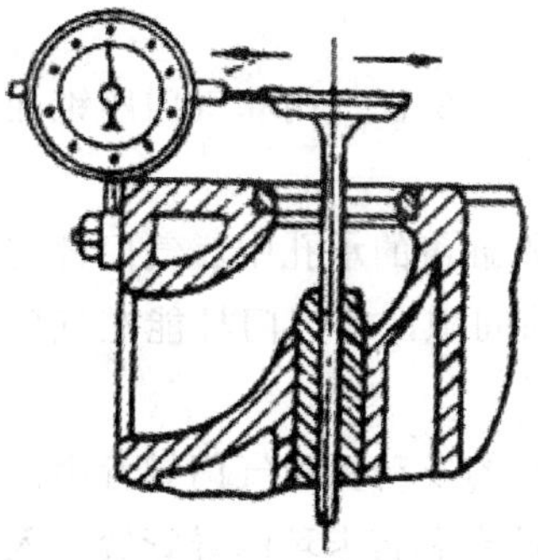

实训图 3.13

气门杆部同心的锥面，通常把该锥面与气门顶平面的夹角称为气门锥角。气门锥角一般为 45°，有些发动机的进气门锥角为 30°，如图 3.11 所示。

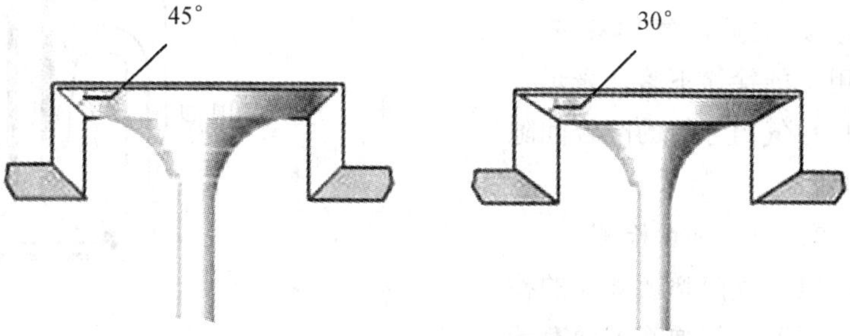

图 3.11　气门锥角

气门头部接受的热量一部分经气门座圈传给气缸盖；另一部分则通过气门杆和气门导管传给气缸盖，最终都被气缸盖水套中的冷却液带走。

③气门杆身。

气门杆部为圆柱形，其表面具有较高的加工精度和较低的粗糙度，与气门导管保持有正确的配合间隙，以减小磨损和起到良好的导向、散热作用。气门杆尾部弹簧座固定方式如图 3.12 所示。

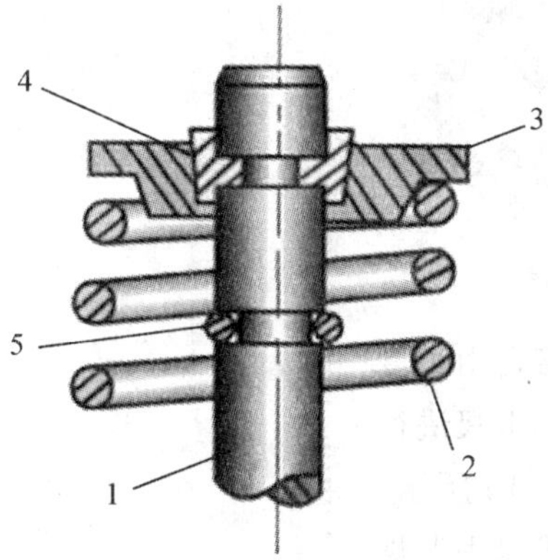

图 3.12　气门杆尾部弹簧座固定方式

1—气门杆；2—气门弹簧；3—气门弹簧座；4—气门锁夹；5—卡环

2. 气门座

气缸盖与气门锥面相结合的部位称为气门座。气门座与气门头部一起对气缸起密封作用，同时接受气门头部传来的热量，起到对气门散热的作用。

气门座的形式有两种：一种是在气缸盖上直接镗出；另一种是单独制成气门座圈，以一定的过盈量镶嵌在气缸盖的座孔中，如图 3.13 所示。直接镗出式的气门座散热效果好，但由于气门座经常在高温和冲击下工作，润滑条件又差，易磨损。

现代汽车发动机大多数采用镶嵌式气门座，以提高气缸盖的使用寿命和便于修理更换。镶嵌式气门座圈用耐高温、耐磨损的材料，如合金铸铁、铁基粉末冶金或奥氏体钢等材料制成。

（2）经验检查：将气门杆和气门导管擦净，在气门杆上涂一层薄润滑油，将气门放入气门导管中，上下拉动数次后，气门在重力作用下能徐徐下落，表示气门杆与气门导管的配合间隙适当。

3．气门弹簧检测

（1）气门弹簧外观的检查：观察气门弹簧表面有无裂纹、锈蚀、腐蚀、损伤等，有无严重的变形、折断、弹力变弱等，存在缺陷时应更换，如实训图 3.14 所示；

实训图 3.14

（2）气门弹簧自由长度的检测：使用游标卡尺进行测量，如实训图 3.15 所示，如所测数值小于维修手册规定数值，应更换；

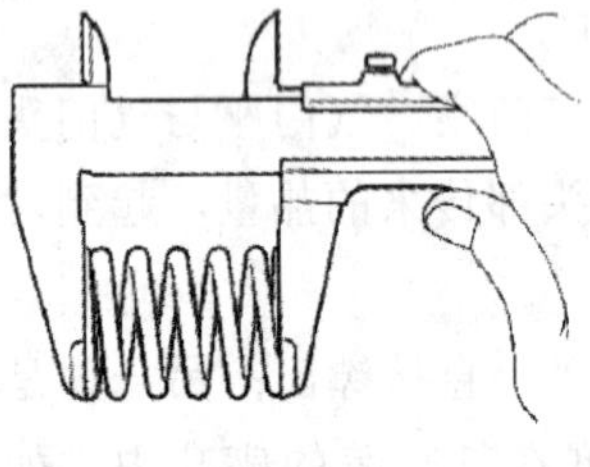

实训图 3.15

（3）气门弹簧弹力检测：使用弹簧检验仪对弹簧弹力进行检验（实训图 3.16），弹力小于原厂规定值的 10%

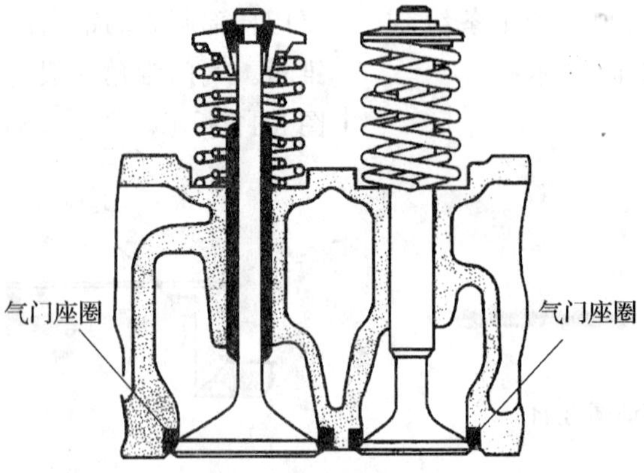

图 3.13　气门座圈

气门座的锥角与气门锥角相适应。一般气门锥角比气门座锥角小 0.5°～1°，如图 3.14（a）所示，这样可以增加密封锥面的接触压力，加速磨合，并能切断和挤出二者之间的任何积垢或积炭，保持锥面良好的密封性。

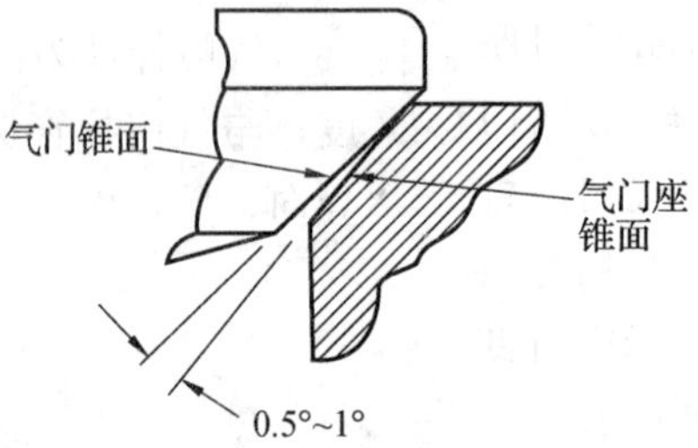

（a）气门座锥角

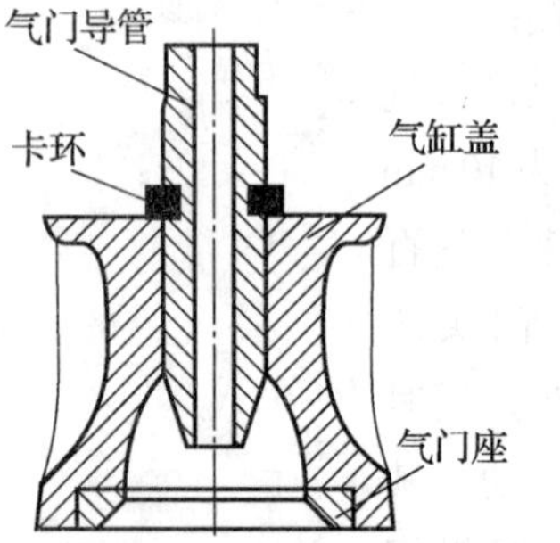

（b）气门导管

图 3.14　气门座锥角和气门导管

3．气门导管

气门导管的功用是给气门的运动导向，保证气门和气门座锥面的精确配合，并为气门杆散热。

气门导管通常单独制成零件，再压入缸盖的承孔中。气门杆与气门导管之间一般有 0.05 ～ 0.12 mm 的间隙，使气门杆能在气门导管中自由运动。

为了防止气门导管产生轴向移动，有的发动机对气门导管用凸台或卡环定位，如图 3.14（b）所示。带凸台和带卡环的导管较压入式导管的配合过盈量要小，因为气门弹簧下座将凸台或卡环压住，使导管有了可靠的轴向定位，不致脱落。

时，应予以更换；

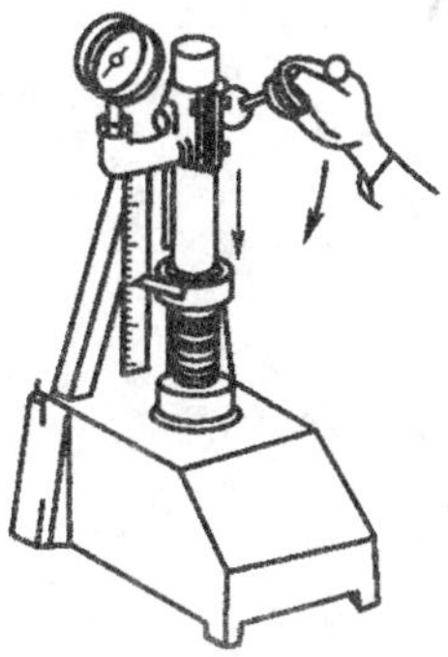

实训图 3.16

（4）气门弹簧垂直度检测：利用直角尺对气门弹簧进行垂直度测量（实训图 3.17），如垂直度大于 1.5 mm，应予以更换。

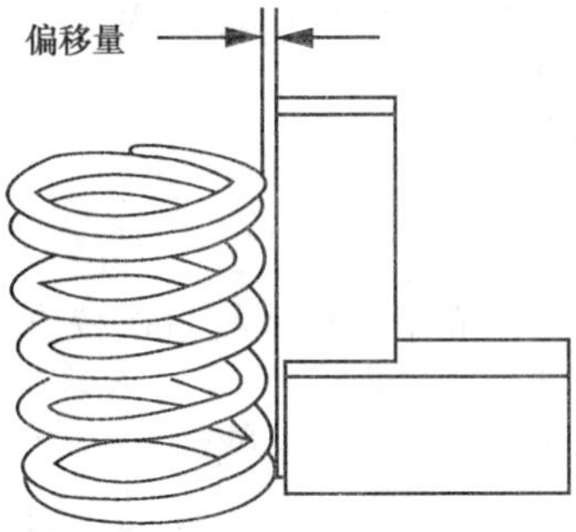

实训图 3.17

【技术提示】

1．由于检测工具都属于精密仪器，切勿和被检测部件用力硬碰，且使用外径千分尺时，应抓住橡胶部分

2．具体检测技术参数，参照维修手册

实训 4　气门组的修复

【实训准备】

1．设备与器材：气门组、铰刀、气门座拆卸专用工具、气门油封专用工具、

4．气门弹簧

气门弹簧的作用是使气门自动复位关闭，保证气门与气门座紧密贴合，并吸收在气门开闭过程中产生的惯性力，使传动件始终受凸轮控制而不相互脱离。

气门弹簧一般为圆柱形螺旋弹簧，如图 3.15（a）所示。气门弹簧下端支承在气缸盖平面的弹簧凹坑内；上端靠在气门杆端上的锁环或锁夹等与气门杆固定的气门弹簧座上。

气门弹簧在工作时，如果工作频率与其固有的振动频率相等，则发生共振。气门弹簧的共振将破坏气门的正常工作：气门反跳，落座冲击，甚至使弹簧折断。为避免共振的产生，常采取以下措施：

①提高气门弹簧固有振动频率，即提高气门弹簧的刚度，如加粗钢丝直径、减小弹簧的圈径。

②采用不等螺距弹簧，不等螺距的气门弹簧安装时，螺距小的一端应朝向气门头部，如图 3.15（b）所示。

③采用双气门弹簧，每个气门同心安装两根直径不同、旋向相反的内外弹簧，可以减小气门弹簧的高度，而且弹簧旋向相反，不会互相干涉，如图 3.15（c）所示。

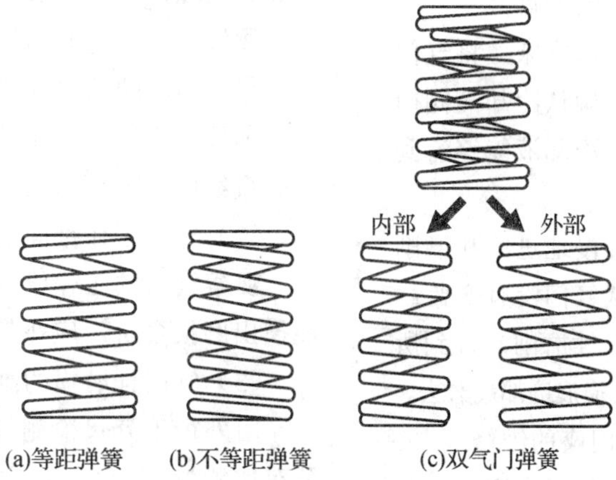

图 3.15　气门弹簧

5．气门油封

由于气门杆和气门导管之间有一定间隙，配气机构工作时飞溅的润滑油就会顺着间隙流到气门杆和气门导管之间，对气门杆与气门导管摩擦副起润滑作用。发动机高速工作时，进气管中的真空度显著增高，气门室中的机油会通过气门杆与导管之间的间隙被吸入气缸内，造成机油消耗增加，气门、燃烧室积炭。为此，现代发动机在气门导管上安装有气门导管油封。这是一种耐高温、密封可靠的骨架式氟橡胶油封，其构造如图 3.16 所示。

气门油封一般固定在气门导管顶端，与气门导管紧密配合，油封上方的唇口与气门杆活动配合，唇口处外圆装有一个螺旋弹簧，以保证与气门杆之间的密封。

气门光磨机、工具车、清洁毛巾等，共六套

2. 将“任务工单”分发给每位学生

【实训目的】

1. 能够针对气门组检测的结果，正确使用工具对气门组进行修复

2. 掌握气门组维修的方法

【实训步骤】

1. 气门头部密封面的修复

(1) 在气门磨床上安装磨石；

(2) 将气门装在卡盘内，然后拧紧卡盘；

(3) 开启磨床，将气门移向磨轮，确认冷却液阀门已经打开，冷却液能够流到气门杆上；

(4) 缓慢地进给和磨削气门，确认气门没有变蓝；

(5) 继续磨削，直到所有蚀点和磨损痕迹都被磨去。

2. 气门座的维修

(1) 铰削气门座

① 选择铰刀和铰刀刀杆，根据气门头直径和工作锥面选择合适的铰刀，再根据气门直径选择刀杆；

② 砂磨硬化层：将砂布垫在铰刀下，磨除座口硬化层，以防止铰刀打滑，延长铰刀寿命；

③ 粗铰工作面，如实训图 3.19(a) 所示：用与气门锥角相同的铰刀铰削气门座工作面，直至消除磨损和烧蚀痕迹，对于新座圈，

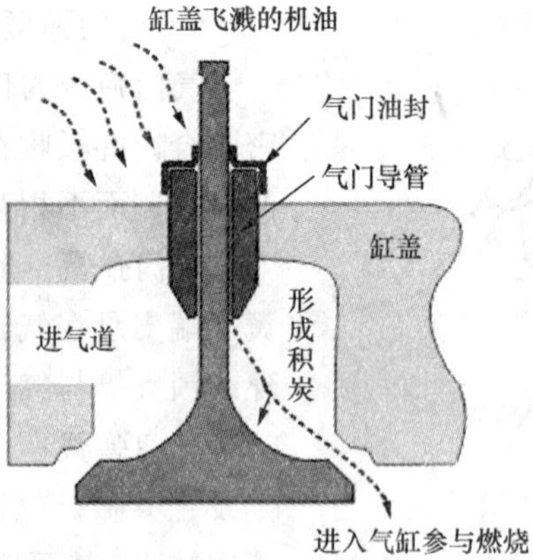

图 3.16 气门油封

3.2.2 气门组的维修

1. 气门的维修

气门的主要损伤有：气门工作锥面磨损而起槽、变宽，甚至烧蚀后出现斑点和凹陷，气门杆及端面磨损，气门杆弯曲变形等。

(1) 气门的检测

检测气门损耗达到下列情形之一时，应予以修校或换新。

①轿车气门杆磨损量大于 0.05 mm，载货汽车气门杆磨损量大于 0.10 mm，或有明显的台阶形磨损。

②气门头圆柱面的厚度大于 1.0 mm。

③气门尾端的磨损量大于 0.5 mm。

④气门杆直线度误差大于 0.05 mm 时，应予更换或校直，校直后的直线度误差不得大于 0.02 mm。

(2) 气门工作锥面的维修

观察气门的工作锥面，若变宽、起槽、烧蚀出现斑点或用手指能摸出磨损台阶，应在气门光磨机上进行光磨。

(3) 气门杆磨损的维修

用外径千分尺检测气门杆的磨损，通常与气门杆尾端未磨损部分对比测量。

(4) 气门杆端面磨损的维修

气门杆尾端面若有磨损凹陷，应磨平，气门全长及磨削量应符合规定要求，如图 3.17 所示。

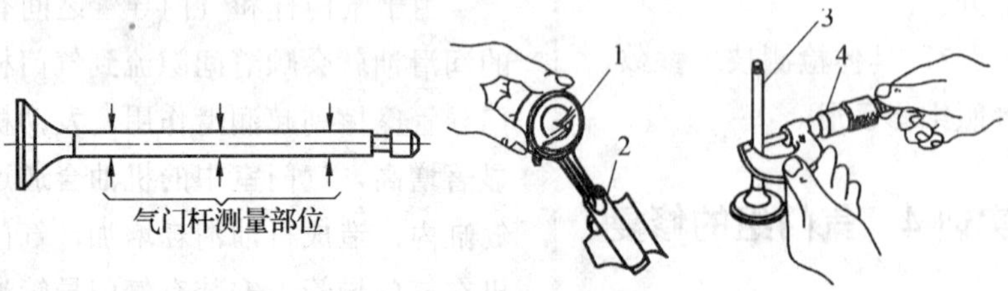

图 3.17 气门杆检测

1—百分表；2—气门导管；3—气门杆；4—千分表

(5) 气门杆弯曲的维修

用千分表检查气门杆的弯曲变形，如图 3.18 所示，将气门架在

则要求铰削出宽度适当的工作锥面；

④ 检测气门下陷量：如实训图 3.18 所示，用深度游标尺检查气门下陷量；

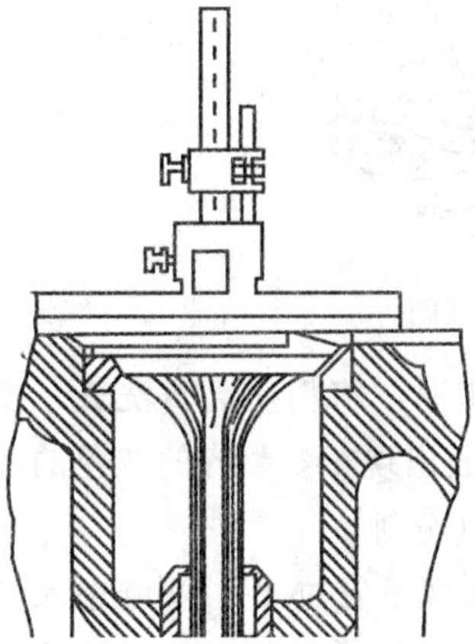

实训图 3.18

⑤ 调整环带位置和宽度，如实训图 3.19(b)、(c) 所示，密封环带应处于工作锥面中部；若偏向气门杆部，选用 15°铰刀修整；若偏向气门头部，则选用 75°铰刀修整；若环带过宽，用 15°和 75°两种铰刀分别铰削；

⑥ 精铰工作面，如实训图 3.19(d) 所示；用精铰刀铰削气门座工作面，降低表面粗糙度。

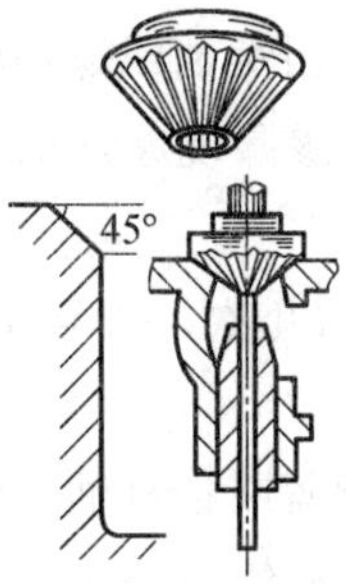

(a)

实训图 3.19

检测台上，转动气门杆一圈，直线度误差超过原厂规定值时，应更换气门或在平板上进行冷压校直。

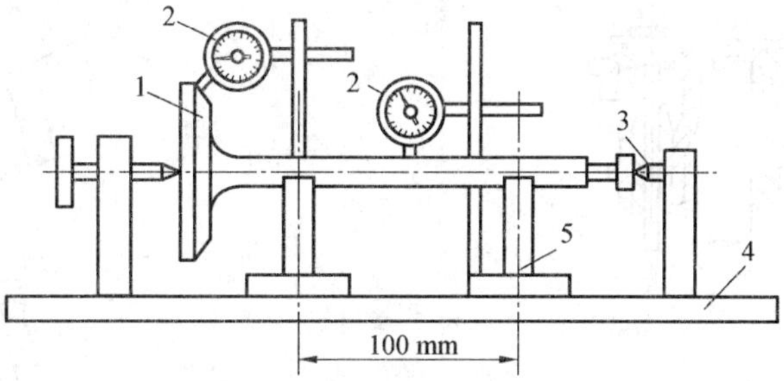

图 3.18　气门杆弯曲的检验

1—气门；2—百分表；3—顶尖；4—平板；5—V 型块

2. 气门座与气门座圈的维修

气门座的耗损主要是磨料磨损和由于冲击载荷造成的硬化层脱落，以及受高温气体的腐蚀，使得密封带变宽，气门与气门座关闭不严，气缸密封性降低，一般应维修气门座。

气门座维修的技术要求是：气门座表面不得有任何损伤，气门座固定可靠；工作锥面正确，表面粗糙度 *Ra* 取值为 1.25 ～ 6.3 μm；气门座圈工作面宽度为 1.2 ～ 2.5 mm；气门下陷量符合要求。

（1）气门座的镶换

如气门座有裂纹、松动、烧蚀或磨损严重；或经多次加工修理，使新气门装入后，气门头部顶平面仍低于气缸盖燃烧室平面 2 mm 以上，应镶换新的气门座，其工艺要点如下：

① 用专用拉器拉出旧气门座圈。注意，不要损伤气门座承孔。

② 选择新气门座。用外径千分尺测量气门座外径，用内径量表测量气门座承孔内径，并根据气门座和缸盖承孔的材质选择合适过盈量（一般在 0.07 ～ 0.17 mm）。

③ 气门座的镶换。通常用热镶法将气缸盖加热至 80 ～ 100 ℃后，将座圈镶入座孔内。也可用液氮将合格的新气门座进行冷冻收缩后，时间不少于 10 min，然后在气门座外侧涂上一层密封胶，在压床上将座圈镶入气缸盖座孔中，以保证不会松动。

④ 检测气门座圈是否高出，否则应修磨至与座孔上口平齐。

（2）气门座的铰削

气门座的铰削应在气门导管修配后进行。

（3）研磨气门与气门座

研磨方法有手工研磨和机器研磨两种。

① 手工研磨。手工研磨的步骤如下：

a. 研磨前用汽油洗净气门、气门座和气门导管，并在气门头端标示出顺序记号。

b. 在气门工作锥面上均匀涂抹一层粗研磨膏，气门杆上涂少许机油，将气门杆插入导管内，用气门捻子的橡皮碗吸住气门。

c. 如图 3.19 所示，研磨时，一边搓动气门捻子，使气门单向旋转一定角度，一边将气门捻起一定高度后落下进行拍击。注意始终保持单向旋转，不断改变气门与气门座在圆周方向的相对位置，以改变研磨位置，保证研磨均匀。

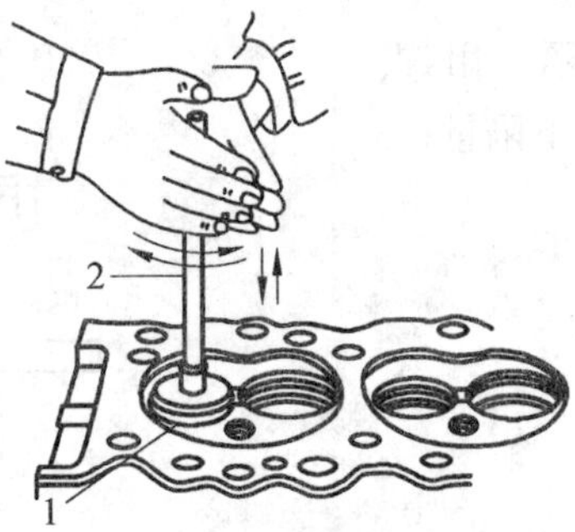

图 3.19 手工研磨气门

d. 当磨出整齐、无斑痕地接触环带时，将粗研磨膏洗去，换用细研磨膏，继续研磨，直到气门工作面出现一条整齐的灰色的环带时，洗去细研磨膏，涂上机油再研磨几分钟。

研磨气门时应注意：研磨时，研磨膏不宜过多，以免进入气门导管，造成气门杆与气门导管的早期磨损；在保证密封的前提下，研磨时间不宜过长，拍击力不宜过猛，以防环带过宽，出现凹陷。

② 机器研磨。气门的研磨是在专用的气门研磨机上进行的。机器研磨的步骤如下：

a. 将清洗干净的气缸盖安放在研磨机工作台上。

b. 在已修配好并做好记号的气门工作面上均匀涂上粗研磨砂。在气门杆上涂上机油，插入相应的导管中，调整各个转轴，对正气门座孔。

c. 将研磨装置连接好，并调节气门的升程，开机研磨。一般研磨的时间以 10 ~ 15 min 为宜。研磨好的工作面应成为一条光泽完整的圆环。

d. 粗磨后，洗掉粗研磨砂，换上细研磨砂继续精磨。

e. 精磨结束，洗净气门和气门座，再用机油手工研磨几分钟即可。

(4) 气门的密封性检查

气门与气门座研磨后，需进行密封性检查。常用的方法如下：

① 画线法。

② 渗油法。将气门放入相配的气门座中，用汽油或煤油浇在气门顶面上，5 min 内视气门与座接触处是否有渗漏现象。如无渗漏现象，说明密封性良好。

③ 拍击法。将气门与相配气门座轻轻敲击几次，查看接触带，如有明亮的连续光环，即为合格。

④ 印痕法。在气门工作面上涂抹一层轴承蓝或红丹油，然后用橡皮捻子吸住气门在气门座上旋转 1/4 圈，再将气门提起，若轴承蓝或红丹油布满气门座工作面一周而无间断，又十分整齐，即表示密封良好。

⑤ 仪器检查。采用带气压表的气门密封性检验仪进行检验，试

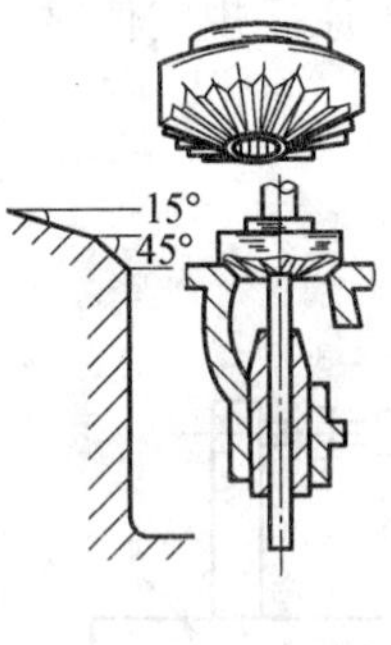

(b)

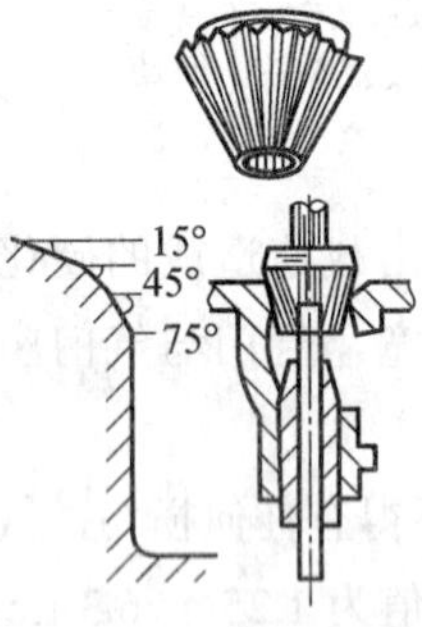

(c)

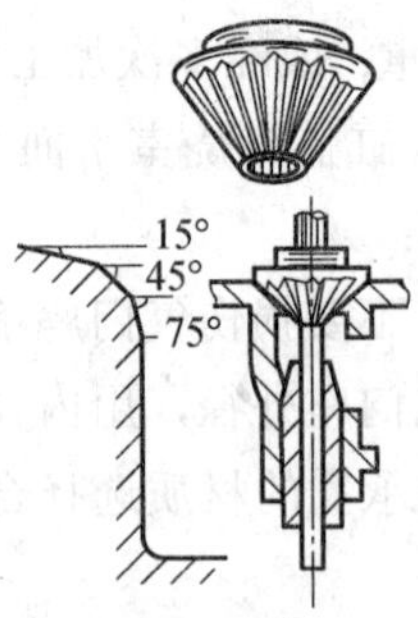

(d)

实训图 3.19（续）

（2）气门导管的更换

① 用外径略小于气门导管内孔的阶梯轴冲出或压出气门导管，带有台肩的导管可从燃烧室压出气门导管；

② 选择外径尺寸符合要求的新气门导管；

③ 安装气门导管。

【技术提示】

1. 使用气门光磨机、

铰刀时，注意安全问题

2. 具体检测技术参数，参照维修手册

验时，先将气门密封性检验仪的空气容器筒紧紧地压在装有气门的气门座上，捏动压缩橡皮气囊，当空气容器筒内具有一定压力（68.6 kPa 左右）时停留 30 s，如气压表指示压力不下降，说明气门与气门座的密封性合格。

3. 气门导管的检查与更换

① 气门杆与气门导管配合间隙的检查；

② 更换气门导管。

若气门导管磨损严重，会使气门杆与气门导管的配合间隙超限，应予以更换。

4. 气门弹簧的检验

气门弹簧常见的损伤形式有裂纹、折断、歪斜变形、自由长度缩短及弹力减弱。

① 检查气门弹簧；

② 检查气门弹簧的垂直度；

③ 自由长度的检查；

④ 弹力的检查。

任务 3.3　气门传动组的构造与维修

实训 5　凸轮轴的维修

【实训准备】

1. 设备与器材：发动机、翻转架、凸轮轴、外径千分尺、磁力表座、百分表、游标卡尺、塞尺、世达组合

基础知识

3.3.1　气门传动组的构造

气门传动组的作用是使进、排气门能按规定的时刻开、闭，并保证有足够的开度。由于气门驱动形式和凸轮轴位置的不同，气门传动组的零件组成差别很大，主要有凸轮轴及其驱动机构（包括正时齿轮、传动带或链条等）、气门驱动机构（包括挺柱、推杆、摇臂和摇臂轴等）两大部分。

工具、工具车、清洁毛巾等，共六套

2. 将“任务工单”分发给每位学生

【实训目的】

1. 能够正确使用工量具对凸轮轴进行检测

2. 能够规范对凸轮轴油封更换

3. 掌握凸轮轴检测的方法

【实训步骤】

1. 凸轮轴维修

（1）凸轮轴表面的维修：检查凸轮轴外表面有无裂纹、严重磨损、机械损伤、凹槽等缺陷，如实训图3.20所示；损伤严重时，应予以更换；

（2）凸轮的弯曲变形的检测

① 清洁凸轮轴；

② 将凸轮轴放置在V型铁上，V型铁和百分表放置在平板上，使百分表触头与凸轮轴中间轴颈垂直接触，如实训图3.20所示；

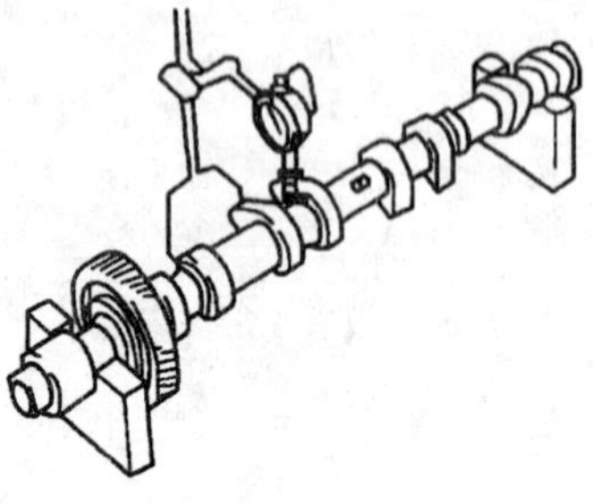

实训图3.20

③ 转动凸轮轴，观察百分表表针的摆差即为凸轮轴的弯曲度；

④ 将记录数据与维修手册对比，看是否合格；

1. 凸轮轴

（1）凸轮轴的功用与构造

凸轮轴是用来驱动和控制各缸气门的开启和关闭，使其符合发动机的工作顺序、配气相位及气门升程的变化规律等要求。

凸轮轴是一根长轴，如图3.20所示，安装在缸体（下置凸轮轴式）或缸盖（顶置凸轮轴式）内。凸轮轴上有用于对应于各个气门的凸轮，当凸轮轴转动时，凸轮在合适的时间打开和关闭气门。凸轮轴上加工有若干个轴颈，用于支承凸轮轴。凸轮轴的前端还安装有凸轮轴正时齿轮（或链轮、齿形带轮）。此外，老式发动机采用的下置式凸轮轴上还有用以驱动机油泵及分电器的螺旋齿轮和用以驱动机械式汽油泵的偏心轮。

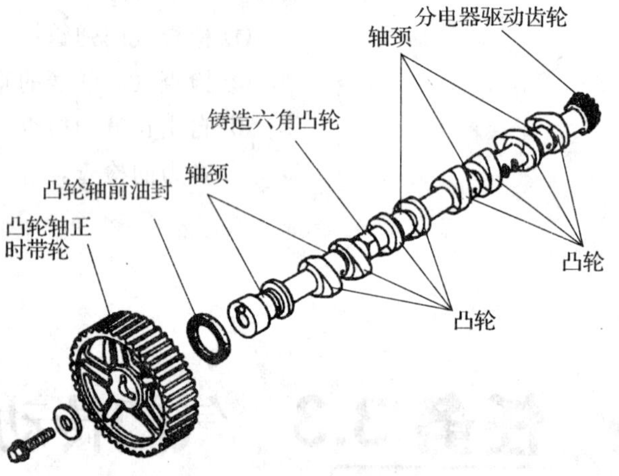

图3.20　凸轮轴构造

图3.21所示为双顶置式凸轮轴的结构，其上有进气凸轮、排气凸轮、轴颈、驱动分电器的凹槽等。

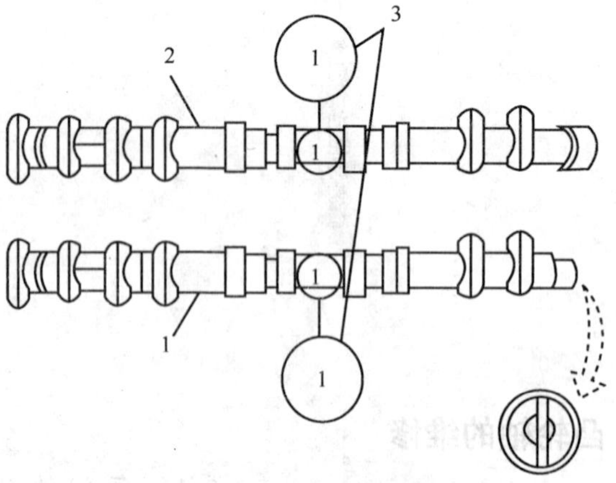

图3.21　双顶置凸轮轴的结构

1—进气凸轮轴；2—排气凸轮轴；3—进排气凸轮轴标记

（2）凸轮轮廓

进、排气门开启和关闭时刻、持续时间以及开闭的速度等分别由凸轮轴上的进、排气凸轮控制。因此，凸轮轮廓的曲线形状对发

（3）凸轮轴轴颈的维修

① 清洁凸轮轴；

② 将凸轮轴放置在V型铁上；

③ 用外径千分尺测量凸轮轴轴颈尺寸，如实训图3.21所示；

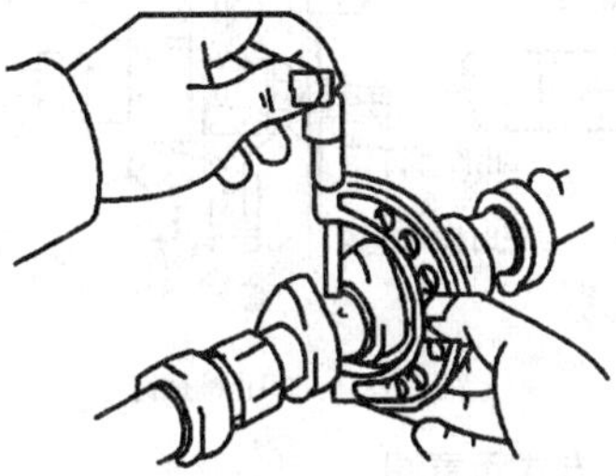

实训图 3.21

④ 计算凸轮轴轴颈的圆度与圆柱度误差、轴承与轴承配合间隙；

⑤ 将计算出的数据与维修手册规定数值比较，看是否合格，超出规定值则更换凸轮轴和轴承；

（4）凸轮高度的检查

① 清洁凸轮；

② 使用外径千分尺测量凸轮的高度，如实训图3.22所示；

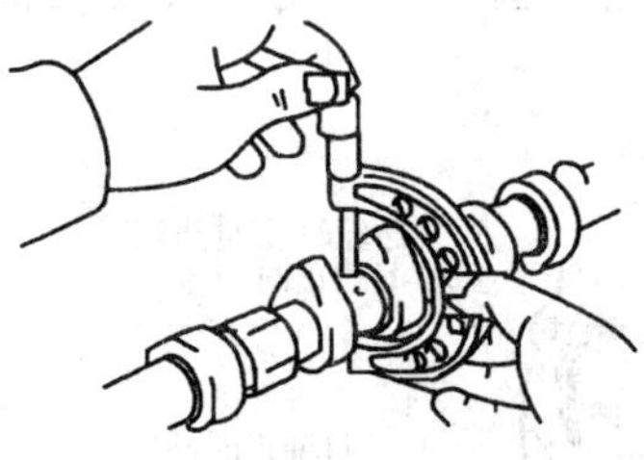

实训图 3.22

③ 将记录数据与维修手册数值规定值对比，高度小于极限值则更换；

（5）凸轮轴轴向间隙的检测

① 清洁凸轮轴，采用止推凸缘进行轴向定位的发动机的工作影响极大，该曲线不仅影响配气相位，也影响气门的升程和气门的升降规律，如图 3.22 所示。

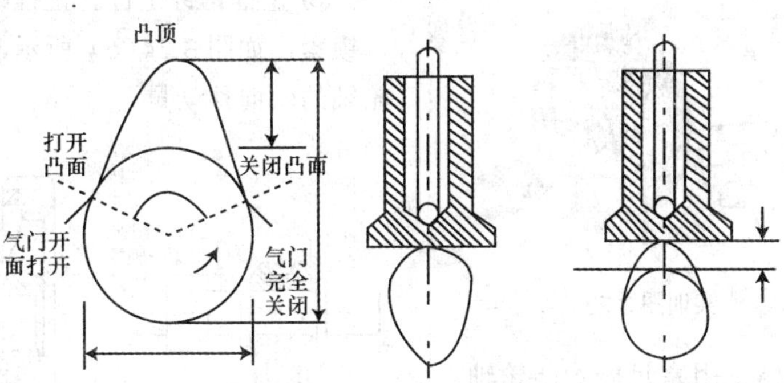

图 3.22　凸轮轴的凸轮轮廓

（3）凸轮的布置

凸轮的数目由气缸的多少而定。通常每一个气缸有 2 个凸轮，分别用于进气和排气。凸轮相互间的位置，必须与发动机的工作顺序相适应。在四缸发动机中，同名凸轮（进气或排气凸轮）间的位置相差 90° 夹角，而在六缸发动机中则相差 60° 夹角，如图 3.23 所示。

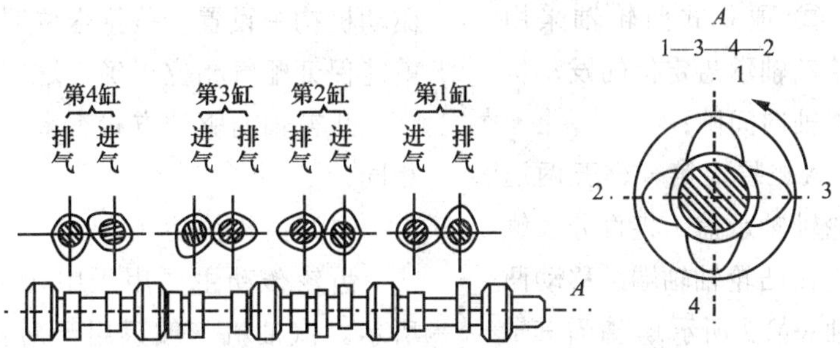

(a) 各凸轮的相对角位置图　　(b) 排（或进）气凸轮投影

图 3.23　四缸凸轮布置

（4）凸轮轴轴承

凸轮轴是通过轴颈支承在轴承孔内的，防止凸轮轴工作时发生弯曲变形，影响配气相位。

中、下置式凸轮轴的轴承一般制成衬套压入整体式轴承座孔内，再加工轴承内孔，使其与凸轮轴轴颈相配合。

上置式凸轮轴的轴承多由上、下两片轴承对合而成，装入剖分式轴承座孔内。

（5）凸轮轴的轴向定位

为防止凸轮轴轴向窜动，凸轮轴必须有轴向定位装置。常用的轴向定位方法有：

① 推力轴承定位。采用凸轮轴的第一轴承为推力轴承，如图 3.24（a）所示。即控制凸轮轴的第一轴颈上的两端凸肩与凸轮轴承座之间的间隙 Δ，以限制凸轮轴的轴向移动。

② 止推片轴向定位。止推片安装在正时齿轮与凸轮第一轴颈

动机检查轴向间隙，如实训图 3.23 所示；

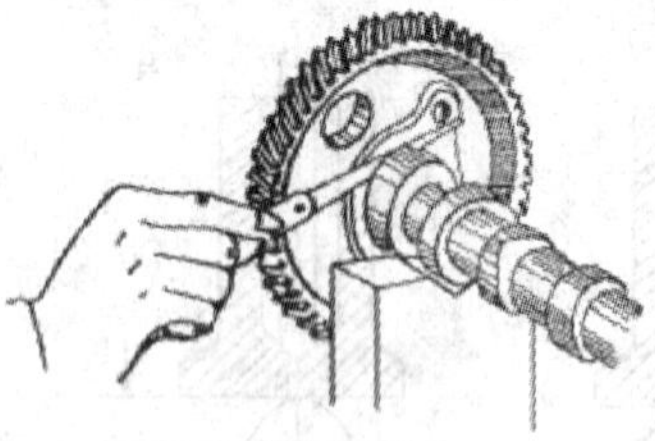

实训图 3.23

A．用塞尺插入凸轮轴第一道轴颈前端与止推凸缘之间或正时齿轮毂端面与止推凸缘之间，此时，塞尺的厚度即为凸轮轴轴向间隙；

B．测量间隙与维修手册规定数值进行对比，如不符合要求，可用增减止推凸缘的厚度来调整；

② 顶置式凸轮轴采用凸轮轴轴承盖定位的发动机检查轴向间隙；

A．装上第一、五两道凸轮轴轴承盖，将百分表触头定在凸轮轴轴端，移动凸轮轴（箭头所示），查看其轴向间隙，如实训图 3.24 所示；

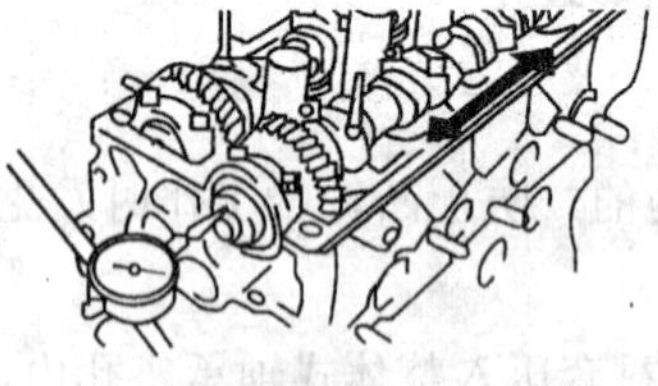

实训图 3.24

B．将记录数据与维修手册规定数值比较，看是否符合要求。

2．更换凸轮轴油封

（1）拆卸 V 型带和凸轮轴正时齿轮防护罩；

（2）将曲轴置于第一缸压缩上止点；

（3）松开张紧轮，取下之间，且留有一定的间隙，从而限止了凸轮轴的轴向移动量，如图 3.24（b）所示。

③ 止推螺钉定位。止推螺钉拧在正时齿轮室盖上，并用锁紧螺母锁紧，如图 3.24（c）所示，调整止推螺钉拧入的程度就可调整凸轮轴的轴向移动量。

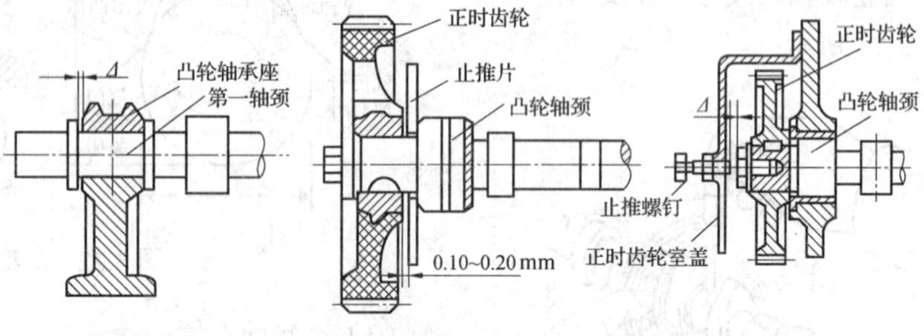

图 3.24　凸轮轴轴向定位方式示意图

2．凸轮轴的驱动和正时机构

凸轮轴是通过一套由曲轴驱动的传动系统，并严格按照 2:1 的传动比来驱动，即曲轴转过 720°，配气凸轮轴转过 360°。为了使曲轴、活塞与气门的运动能完全符合配气相位的要求，在凸轮轴的驱动机构中设置一些特殊位置标记，在装配时，只要按照标记安装，就能保证配气相位正确，这些标记称为气门正时记号。

凸轮轴的驱动方式有多种，不同驱动方式的气门正时记号各不相同。

（1）齿轮传动

齿轮传动主要用于中、下置式凸轮轴的配气机构，如图 3.25 所示。汽油机一般只用一对正时齿轮，小齿轮和大齿轮分别用键装在曲轴与凸轮轴的前端。柴油机则增加一个中间惰轮。为了保证齿轮啮合平顺，减小噪声和磨损，正时齿轮都采用斜齿轮。曲轴正时齿轮用中碳钢制造，凸轮轴正时齿轮则采用铸铁或夹布胶木。

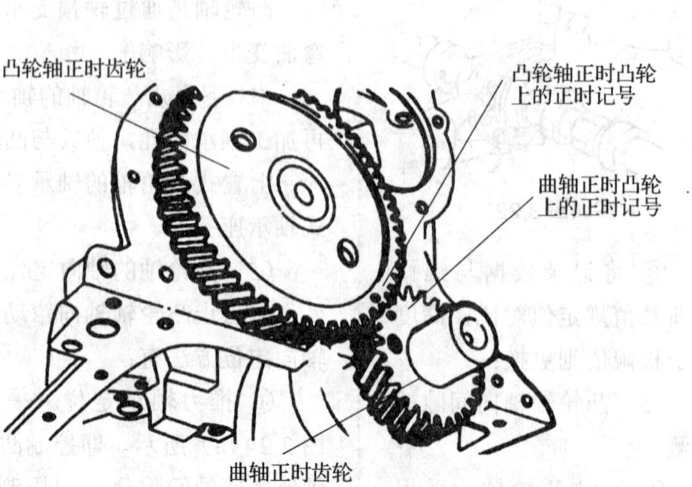

图 3.25　凸轮轴的齿轮传动及正时记号

正时带；

（4）拆下凸轮轴正时链轮，取下半圆键；

（5）将凸轮轴正时链轮紧固螺栓套上垫圈拧入凸轮轴；

（6）用专用工具取出凸轮轴油封，如实训图 3.25 所示；

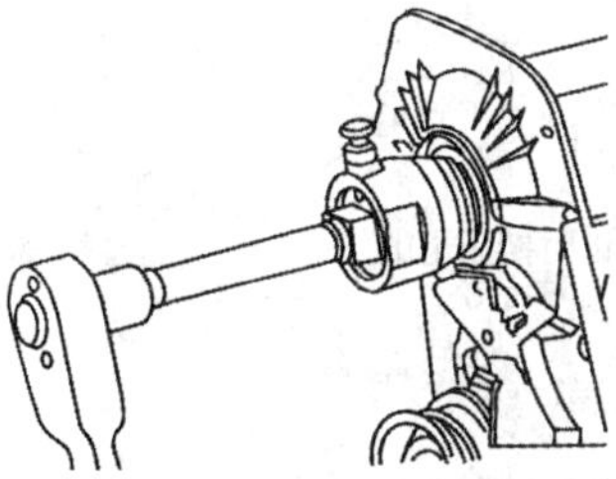

实训图 3.25

（7）安装顺序与拆卸顺序相反；安装时先在油封唇边及外圈涂上一层薄机油，再用专用工具压入到合适位置。

【技术提示】

具体安装、检测参数，参照维修手册

实训 6 正时机构部件的检测

【实训准备】

1．设备与器材：正时链条、正时齿轮、正时带轮、弹簧秤、游标卡尺、塞尺、世达组合工具、工具车、清洁毛巾等，共六套

2．将“任务工单”分发给每位学生

【实训目的】

1．能够正确使用工量具对正时机构部件进行检测

齿轮传动方式的气门正时记号分别刻在曲轴正时齿轮和凸轮轴正时齿轮上。在装配时，将曲轴正时凸轮上的正时记号与凸轮轴正时齿轮上的正时记号对准，以保证配气相位正确。

齿轮传动结构简单，工作平稳，配气正时控制精度高，又不需张紧机构，摩擦损失小，使用中不需调整维护，使用广泛。目前，在车用柴油机上仍主要采用这种方式。

（2）链传动

链传动用于中、上置式凸轮轴的配气机构，如图 3.26、3.27（a）所示，由曲轴通过链条来驱动凸轮轴。由于链条过长而产生链条抖动现象，设有链条导向器。在使用中由于链节的磨损，链条会逐渐变长，为此设有链条张紧器，它通过链条导向器使链条始终保持张紧状态。

链传动方式的正时记号标在正时链轮和链条上，在装配时，应使曲轴正时链轮、凸轮轴正时链轮上的正时记号同时与链条上相应的正时记号对齐，以保证配气相位正确，如图 3.27（b）所示。

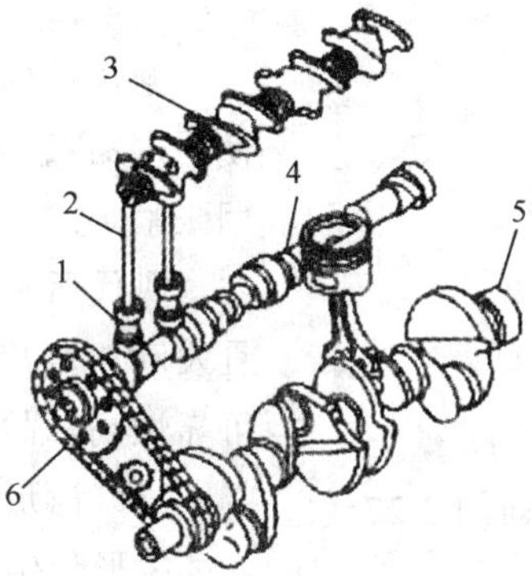

图 3.26 中置凸轮轴链条传动配气机构

1—挺柱；2—推杆；3—摇臂总成；4—凸轮轴；5—曲轴；6—链条

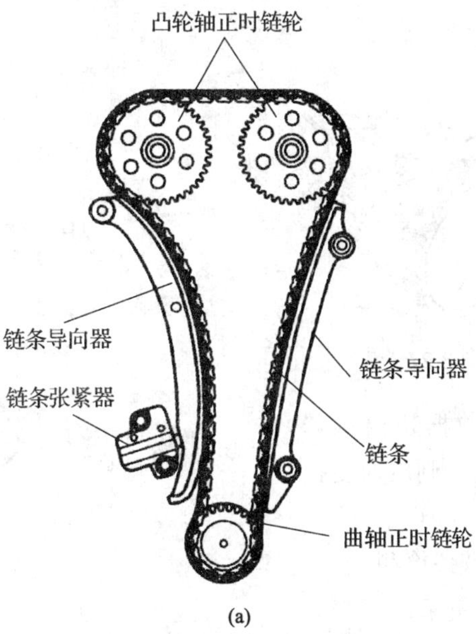

图 3.27 链传动配气机构

2．掌握正时机构部件检测的方法

【实训步骤】

1．正时齿轮磨损的检查

（1）塞尺测量

① 清洁正时齿轮；

② 用塞尺测量正时齿轮齿隙情况，如实训图 3.26 所示；

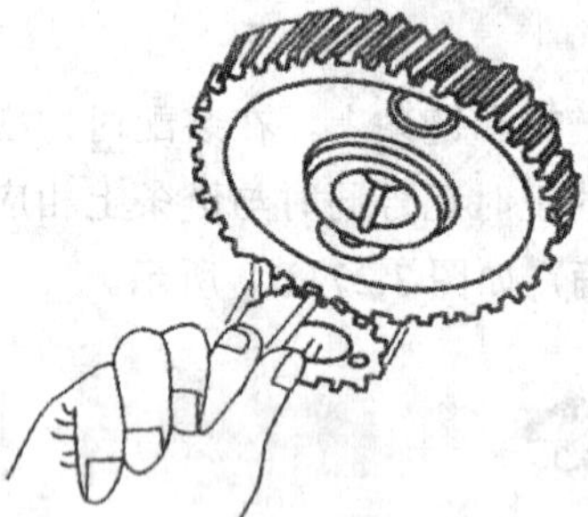

实训图 3.26

（2）百分表测量

① 清洁正时齿轮；

② 使用百分表测量正时齿轮齿隙，如实训图 3.27 所示；

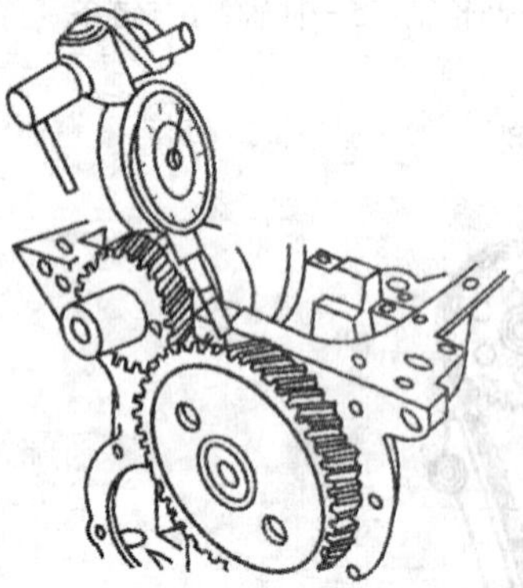

实训图 3.27

③ 记录数据超出维修手册规定数值，则成对更换正时齿轮。

2．正时链条检测

（1）清洁链条；

（2）将链条固定在一

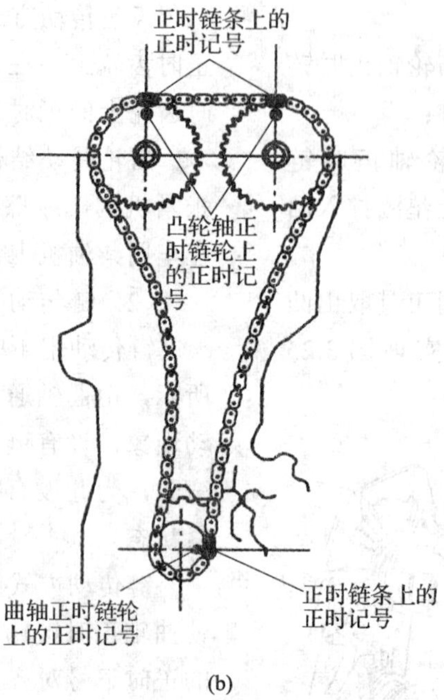

图 3.27 链传动配气机构（续）

链传动的优点是结构简单，质量轻，安装精度低，可靠性好，使用寿命长。缺点是工作时噪声大，需要润滑，维护麻烦，需要定期张紧。

现代所使用的滚柱链条，其销经镀铬硬化处理，耐磨性提高，且发动机高度缩短，使链条的振动及噪声减小。所以耐久性增加、可靠性高，故部分现代汽油发动机逐渐使用链条传动配气机构。

（3）齿形带传动

齿形带传动用于上置式凸轮轴配气机构，如图 3.28 所示，它靠齿形正时带的带齿传递动力。为确保传动的可靠性，齿形带传动需要设置由张紧轮与自动张紧器组成的张紧装置。

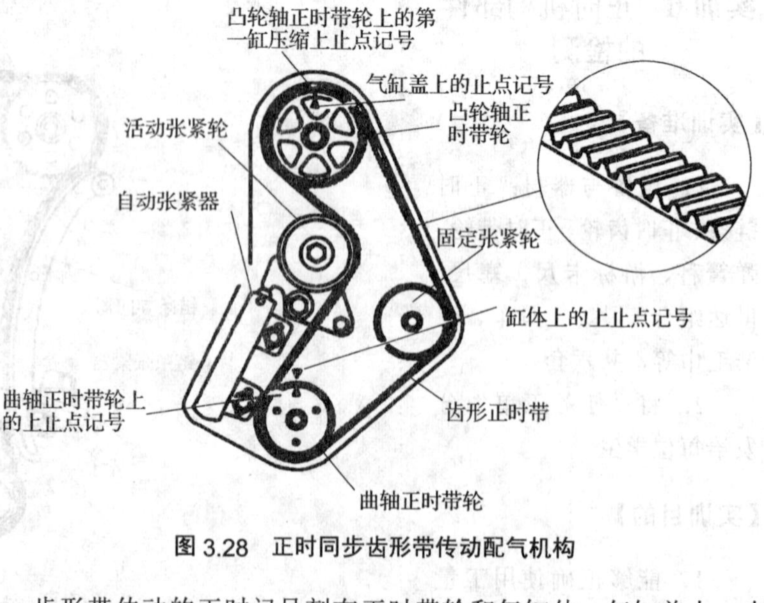

图 3.28 正时同步齿形带传动配气机构

齿形带传动的正时记号刻在正时带轮和气缸体、气缸盖上，在

端，另用弹簧秤施加一定的拉力，测量链条的长度，如实训图 3.28 所示；

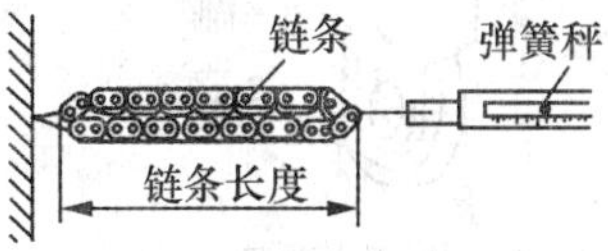

实训图 3.28

（3）记录数据与维修手册规定值比较，超过规定值，应予以更换。

3．正时链轮的检测

（1）清洁正时链条、链轮；

（2）用链条将正时链轮包住，然后使用游标卡尺测量其直径，如实训图 3.29 所示；

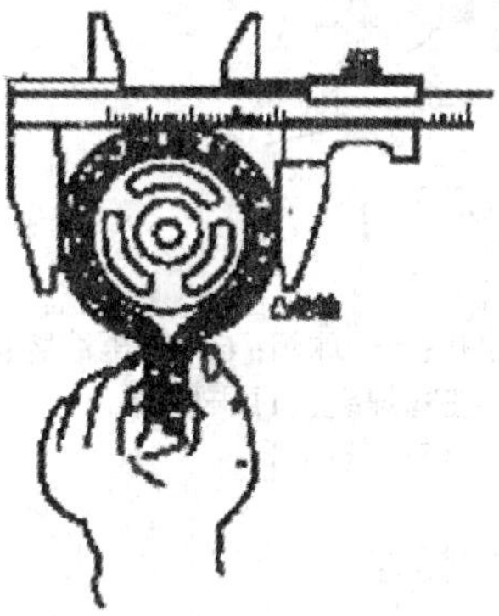

实训图 3.29

（3）记录数据与维修手册规定数值比较，小于允许值时，应更换链条和链轮。

4．正时带轮检查

（1）外观检查：主要检查轮齿有无裂纹、严重磨损、剥落、机械损伤等，如有，应更换曲轴正时带轮；

（2）正时带轮直径的测量；如实训图 3.29 所示，用游标卡尺测量出曲轴正时带轮的直径尺寸；

装配时，应先将曲轴正时带轮上的第一缸上止点记号与气缸体上的记号对齐，将凸轮轴正时带轮上的第一缸压缩上止点记号与气缸盖上的记号对齐，再安装正时齿带，以确保配气相位正确。

与齿轮传动和链传动相比，齿形带传动具有工作噪声低、结构质量轻、制造成本低、不需要润滑等优点，因此被越来越多的轿车发动机所采用。其特点是齿形带有一定的使用寿命，如果过了使用期限而没有及时更换齿形带，则可能使齿形带在发动机运转中突然断裂，导致发动机不能运转，甚至出现气门被惯性上行的活塞碰撞而弯曲变形等严重后果。

3．气门的驱动方式

凸轮轴驱动气门开启的方式有两种，一种是利用摇臂驱动气门，称为摇臂驱动式，如图 3.29（a）所示；另一种是凸轮轴通过挺柱直接驱动气门，称为直接驱动式，如图 3.29（b）所示。

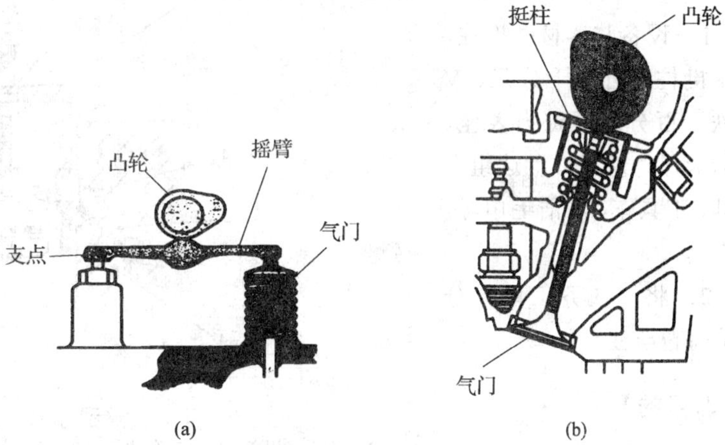

图 3.29　气门驱动方式

4．挺柱

（1）挺柱功用

气门挺柱安装在气缸体上（下置凸轮轴式）或气缸盖上（上置凸轮轴式），与凸轮轴上的凸轮相接触，其作用是将凸轮轴的旋转运动变为往复运动，并按凸轮轮廓线所决定的规律运动，打开和关闭气门。挺柱常用碳钢、合金钢或合金铸铁制造。

（2）挺柱结构

通常可将挺柱分为普通挺柱和液压挺柱。

① 普通挺柱。普通挺柱主要有筒式、球面式、平底式、滚轮式几种形式，如图 3.30 所示。

以上几种挺柱的发动机都必须有调整气门间隙的措施。气门间隙是为了解决材料热膨胀对气门工作的影响，但在发动机工作时发生撞击而产生噪声。为了解决这一矛盾，有些发动机采用液压挺住。

② 液压挺柱。液压挺柱是一种能自动调整气门间隙的挺柱，在轿车发动机中应用广泛。它利用发动机机油的液压力工作，可以自行调整或补偿气门间隙的变化，实现零气门间隙。采用液压挺柱，

（3）记录数据与维修手册规定值比较，如超出，则更换。

【技术提示】

1．测量链条长度时，固定的一端务必要稳定、可靠

2．具体安装、检测参数，参照维修手册

实训7　挺柱、摇臂组件的检测

【实训准备】

1．设备与器材：挺柱、液压挺柱、外径千分尺、V型铁、百分表、磁力表座、游标卡尺、塞尺、世达组合工具、工具车、清洁毛巾等，共六套

2．将“任务工单”分发给每位学生

【实训目的】

1．能够正确使用工量具对挺柱、摇臂组件进行检测

2．掌握挺柱、摇臂组件的检测方法

【实训步骤】

1．普通挺柱的维修

维修挺柱出现以下情况时，应予以更换：

（1）挺柱底部出现疲劳剥落；

（2）底部出现环形光环；

（3）底部出现擦伤划痕；

（4）挺柱的圆柱面部分与导孔的配合间隙超出规定值。

可降低发动机运转噪声。

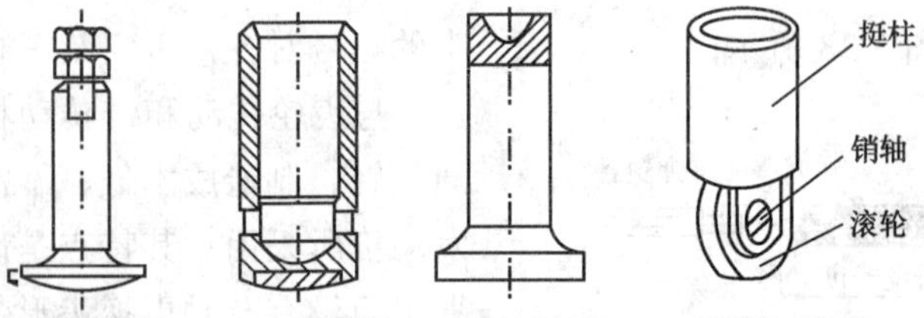

图 3.30　普通挺柱的形式

液压挺柱结构如图 3.31 所示，由挺柱杆、油缸、柱塞、球形阀、压力弹簧等组成。

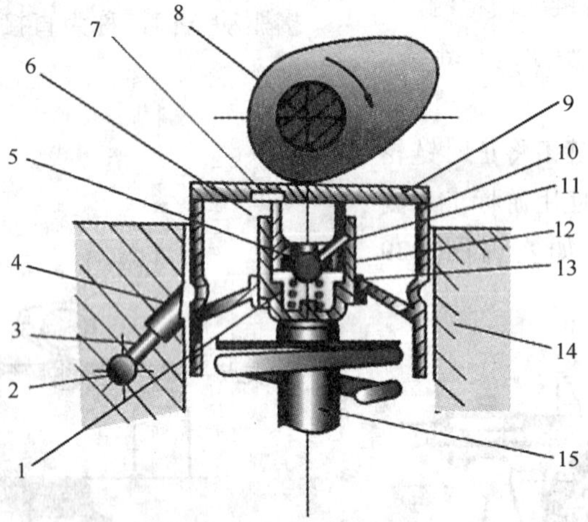

图 3.31　液压挺柱结构

1—高压油腔；2—缸盖油道；3—油量孔；4—斜油孔；5—球阀；6—低压油腔；7—键形槽；8—凸轮轴；9—挺柱体；10—柱塞焊缝；11—柱塞；12—套筒；13—弹簧；14—缸盖；15—气门杆

发动机工作时，机油沿主油道供到气门挺柱。

a．当气门关闭时（图 3.32(a)），机油经挺柱体和柱塞上的油孔压进柱塞腔低压油腔内，并推开单向阀充入挺柱体腔高压油腔内。柱塞便在挺柱体腔内油压及弹簧的作用下上行，与气门推杆压紧。但此压力远小于气门弹簧张力，气门不会被打开只是消除了整个配气机构中的间隙。与此同时，挺柱体腔高压油腔内油液也已充满，单向阀在碟形弹簧作用下关闭。

b．气门的开启（图 3.32(b)）：当凸轮转到工作面使挺柱上推时，气门弹簧张力便通过推杆作用在柱塞上，由于单向阀已关闭，柱塞便推压挺柱体腔高压油腔内油液使压力升高，而液体具有不可压缩性，挺柱便像一个整体一样推动气门开启。此过程中，由于挺柱体腔内油压较高，在柱塞与挺柱体的间隙处，将有少许油液泄漏而使“挺柱缩短”。

c．气门的关闭（图 3.32(c)）：当凸轮转到非工作面时，解除了对推杆的推力，使挺柱腔内油压降低。于是，主油道的油压将再

2. 液压挺柱密封性检测

（1）维修液压挺柱外表工作面损伤情况；

（2）将液压挺柱浸泡在机油中，将油孔向上，轻轻转动并推拉柱塞，使其腔内的空气排出；

（3）把排除空气后的液压挺柱放在降漏试验台上（实训图 3.30），调整负载臂，在柱塞上施加 200 N 的压力，当柱塞滑下 2 mm 左右后，测量它再滑降 1 mm 所用的时间；

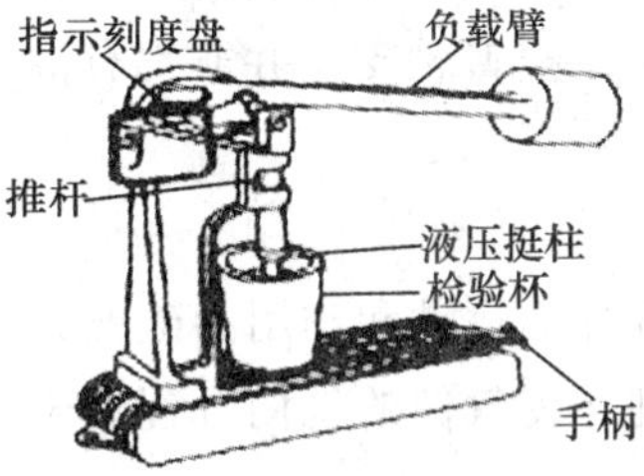

实训图 3.30

（4）如果测得的时间低于标准值 7 s 时，应当更换液压挺柱。

3. 推杆的检测

（1）检查推杆的两端头，若磨损严重或有损伤，应更换推杆；

（2）将推杆放在平板上来回滚动，并用塞尺测量弯曲变形量，如实训图 3.31 所示。

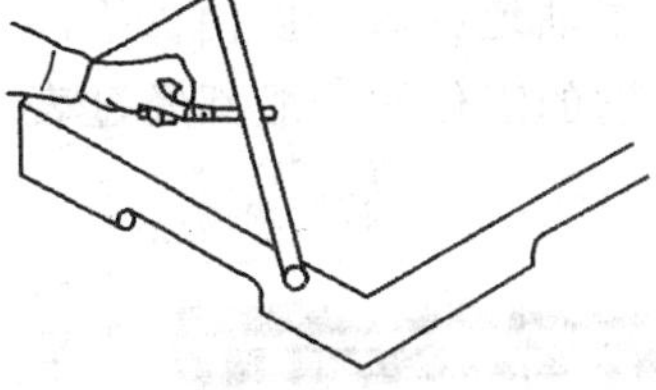

实训图 3.31

次推开单向阀，向挺柱体腔内充油，以补充工作时的泄漏，并且此油压又和弹簧一起使柱塞上推，如此始终保持了配气机构无间隙传力。

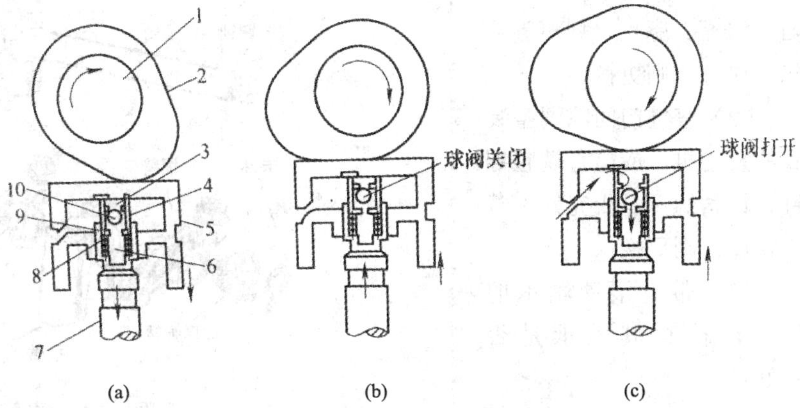

图 3.32　液压挺柱工作过程

1—凸轮轴；2—凸轮；3—低压油腔；4—柱塞；5—挺柱体；6—高压油腔；7—气门杆；8—弹簧；9—油缸；10—球阀

d. 若气门、推杆热膨胀，挺柱回落后向挺柱体腔内的补油过程便会减少补油量（工作过程中）或使挺柱体腔内的油液从柱塞与挺柱体间隙中泄漏一部分（停车时），从而使挺柱自动“缩短”；因此可不留气门间隙而仍能保证气门关闭。相反，若气门、推杆冷缩，则向挺柱体腔内的补油过程，便会增加补油量（工作过程中）或在柱塞弹簧作用下将柱塞上推，吸开单向阀向挺柱体腔内补油（停车时），从而使挺柱自动“伸长”，因此仍能保持配气机构无间隙。

5. 推杆

推杆的功用是将从凸轮轴经挺柱传来的推力传给摇臂，供凸轮轴下置式配气机构采用。

推杆传递的力很大，易弯曲。因此，要求具有较大的刚度。在高速发动机中，推杆应尽量做得短些。

推杆一般用冷拔钢管制造，也可用硬铝制造，推杆的两端压配有不同形状的端头。下端头通常是圆球形，以便与挺柱的凹球形支座相适应；上端头一般制成凹球形，以便与摇臂上的气门间隙调整螺钉的球形头部相适应。推杆可以是实心或空心的。如图 3.33 所示，推杆的上、下端头均经热处理并磨光，以提高其耐磨性。

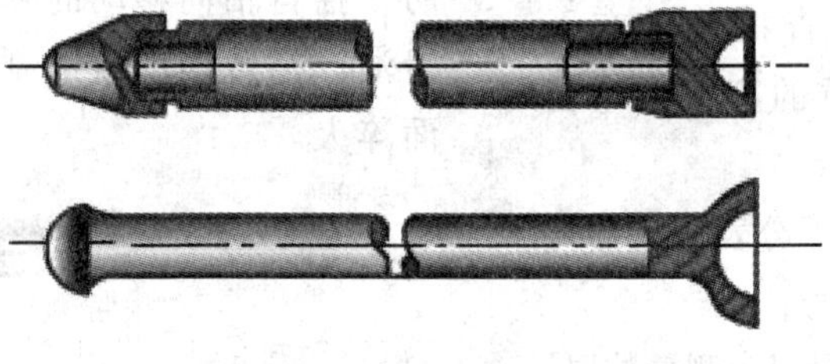

图 3.33　推杆

4．摇臂的检测

（1）检测摇臂外观有无裂纹、机械损伤和严重磨损，或工作面有无缺口、凹陷、沟槽、麻点、划痕等缺陷，如有，则更换；

（2）有气门间隙调整装置的发动机，应检查调整螺钉、锁紧螺母是否完好，若有损坏，则更换；

（3）带有滚动轴承的摇臂，检查其轴承是否完好；

（4）用手转动和晃动摇臂轴上的摇臂，如实训图3.32所示，检查摇臂和摇臂轴的配合情况；

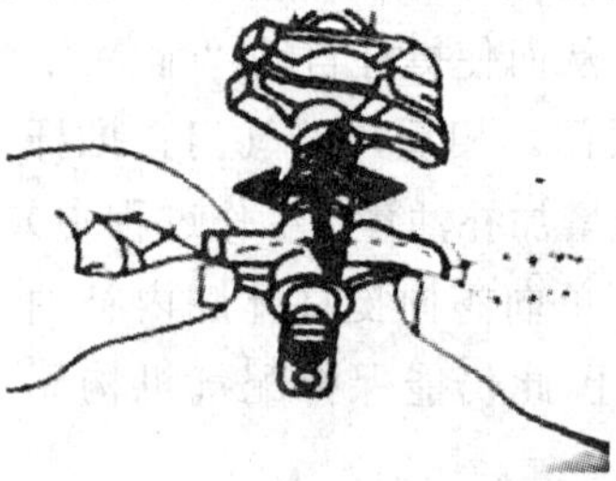

实训图 3.32

（5）测量摇臂衬套内径和摇臂轴外径，如实训图3.33所示，检查其配合间隙；

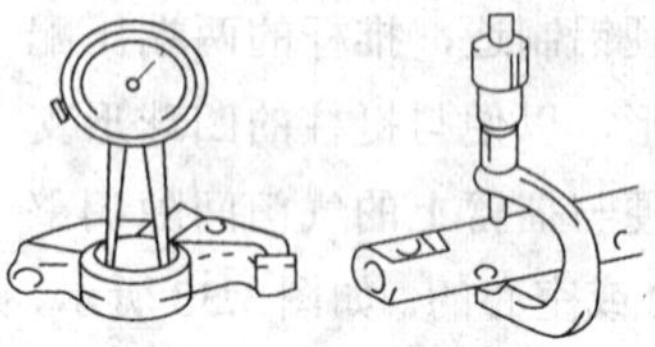

实训图 3.33

（6）检查摇臂轴有无裂纹或严重的磨损、弯曲变形；

（7）用百分表测量摇臂轴的弯曲变形；

（8）记录以上测量数据，与维修手册规定值对比，超

6．摇臂组件

（1）摇臂组件

摇臂组件的构造如图3.34所示。

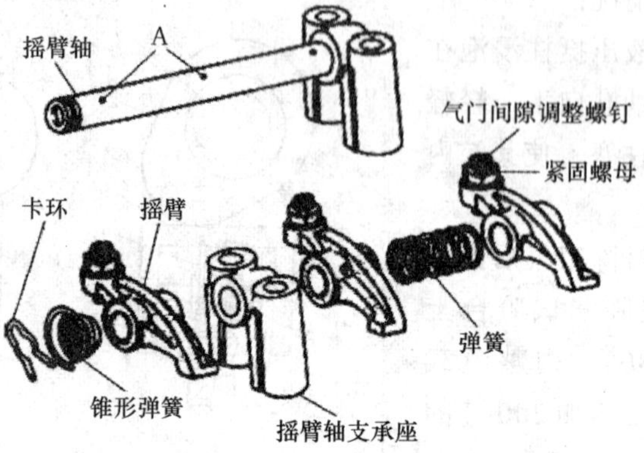

图 3.34　摇臂及摇臂组件

两端带堵的中空摇臂轴通过支座固定于气缸盖上。机油从支座的油道经摇臂轴内腔和摇臂中的油道流向摇臂两端进行润滑。为了防止摇臂轴向窜动，在摇臂一侧装有弹簧。摇臂轴支座并非都有油道，不可装错。

（2）摇臂

摇臂的作用是将用于凸轮及挺柱、推杆的运动和作用力改变方向，驱动气门开启；同时利用杠杆的原理，使气门的气门升程大于凸轮的升程。

摇臂在摆动过程中承受很大的弯矩，因此应具有足够的强度和刚度以及较小的质量。摇臂常采用锻钢、球墨铸铁制造。

摇臂有多种形式，如图3.35（a）、（b）、（c）所示。

(a) 滚轮摇臂　(b) 普通摇臂　(c) 三角摇臂

图 3.35　摇臂类型

（3）摇臂轴

摇臂轴的作用是支承摇臂。它是一根中空的圆轴，用几个支座架安装在气缸盖上，如图3.36所示。摇臂与支座架之间装有防止摇臂轴向移动的弹簧，轴的内孔与主油道相通，以便供给润滑油。摇臂轴用碳钢制成，为了耐磨，它的工作面一般都经过表面淬火。

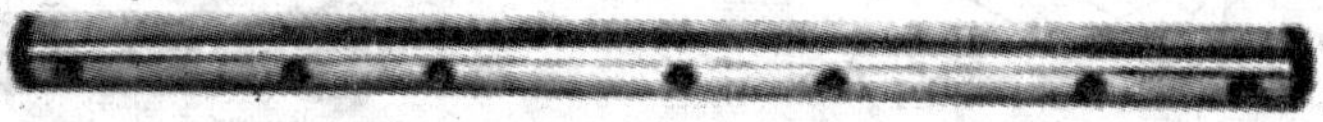

图 3.36　摇臂轴

过极限值，应予以更换。

【技术提示】

1. 液压挺柱不可互换

2. 具体安装、检测参数，参照维修手册

3.3.2 气门传动组的维修

1. 凸轮轴的维修

凸轮轴的维修包括：凸轮轴弯曲变形的检查、凸轮轮廓的磨损检查、凸轮轴轴颈磨损的检查、凸轮轴裂纹的检查。

（1）凸轮轴弯曲的检查和校正。凸轮轴的弯曲是以凸轮轴中间轴颈相对两端轴颈的径向圆跳动来衡量的。

（2）凸轮磨损的维修。凸轮磨损一般以凸轮的最大升程减小值来衡量。凸轮高度可用千分尺测量。

（3）凸轮轴轴颈的维修。用千分尺测量凸轮轴轴颈的直径，计算圆度和圆柱度误差。

（4）凸轮轴轴向间隙的检查和调整。检查应在不装气门及气门挺柱的情况下进行。

2. 正时链条和链轮的维修

采用链条传动的上置凸轮轴式配气机构，在发动机工作中，由于正时链条的磨损，会造成节距变长，工作噪声增大，严重时还会使配气正时失准。因此，在维修中应对链条和链轮进行检查。

（1）正时链条长度的检查。

（2）正时链轮最小直径的检查。

3. 正时齿带和带轮的维修

（1）正时齿带张紧度的检查。

许多车型发动机的正时齿带的张紧度是自动调整的，维修中无须调整。部分车型发动机的正时齿带需要人工调整，其调整方式和张紧度检查因车型而各不相同。

（2）正时齿带的更换。

如果在检查正时齿带时发现有表面剥离、断齿、齿面磨损、开裂、边缘磨损、帘线外露等损坏现象（图 3.37），则应予以更换。

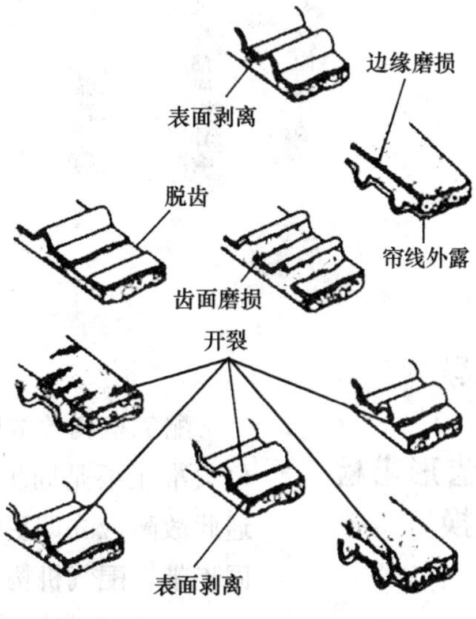

图 3.37 正时齿带损伤形式

（3）正时齿带张紧轮的维修。

4．液压气门挺柱的维修

（1）液压挺柱密封性的检查。

（2）液压挺柱的拆卸与维护：

将拆卸下来的气门挺柱应浸泡在干净的机油中，以防止空气进入挺柱中。在维护时，可拆下挺柱，用专用工具排除液压挺柱内渗入的空气，以恢复气门的最大升程。

（3）液压挺柱在维修中应注意的几点：

a．拆下时，液压挺柱不允许互换，在液压挺柱上做标记，标记应做在与凸轮接触面的正方。

b．液压挺柱与承孔的配合间隙一般为 0.01~0.04 mm，使用极限为 0.10 mm。测量导孔内径与液压挺柱外径，液压挺柱与导孔配合间隙不得超过 0.1 mm，否则，应更换液压挺柱。液压挺杆必须整套更换，不能进行调整或维修。

5．气门推杆的维修

气门推杆在工作中容易发生弯曲和两端球面磨损。推杆的直线度误差应符合规定要求，杆身应平直，不得有锈蚀和裂纹。

任务 3.4 配气机构的常见故障诊断与排除

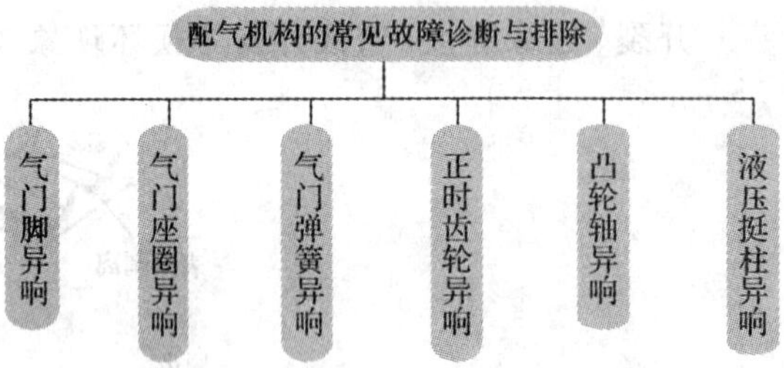

实训指导

实训 8 正时齿形带检查和更换

【实训准备】

1．设备与器材：整车、翻转架、扭力扳手、张紧轮

基础知识

配气机构的故障主要有配气相位失准和配气机构异响。配气相位失准主要是同步带安装位置不正确或同步带齿形磨损引起滑转，遇此故障应立即更换同步带，并按发动机拆装的有关内容重新安装同步带。配气机构异响的故障诊断与排除如下所述。

1．气门脚异响

故障现象：

怠速时，在气门室处听到有节奏、清脆的“嗒嗒嗒”声，响声

扳手、世达组合工具、工具车、清洁毛巾等，共六套

2. 将“任务工单”分发给每位学生

【实训目的】

1. 能够正确使用工具对正时齿形带进行检测

2. 能够规范对正时齿形带更换

3. 掌握正时齿形带检测和更换的方法

【实训步骤】

1. 拆卸

（1）拆卸空调压缩机和发电机传动带；

（2）拆卸发电机传动带张紧装置；

（3）拆卸正时齿形带防护罩；曲轴皮带轮上的缺口标记，与正时齿形带下防护罩上的箭头标记也是一对配合标记；

（4）确认配气正时：旋转曲轴至第1缸压缩上止点；

（5）拆卸曲轴皮带轮；

（6）拆卸正时齿形带中、下防护罩，正时齿形带的下防护罩上有一个箭头指标标记，注意确认；

（7）拆卸正时齿形带：正时齿形带的张紧轮是一个偏心轮，旋松其固定螺母后便自动减小或消除对正时齿形带的压紧力；

（8）检查正时齿形带：目视检查正时齿形带外表面是否有橡胶层开裂、断层、严重磨损等现象；

（9）检查曲轴正时齿轮。如果轮齿的齿顶和齿根出现明显的圆弧形磨损或个别轮

随转速而变化，发动机转速升高，响声增大，响声与温度无关，响声不随断火消失，若用厚薄规逐个插入气门间隙，声响减小或消失。

故障原因：

气门摇臂与气门杆顶端磨损不均匀造成；气门间隙调整不当，气门间隙过大；气门杆尾端与气门间隙调整螺钉磨损；气门间隙调整螺钉的锁紧螺母松动；凸轮磨损或摇臂圆弧工作面磨损。

故障排除：重调气门间隙，若摇臂端头偏磨应检查维修。

①拆下气缸盖罩，检查气门间隙调整螺钉的锁紧螺母是否松动；检查气门间隙值，并视情重新调整。

②检查气门杆尾部端面和调整螺钉的磨损情况，必要时更换气门或调整螺钉。

③检查凸轮与摇臂圆弧工作面的磨损情况，视情更换凸轮轴或摇臂。

2. 气门座圈异响

故障现象：

响声大，声音忽大忽小，为“嚓嚓嚓”声；发动机转速一定时，响声时大时小，并伴有破碎声；发动机中低速运转时，响声较清脆，高速时响声增大且变得杂乱；单缸断火，响声不变，有时更明显；发动机低温初发动响声易出现。

故障原因：

座圈选材不当，受热后产生变形而松旷；镶配时，过盈量选择不当，气门座圈和气缸盖气门座圈座孔配合过盈量不足。气门座圈镶入气缸盖气门座圈座孔后，滚边时没有将座圈压牢。在工作中受冲击振动而松脱，导致与座孔碰撞。

诊断与排除：

拆下气缸盖罩，经检查不是气门脚响和气门弹簧响，即可断定为气门座圈响。分解配气机构后进一步检查，必要时，铰削气门座圈座孔，更换松动的气门座圈，并保证其压入后有足够的过盈量。

3. 气门弹簧异响

故障现象：

怠速时有明显的“嚓、嚓”响声；各种转速均有清脆的响声，拆下气门室盖更为明显；各转速下均有清脆的响声，多根气门弹簧不良，机体有震抖现象。

故障原因：气门弹簧过软或折断。

故障排除：

① 拆下气缸盖罩，用旋具撬住气门弹簧，若弹簧折断可明显地看出。弹簧折断应予以更换。

②仍用旋具撬住气门弹簧，怠速运转发动机，若响声消失，即为该弹簧过软。弹簧如过软，必须更换。

齿变形，则容易出现跳齿或加速齿带磨损现象；

（10）检查水泵齿形带轮：水泵如果有明显的旷量，转动水泵齿形轮，如果出现卡滞或转动阻力过大等现象，证明轴承已损伤，若继续使用，会产生传动发响和加剧正时齿形带磨损现象；

（11）检查凸轮轴齿形轮，与曲轴正时齿轮相同；

（12）检查正时齿带张紧轮：

① 目视张紧轮与传动带的接触是否出现划伤沟痕、偏磨、凹陷等损伤；

② 检查张紧轮轴承的磨损状况，如出现卡滞或转动阻力过大等现象，说明轴承已损伤，若继续使用会产生传动发响和加剧传动带磨损现象。

2．安装

（1）更换、安装正时齿形带：

① 安装时，保持双手干净，严禁将油、水粘连到齿形带上；

② 确保正时齿形带与曲轴正时带轮正确接触；

③ 确认凸轮轴齿形带轮标记与防护罩上标记对齐；

④ 正时齿形带按照正确的绕向安装：带齿套装在水泵和凸轮轴齿形带上，外表面与张紧轮工作面接触；

⑤ 使用张紧轮调整扳手，调整张紧轮偏心位置。

（2）检查正时齿形带的挠度是否适当：

用拇指和食指捏住两带轮之间同步带的中间部位，用力翻转，若刚好能翻转

4．正时齿轮异响

故障现象：

这种响声比较复杂，有的有节奏，有的无节奏，有的间歇响，有的连续响。怠速或转速变化时，在正时齿轮盖处发出杂乱而轻微的噪声，转速提高噪音消失，急减速时，此噪声尾随出现；此响声不受温度和单缸断火试验的影响。

原因不同，现象也不同，齿轮啮合间隙过大的声响：怠速运转时，有轻微的“嘎啦、嘎啦”声，无节奏；中速时明显；高速时杂乱，并有破碎声。齿轮啮合间隙过紧的声响：是一种“嗷嗷嗷”的声音，且发动机转速越高声响越大。齿轮啮合不均匀的声响，是一种“哽哽哽”的有节奏的声响，发动机转速越高声响越大。此声来自凸轮轴齿轮是间响，来自曲轴齿轮是连响。齿轮轴窜动声响，是一种连续不断的“嘎嘎嘎”的声音，并伴有齿轮室盖的振动。齿轮啮合不良引起的响声，类似“呼啸”声，响声的大小随发动机转速变化而变化；正时齿轮个别齿损坏，是随发动机运转而产生有节奏的清晰的撞击声。

故障原因：

齿轮齿形过厚、齿轮长期使用造成磨损等原因致使正时齿轮啮合间隙过大或过小；曲轴和凸轮轴中心线不平行，造成齿轮啮合失常；更换曲轴和凸轮轴轴承后使两轴中心远离或靠近，改变了齿轮啮合位置；正时齿轮固定螺母松动，正时齿轮紧固不良；凸轮轴正时齿轮牙齿折损；凸轮轴轴向间隙过大。

故障排除：更换或修整齿轮，调整中心距或轴向间隙。

5．凸轮轴异响

故障现象：

在缸体侧可听到有节奏而较钝的“嗒、嗒”声；中速明显，高速消失；单缸断火，声响依旧。

故障原因：

凸轮轴及轴承间配合松旷；凸轮轴弯曲变形；凸轮轴轴向间隙过大。

故障诊断与排除：

一旦发现此类故障，确定后，应拆检，并相应更换故障件：

①按上节有关内容检查凸轮轴轴向间隙。如其轴向间隙过大，则应更换止推板；严重时，应更换凸轮轴。

②如凸轮轴轴向间隙异常，则表明有凸轮轴弯扭变形、此轮磨损或凸轮轴轴颈磨损等不良现象。此时，应分解配气机构，查明具体原因，视情更换凸轮轴。

6．液压挺柱异响

故障现象：

发动机运转时，出现有节奏的“嗒、嗒”声；怠速时明显，中速以上减弱或消失。

90°，即为张紧度合适；否则，应松开张紧轮紧固螺母，将张紧轮压紧同步带，保持适当张紧力后紧固张紧轮固定螺母，然后复查，直至合适，如实训图 3.34 所示。

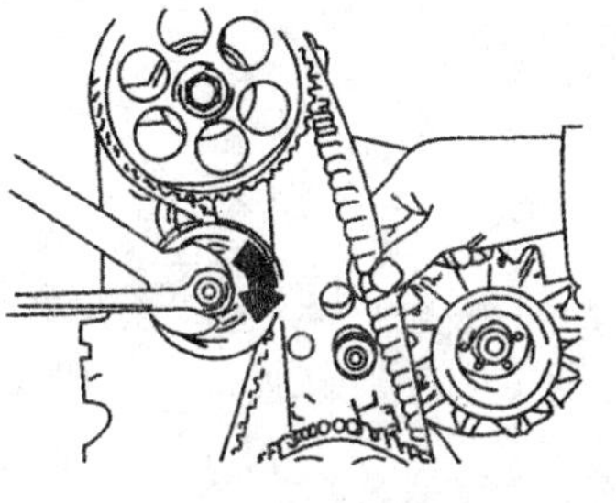

实训图 3.34

（3）安装正时齿形带防护罩。

（4）安装发电机传动带张紧装置。

（5）安装发电机传动带。

（6）安装空调压缩机传动带。

（7）启动发动机，检查运转是否正常。

【技术提示】

1．必须保证正时标记对齐

2．具体安装、检测参数，参照维修手册

故障原因：

发动机机油油面过高或过低，致使有气泡的机油进到液压挺柱中，形成弹性体而产生噪声；机油压力低；由于机油泵、收集器损坏或破裂，使空气吸到机油中去；液压挺柱失效。

故障诊断与排除：

检查机油油面，视情添加或排放，使油量正常；检查机油压力是否正常。

检查液压挺柱是否失效，方法如下：

①启动发动机，并使之运转直到散热器风扇运转。

②将发动机转速提高到约 2 500 r/min，并运转 2 min，若液压挺柱还有噪声，则拆检。

③拆下气缸罩盖。

④旋转曲轴，直到待查的挺柱凸轮向上。

⑤用楔形木棒或塑料棒向下压下挺柱，气门打开前，如果自由行程超过 0.1 mm，则应更换挺柱，换上新挺柱后，30 min 内不得启动。

任务实施

为了正确诊断、排除配气机构故障，首先，必须熟悉配气机构各组成分的具体结构，各部分组成作用，熟悉配气机构故障产生的现象，形成故障的可能原因；并通过实训，掌握配气机构诊断和排除方法、步骤。

相关链接

德国大众车系可变配气相位控制机构

德国大众车系 V6 发动机装用的可变配气相位控制机构如图 3.38 所示。该发动机共有两根进气凸轮轴和两根排气凸轮轴，在每列气缸的气缸盖上，排气凸轮轴安装在外侧，进气凸轮轴安装在内侧。曲轴通过正时带驱动排气凸轮轴，排气凸轮轴通过链驱动进气凸轮轴。

发动机工作时，ECU根据发动机转速信号控制正时电磁阀动作，以此改变通向液压缸的油路，而液压缸则带动正时调节器向上或向下移动。当正时调节器向上或向下移时，进气凸轮轴与排气凸轮轴间传动链紧边的位置随之改变。由于排气凸轮轴与曲轴间采用正时带传动，排气门的配气相位不变，所以进气凸轮轴与排气凸轮轴间传动链紧边的变化，会改变进气凸轮轴与曲轴间的相对位置，从而调节进气门的配气相位。

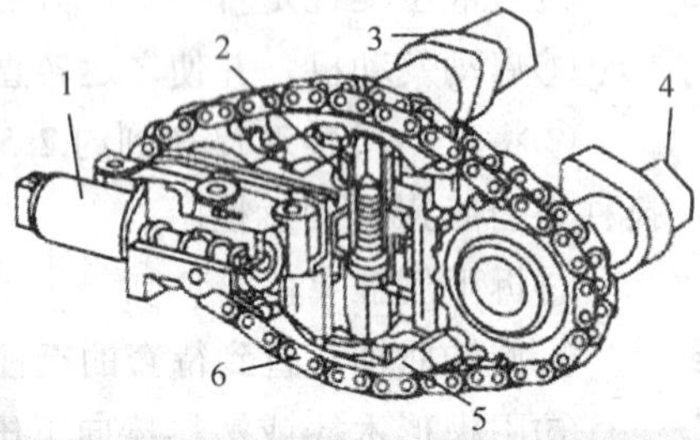

图3.38　德国大众车系V6发动机装用的可变配气相位控制机构
1—正时电磁阀；2—液压缸；3—排气凸轮轴；4—进气凸轮轴；
5—正时调节器；6—驱动链条

当发动机转速较低时（要求进气门滞后关闭角减小），如图3.39所示，左列气缸对应的液压缸带动正时调节器向下运动，上部链被放松，下部链被正时调节器压紧，由于排气凸轮轴在曲轴正时带作用下不可能逆时针反转，所以进气凸轮轴在下部链拉力作用下，沿其工作方向（顺时针方向）转动一定角度，使配气相位提前，即：提前开启角增大，滞后关闭角减小。此时，右列气缸的液压缸带动正时调节器向上运动，下部链被放松，上部链被正时调节器压紧，在上部链拉力作用下，右列进气凸轮轴沿其工作方向（顺时针方向）转动一定角度，使配气相位提前。

当发动机转速较高时（要求进气门滞后关闭角增大），如图3.40所示，左列气缸正时调节器向上运动，下部链被放松，由于排气凸轮轴上的链轮顺时针转动，首先要拉紧下部链后，才能带动进气凸轮轴转动；在下部链由松变紧的过程中，进气凸轮轴滞后一定角度，使进气门配气相位推迟。此时，右列气缸的正时调节器向下运动，同样使进气门配气相位推迟。

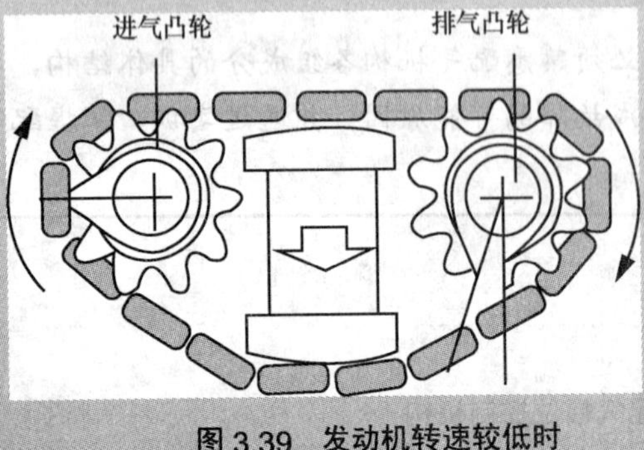

图3.39　发动机转速较低时

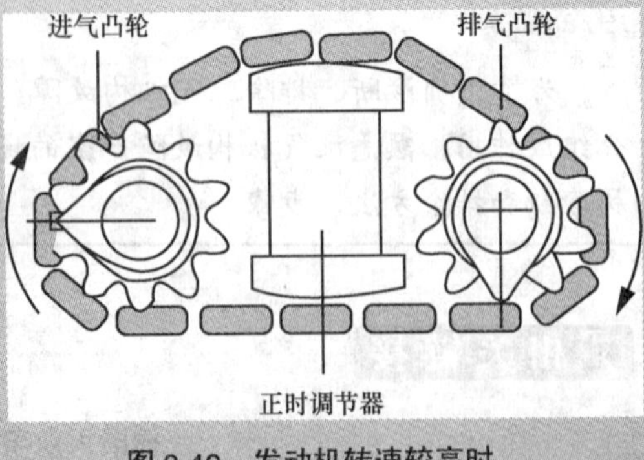

图3.40　发动机转速较高时

课后练习

1．在轿车上常采用什么形式的配气机构，有何特点？
2．发动机的进、排气门的工作面的锥角一般采用多大角度？
3．什么是气门间隙？为何需要预留气门间隙？如何检查调整？
4．进、排气门为什么早开晚闭？
5．为什么采用液压挺柱的发动机配气机构不需要预留气门间隙？
6．为什么有的配气机构中采用两个套装的气门弹簧？

模块 4

电控燃油喷射系统的构造与维修

【知识目标】

1. 了解电控燃油喷射系统的分类、组成和工作原理;
2. 掌握电控燃油喷射系统主要零部件的构造与工作原理；
3. 了解电控燃油喷射系统主要检测仪器使用方法；
4. 了解电控燃油喷射系统主要部件检测方法;
5. 掌握电控燃油喷射系统三个子系统的检测方法；
6. 了解电控燃油喷射系统常见故障现象、诊断和排除方法。

【技能目标】

1. 能按要求完成电控燃油喷射系统各组件、机构的拆装;
2. 能规范对燃油滤清器、空气滤清器进行更换;
3. 能够正确使用检测仪器，按规范对电控燃油喷射系统进行检测，确认运行正常;
4. 能按规定对电控燃油喷射系统进行检测、诊断和故障排除。

【课时计划】

任务类别	任务内容	参考课时		
		理论课时	实训课时	合 计
任务 4.1	电控燃油喷射系统的概述	1	0	1
任务 4.2	电控燃油喷射系统的基本组成与工作原理	2	1	3
任务 4.3	空气供给系的构造与维修	2	4	6
任务 4.4	燃料供给系的构造与维修	2	4	6
任务 4.5	电子控制系的构造与维修	2	4	6
共计：22 课时				

情境导入

项目描述

一辆日产轿车在行车过程中出现冒黑烟、加速无力、怠速不稳、油耗增加等现象，进厂经检测后确定需进行发动机大修，发动机吊卸和拆解后，已完成了曲柄连杆机构、配气机构的维修，要对燃料供给系进行维修。

项目分析

作为一名修理工，如何完成燃料供给系的维修？首先分析燃料供给系的结构组成，按照维修手册要求，对空气供给系、燃料供给系、电子控制系等各部分进行拆解、检测和维修，恢复其技术状态。

任务驱动

任务 4.1　电控燃油喷射系统的概述

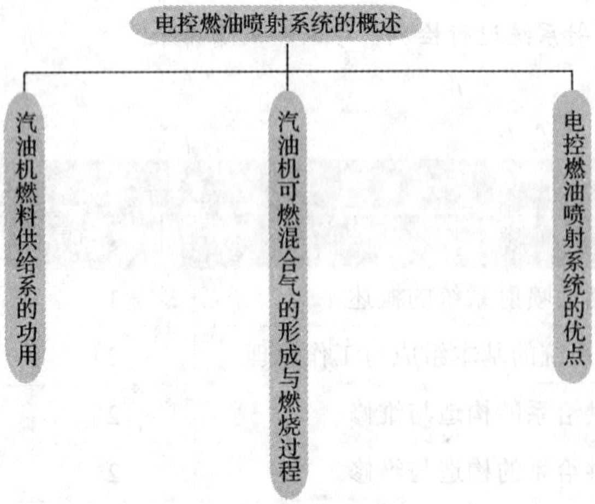

基础知识

4.1.1 汽油机燃料供给系的功用

燃料供给系的功用是根据发动机不同工况，配制一定数量和浓度的可燃混合气，并将燃烧后的废气从气缸内排出到大气中去。目前汽油机的燃料供给系有化油器式燃料供给系和汽油喷射式燃料供给系。化油器式燃料供给系是汽油机传统的供给系，因其不能满足要求越来越高的发动机排放法规以及动力性和经济性方面的需求，已被电子控制汽油机喷射式发动机（电喷汽油机）所取代。故本模块只介绍电喷汽油机。

4.1.2 汽油机可燃混合气的形成与燃烧过程

1．可燃混合气的形成

汽油经过雾化、蒸发与空气按一定比例混合的混合气称可燃混合气。单位质量可燃混合气中汽油的含量称可燃混合气浓度。通常有两种方式表示可燃混合气浓度，即空燃比（λ）和过量空气系数（α）

$$\lambda=\frac{\text{混合气中空气质量}}{\text{混合气中汽油质量}}$$

$$\alpha=\frac{\text{燃烧1 kg燃料所实际供给空气质量}}{\text{完全燃烧1 kg燃料所需的理论空气质量}}$$

理论上 1 kg 汽油完全燃烧需要 14.7 kg 空气。空燃比 $\lambda=14.7$（$\alpha=1$）的混合气称标准混合气（也称理论混合气）；$\lambda<14.7$（$\alpha<1$）的混合气称浓混合气；$\lambda>14.7$（$\alpha>1$）的混合气称稀混合气。不同的可燃混合气浓度对发动机动力性和经济性的影响如下：

（1）标准混合气（$\alpha=1$），发动机的动力性和经济性均好，称为标准混合气。

（2）浓混合气（$\alpha=0.88 \sim 0.95$），此时混合气较浓，燃烧速度最快，动力性最好，因而称为功率混合气。此时，废气中的一氧化碳（CO）和未燃烧的燃油——碳氢化合物（HC）排出量较多。

（3）稀混合气（$\alpha=1.05 \sim 1.15$），此时混合气较稀，燃烧最完全，经济性最好，因而称为经济混合气。由于所供氧气充足，剩余的氧和氮生成氧化氮（NO_x）随废气排出。

（4）过浓混合气（$\alpha<0.88$），此时混合气过浓，燃烧很不完全，产生大量的 CO，排气管冒黑烟，发动机动力性和经济性明显变差。

（5）过稀混合气（$\alpha>1.15$），此时混合气过稀、燃烧缓慢、动力性和经济性明显变差。同时，废气中未燃烧的 HC 也显著增多。

（6）燃烧极限。$\alpha=0.4 \sim 0.5$ 是燃烧上极限，$\alpha=1.3 \sim 1.4$ 是燃烧下极限，因混合气太浓或太稀，虽能着火，但火焰无法传播，导致发动机熄火，此值为燃烧上极限和下极限。

由此可知，动力性和经济性存在着矛盾，混合气浓度控制在 $\alpha=0.8 \sim 1.2$ 范围内最有利，不获得动力性就获得经济性，或两者都较好。$\alpha=0.85 \sim 0.95$ 时，发动机可得到较大的功率，故称这种混合气为功率混合气。$\alpha=1.05 \sim 1.15$ 时，燃烧完全，燃油消耗率最低，故称这种混合气为经济混合气。

2．汽油机各工况对可燃混合气的浓度要求

发动机的工况是发动机工作情况的简称。作为车用汽油机，其工况（负荷和转速）是复杂的，例如，超车、刹车、高速行驶、汽车在红灯信号下起步或怠速运转、汽车满载爬坡等，工况变化范围很大，负荷的大小多用节气门开度的百分数表示，负荷可以从 0 到 100%，转速可以从最低到最高。不同工况对混合气的数量和浓度都有不同要求，具体要求如下。

（1）小负荷与怠速工况。要求供给较浓混合气 α=0.6 ～ 0.9，这时气门开度较小，进入气缸内的可燃混合气量较少，而上一循环残留在气缸中的废气在气缸内气体中所占的比例相对较多，不利于燃烧，因此必须供给较浓的可燃混合气。

（2）中负荷工况。要求经济性为主，混合气成分 α=0.9 ～ 1.1，发动机大部分工作时间处于中负荷工况，所以经济性较好。中负荷时，节气门开度为 25% ～ 85%，故应供给接近于相应耗油率最小的 α 值的混合气，主要是 α>1 的稀混合气，这样，功率损失不多，节油效果却很显著。

（3）大负荷与全负荷工况。这时发动机发出最大功率 P_{emax}，α=0.85 ～ 0.95，节气门开度在 85% ～ 100%，发动机发挥其动力性，而经济性要求居次要地位。

（4）启动工况。要求供给极浓的混合气 α=0.2 ～ 0.6，使进入气缸的混合气有足够的汽油蒸气，以保证发动机顺利启动。

（5）加速工况。发动机的加速是指负荷突然迅速增加的过程。由于节气门突然开大，在瞬时加浓混合气，及时供给浓混合气，才能迅速提高发动机的转速，完成汽车的加速。

4.1.3 电控燃油喷射系统的优点

电子控制汽油喷射系统具有以下特点：

（1）由于进气道中没有狭窄的喉管，因此进气阻力小，充气效率高，从而增加了汽油机的功率和转矩。

（2）可对混合气浓度和点火提前角进行精确的控制，使汽油机在任何工况下都处于最佳的工作状态，尤其是对过渡工况的动态控制，更是化油器式发动机所无法做到的。

（3）配以高能电子点火装置，则可使汽油机使用稀可燃混合气。

（4）多点汽油喷射系统的汽油机各缸混合气的分配更均匀，使发动机怠速稳定。

（5）因进气温度较低而使爆燃得到有效控制，因而可采用较高的压缩比。

综上所述，在电子控制汽油喷射系统中，发动机的功率提高 5% ～ 10%，燃料消耗率降低 5% ～ 15%，有害气体排放量减少 20% 左右，汽车的加速性能提高，冷车启动更容易，暖机更迅速，并具有故障自诊断和保护功能

任务 4.2 电控燃油喷射系统的基本组成与工作原理

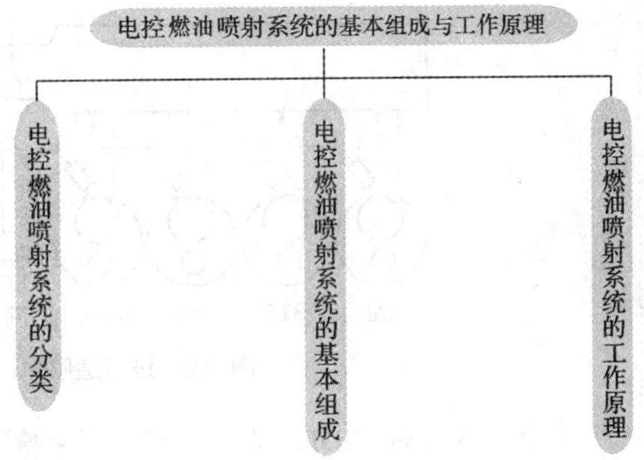

实训指导

实训 1 电控燃油喷射系统认知

【实训准备】

1. 设备与器材：发动机实训台、世达组合工具、工具车、清洁毛巾等，共六套

2. 将“任务工单”分发给每位学生

【实训目的】

1. 结合发动机实训台，指出电控燃油喷射系统的三个子系统组成部分

2. 能够说出电控燃油喷射系统三个子系统组成部分作用

【实训步骤】

在发动机实训台找出电

基础知识

4.2.1 电控燃油喷射系统的分类

1. 按喷油器与气缸的数量关系分类

按喷油器与气缸的数量关系分类，有单点燃油喷射（Single Point Injection，SPI）系统和多点燃油喷射（Multi Point Injection，MPI）系统。

（1）单点燃油喷射系统

单点燃油喷射系统是在节气门体上安装一个或两个喷油器，向进气歧管中喷射燃油形成可燃混合气，如图 4.1 所示。

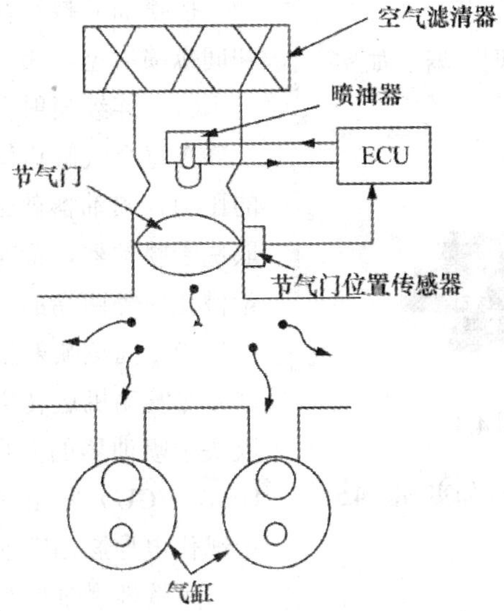

图 4.1 单点燃油喷射系统

控燃油喷射系统组成部件。

（1）燃油箱，如实训图4.1所示；

实训图 4.1

（2）燃油泵：先泄压，后拆除出油管和回油管，拔下电动汽油泵线束插头，拧出固定螺钉，如实训图4.2所示；

实训图 4.2

（3）燃油滤清器，如实训图4.3所示；

实训图 4.3

（4）油压调节器，如实训图4.4所示；

实训图 4.4

（5）喷油器，如实训图4.5所示；

（2）多点燃油喷射系统

多点燃油喷射系统根据喷油器的安装位置又可分为进气道喷射（Port Fuel Injection，PFI）和缸内喷射（Gasoline Direct Injection，GDI）。

①进气道喷射（PFI）。在每一个气缸的进气门前安装一个喷油器，如图4.2所示。

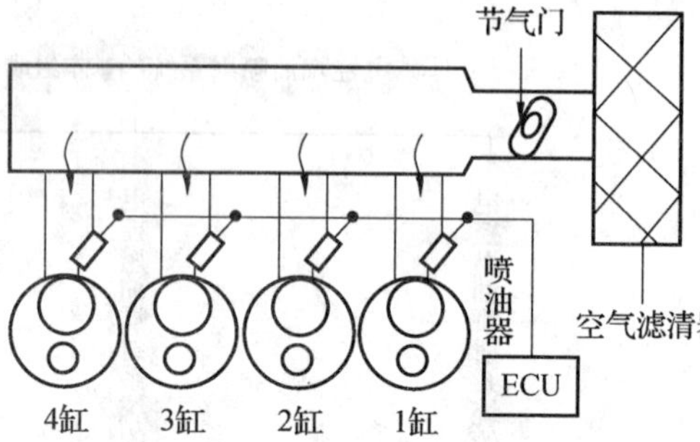

图 4.2　进气道喷射

②缸内喷射（GDI）。将高压燃油直接喷到气缸内，如图4.3所示。

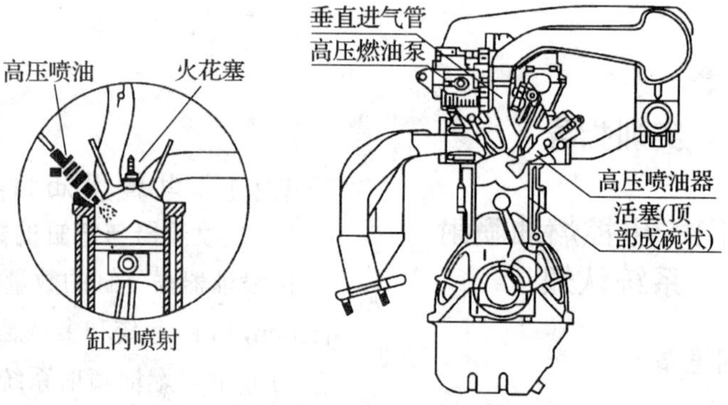

图 4.3　缸内喷射

2．按喷油器的喷射方式分类

按喷油的持续性进行分类，电控燃油喷射系统分为连续喷射型和间歇喷射型两类。

（1）连续喷射型燃油喷射系统

在每个气缸口均安装一个机械喷油器，只要系统给它提供一定的压力，喷油器就会持续不断地喷射出燃油，其喷油量的多少不是取决于喷油器，而是取决于燃油分配器中燃油计量槽孔的开度及计量槽孔内外两端的压差。

（2）间歇喷射型燃油喷射系统

在发动机运转期间间歇性地向进气歧管中喷油，其喷油量多少取决于喷油器的开启时间，即发动机控制模块（Electronic Control Unit，ECU）发出的喷油脉冲宽度。这种燃油喷射方式广泛地应用于现代电控燃油喷射系统中。

间歇性燃油喷射系统按喷油器控制方式又可以分为同时喷射、分组喷射和顺序喷射，如图4.4所示。

实训图 4.5

（6）燃油脉动衰减器，如实训图 4.6 所示；

实训图 4.6

（7）空气滤清器，如实训图 4.7 所示；

实训图 4.7

（8）进气歧管，如实训图 4.8 所示；

实训图 4.8

（9）节气门体，如实训图 4.9 所示；

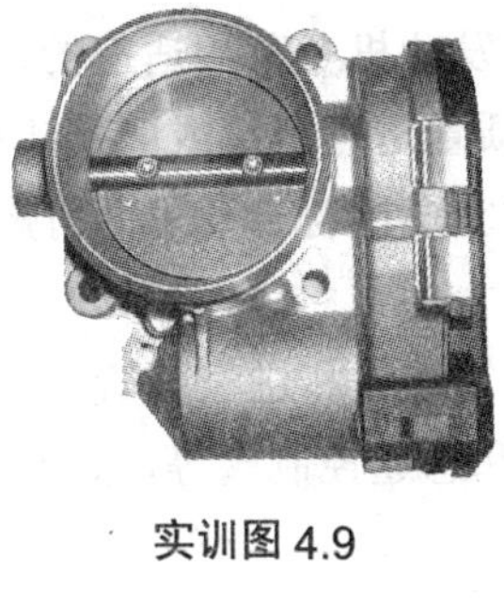
实训图 4.9

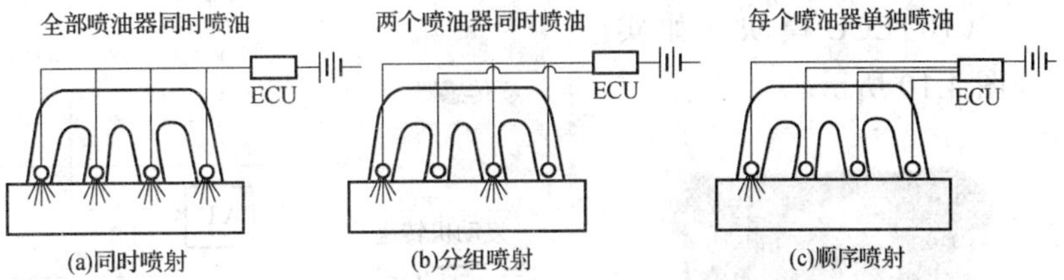

图 4.4　间歇性燃油喷射系统

4.2.2　电控燃油喷射系统的基本组成

电控燃油喷射系统由空气供给系、燃料供给系和电子控制系三大系统组成，如图 4.5 所示。

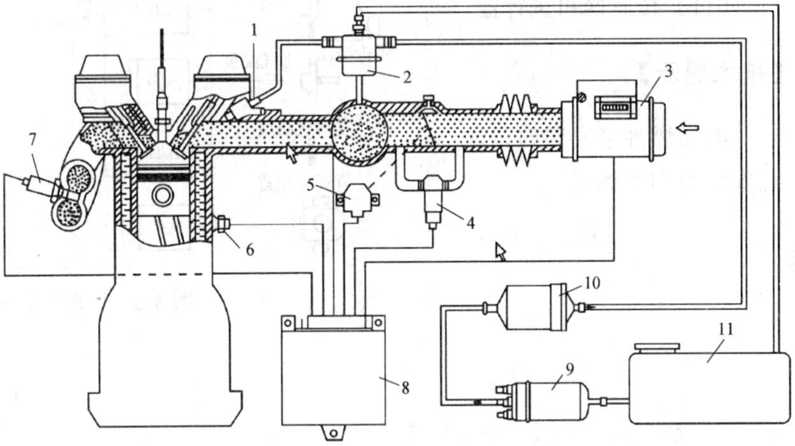

图 4.5　电控燃油喷射系统结构示意图

1—喷油器；2—油压调节器；3—热线式空气流量计；4—怠速空气调节器；5—节气门位置开关；6—冷却液温度传感器；7—氧传感器；8—电子控制器；9—电动燃油泵；10—燃油滤清器；11—油箱

空气供给系主要由空气滤清器、进气管、节气门和怠速旁通道等构成。

燃料供给系主要由油箱、滤清器、汽油泵、喷油器、油压调节器、燃油脉动衰减器和油管等构成。

电子控制系统主要由控制器（ECU）、各种传感器和执行器构成。

4.2.3　电控燃油喷射系统的工作原理

电控燃油喷射系统的工作原理如下（图 4.6）。

（1）发动机燃油电控单元根据进气流量或进气管绝对压力、发动机转速、冷却液温度、进气温度和节气门位置等传感器输入的信号来控制喷射时刻和油量。

（2）进气流量或进气管绝对压力和转速信号这两个主要参数，决定该工况下的基本燃油供给量和基本的点火提前角。其他各种参数起修正作用，如冷却液温度、进气温度、大气压力、蓄电池电压、节气门变化速率（加减速）和排气中氧含量等修正参数。

（3）与存储在只读存储器（Read Only Memory，ROM）中的参考数据进行比较，从而确定在该状态下发动机所需的喷油量、喷油正时和最佳点火提前角。

（10）ECU 模块，如实训图 4.10 所示；

实训图 4.10

（11）传感器和执行器。

【技术提示】

电动燃油泵安装时，注意安装方向和标记

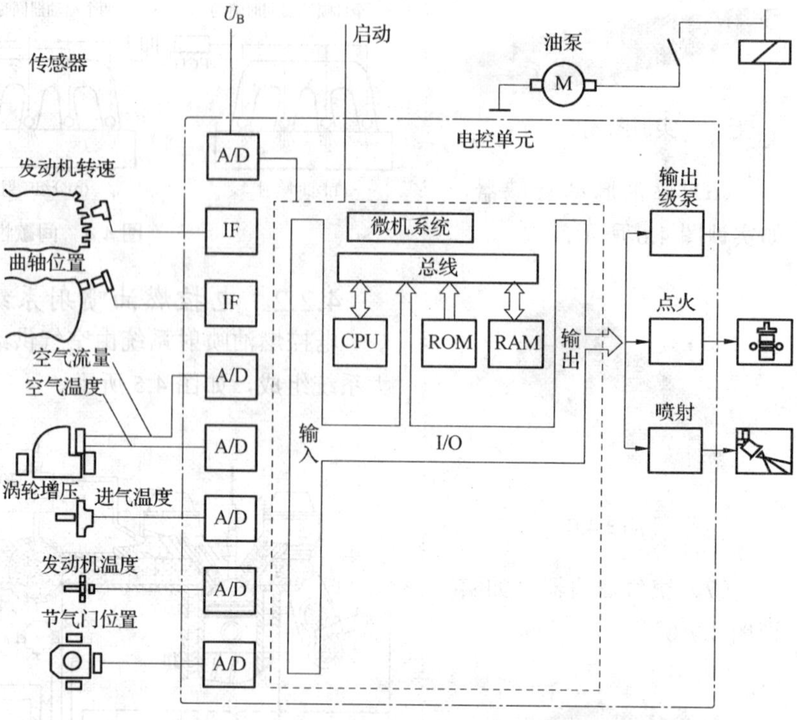

图 4.6　电控燃油喷射系统的工作原理

任务 4.3　空气供给系的构造与维修

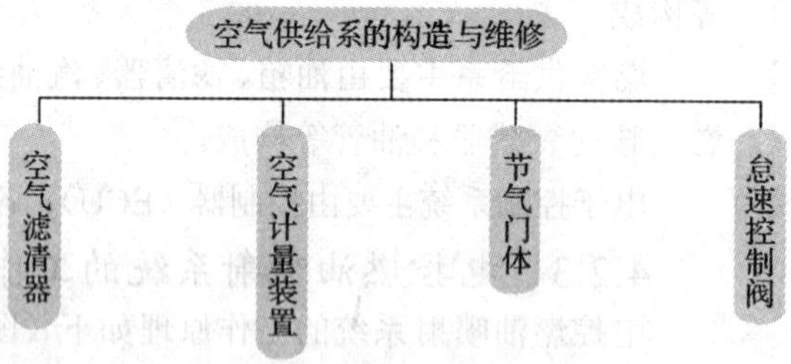

实训指导

实训 2　空气滤清器的更换

【实训准备】

1. 设备与器材：整车、吹气枪、空气滤清器芯

基础知识

空气供给系的作用是向汽油机提供与发动机负荷相适应的、清洁的空气，同时对流入发动机气缸的空气质量进行直接或间接计量，使空气在系统中与喷油器喷出的汽油形成空燃比符合要求的可燃混合气。

空气供给系主要包括空气滤清器、进气总管和进气歧管、空气计量装置、节气门体、节气门位置传感器和怠速控制阀等，如图 4.7 所示。

（新）、世达组合工具、工具车、清洁毛巾等，共六套

2. 将“任务工单”分发给每位学生

【实训目的】

1. 能够在整车上规范对空气滤清器进行更换

2. 能够规范检查空气滤清器连接的相关部件

【实训步骤】

1. 取出空气滤清器芯

（1）取下空气滤清器附近的装饰板；

（2）拔下安装在空气滤清器上的空气流量计插头；

（3）用手打开空气滤清器上的卡箍，如实训图 4.11 所示；

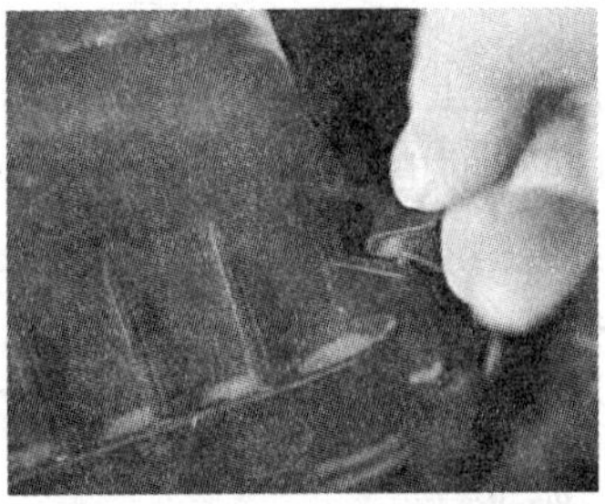

实训图 4.11

（4）取出空气滤清器芯，如实训图 4.12 所示。

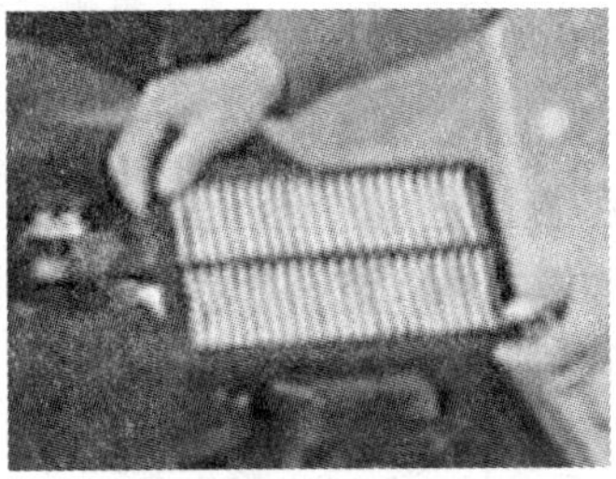

实训图 4.12

2. 清洁

（1）用干净棉纱擦拭滤清器盖及内壁；

（2）用吹气枪将压缩空

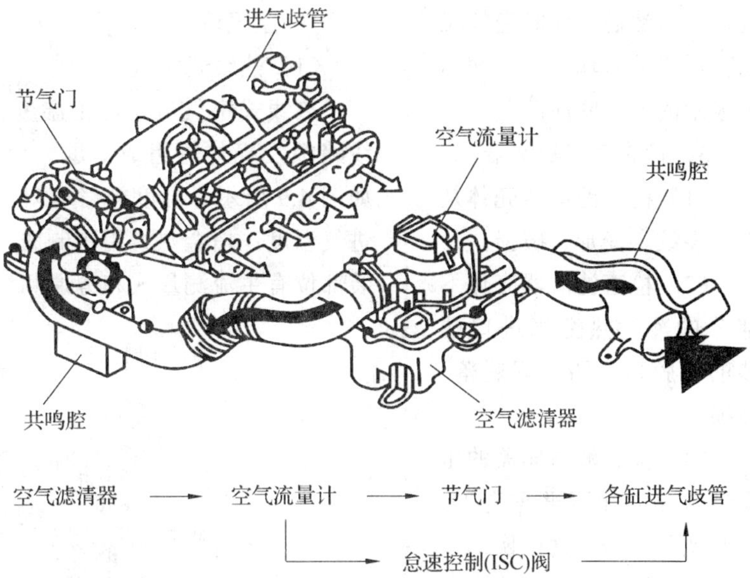

图 4.7　空气供给系

4.3.1　空气滤清器

空气滤清器是用来滤清空气中所含的尘土，以减少气缸、活塞、活塞环等零件的磨损，延长发动机的寿命。

空气滤清器的种类很多，如图 4.8 所示为纸质干式空气滤清器，它通过树脂处理的纸质滤芯对空气进行过滤。纸质滤芯的寿命取决于纸面大小及空气本身的清洁程度，一般可连续使用 10 000 ～ 50 000 km。纸质滤芯不能清洗，严重时必须更换。纸质干式滤清器质量轻、结构简单、安装及保护方便、滤清效果好，因此在汽车上得到广泛应用。

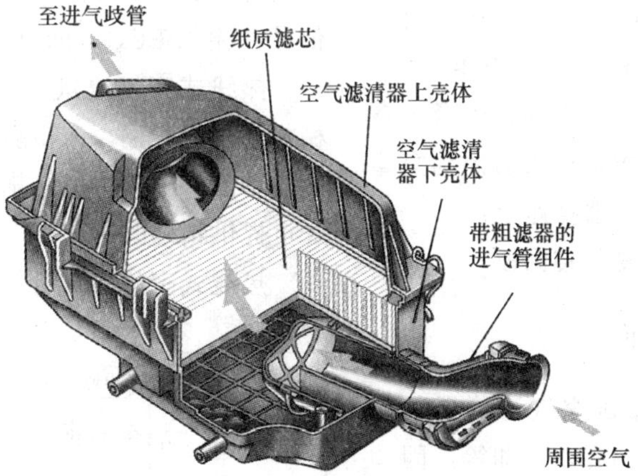

图 4.8　纸质干式空气滤清器

4.3.2　空气计量装置

空气计量装置的作用是对进入气缸的空气质量进行直接或间接的计量，并把空气流量的信息输送到 ECU。作为电控燃料供给系统的主控信号，在电控燃油喷射系统中用空气流量计或进气歧管绝对压力传感器两种方式测量进入气缸的空气量。

气按照与滤芯工作时空气流动相反方向吹滤芯，将滤芯上吸附的沙尘吹净；

3．检查空气滤清器

（1）检查滤清器壳体是否有裂纹、变形、破损；

（2）检查滤清器壳体下部分的冷、热空气进口端装的橡胶口是否出现脱落、破损；

（3）检查滤清器盖的压紧卡箍是否出现严重变形、折断现象，是，则更换；

（4）检查进气软管及真空软管是否有破裂损伤；

（5）检查进气软管两端接口处是否连接可靠，否，则用工具紧固卡箍。

4．安装空气滤清器

（1）将空气滤清器芯（新）安放在滤清器壳下部分的承座上；

（2）将滤清器盖上的销插入下部分的销孔内，然后将盖与下部分扣合，最后把卡箍的浮动端搭在滤清器的凹槽内，按下卡箍，将滤清器盖与下部分压紧；

（3）将电插头安插到空气流量传感器插座上；

（4）安装装饰板。

【技术提示】

1．擦拭空气滤清器的棉纱不要沾有水、油等，因为水和油更容易吸附空气中的沙尘，使滤清器变脏会更快些

2．空气滤清器芯的安装方向要正确

3．具体安装技术参数，参考维修手册

1．空气流量计（Mass Air Flow，MAF）

（1）热线式空气流量计

热线式空气流量计由温度补偿电阻（冷线）、白金热线、控制线路板及壳体等组成，进气道内布置有冷线（前）和热线（后），如图 4.9 所示。温度补偿电阻（冷线）是一个温度电阻，用于检测进气温度；白金热线用铂制成，直径约 70 μm。根据白金热线的安装部位有主流测量式和旁通测量式。

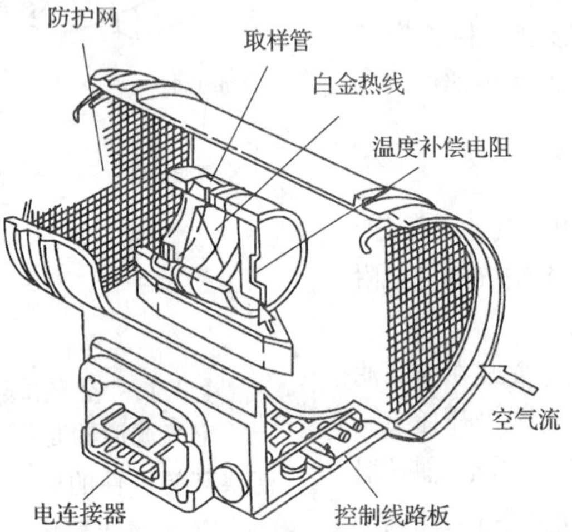

图 4.9　热线式空气流量计结构

发动机启动后，进气时气流带走了热丝上的热量使热丝变冷，破坏了电桥的平衡；控制电路加大通过热丝的电流使热丝升温以保持电桥的平衡，进气量越大热丝被带走的热量也就越多，控制电路的补偿电流也就越大，即空气流量与控制电路的补偿电流成正比，控制电路把这一根据空气质量流量变化的电流在输出端转换成电压信号并输入 ECU，即可测得实际的空气流量。

热线式空气流量计空气入口和出口处都设有防止传感器受到机械损伤的防护网，入口防护网兼具将进气紊流变为层流以提高测量精度的功能，出口防护网兼具防止回火火焰损伤热丝的功能。这种流量计可提供精确的进气空气流量，但造价太高，一般用于高级轿车。

热线式空气流量计检测电路如图 4.10 所示。

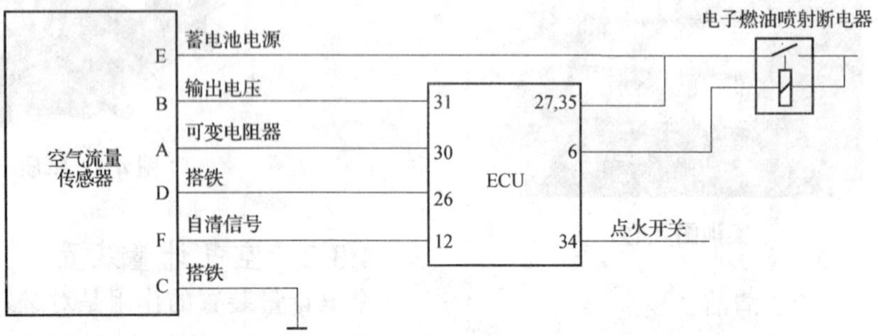

图 4.10　日产 VG30E 发动机热线式空气流量传感器电路

接通点火开关，不启动发动机，测 E 与 D，E 与 C 之间的电压

为蓄电池电压。B 与 C 间的信号电压，发动机工作时为 2 ～ 4 V，发动机不工作为 1.0 ～ 1.5 V，F 与 D 间电压，关闭点火开关时，电压应回零并在 5 s 后有跳跃上生，1 s 后再回零，说明自洁信号良好。

（2）热膜式空气流量计

热膜式空气流量计工作原理与热线式空气流量计基本相同，都是利用惠斯登电桥工作的，所不同的是采用板式热电阻（热膜），如图 4.11（a）所示。被电流加热的热膜放在进气通道中，由于进气气流通过，使热膜温度下降。当热膜温度下降时，电阻值变小，流过热膜的电流随之增大，直至热电阻恢复原来的温度和电阻值为止。这一电流由流量计的控制电路来控制，如图 4.11（b）所示。

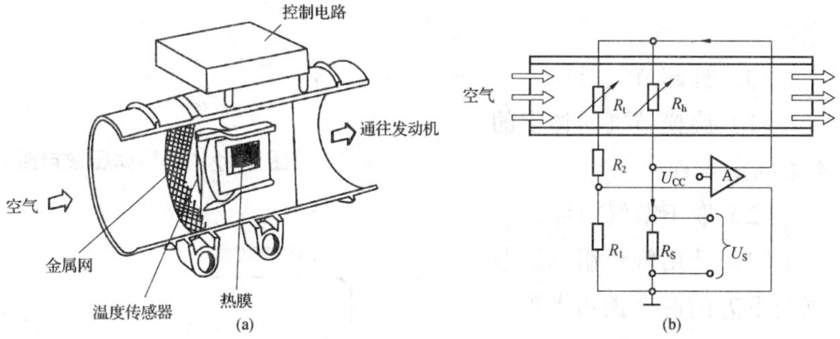

图 4.11　热膜式空气流量计结构

热膜式空气流量计的可靠性和使用寿命比热线式流量计高，故这种流量计已大量使用于各种电控燃油喷射系统中。

2．进气歧管绝对压力传感器

进气歧管绝对压力传感器（Manifold Absolute Pressure，MAP）是一种间接检测空气流量的传感器。进气歧管绝对压力传感器种类很多，根据信号产生的原理有半导体压敏电阻式、电容式、膜盒传动的可变电感式等。

常见的半导体压敏电阻式进气歧管绝对压力传感器主要由硅片、IC 电路和绝对真空室组成，如图 4.12 所示。其工作原理是：封装在真空室内的硅片，由于一侧受进气压力的作用，另一侧是真空，所以在进气歧管压力发生变化时，硅片产生变形，使扩散在硅片上的电阻的阻值改变，导致输出电压发生变化。集成电路将这一电压放大处理，作为进气歧管压力信号送给 ECU。ECU 根据发动机转速、节气门开度、进气歧管绝对压力与进入发动机气缸的空气流量的对应关系，由进气歧管内的绝对压力计算出进气量，从而计算出基本喷油量。

（1）进气压力传感器的检测

以北京切诺基轿车为例，讨论其进气压力传感器的性能检测。传感器控制电路如图 4.13 所示。

传感器与 ECU 之间有三根连接导线，即 ECU 向传感器提供的参考电压（4.8 ～ 5.1 V）线、传感器的信号输出线和接地线。在发动机怠速运转时，进气歧管的真空度高（绝对压力低），传感器的电阻值大，传感器输出 1.5～2.1 V 的低电压信号；当节气门全开时，

实训 3　检查更换节气门位置传感器

【实训准备】

1．设备与器材：整车、节气门体、鲤鱼钳、VAG1552 检测仪、冷却水收集容器、世达组合工具、工具车、清洁毛巾等，共六套

2．将“任务工单”分发给每位学生

【实训目的】

1．能够在整车上规范地拆卸、安装节气门体

2．能够正确使用工具对节气门进行检查、更换

【实训步骤】

1．举升车辆，排放冷却液

2．拆卸发动机装饰罩

3．拆卸空气滤清器盖

（1）拔下空气流量传感器插头；

（2）打开空气滤清器上的两个压紧卡箍。

4．拆卸进气管

（1）用鲤鱼钳松开曲轴箱上的通气管上的卡箍；

（2）手拉出通气管并推离 PCV 阀接头；

（3）使用鲤鱼钳松开进气软管与管接头连接端上的卡箍。

5．拆卸节气门拉线

（1）从支架上取下节气门拉线调整锁片；

（2）用手缓慢地逆时针转动节气门拉线滑轮，将节气门拉线上的挡头从滑轮上

取下。

6．拆卸节气门拉线支架

7．拆卸节气门位置传感器的电插头

（1）确认点火开关处于关闭状态；

（2）取下节气门位置传感器的电插头。

8．取下油压调节器真空管

9．取下碳管电磁阀真空管

10．拆卸节气门体

（1）旋松节气门体上的4条固定螺栓；

（2）取下节气门体；

（3）使用鲤鱼钳拆卸节气门下方的两个预热水管。

11．安装节气门

（1）清洁节气门体，其承座平面应清理干净；

（2）将预热水管安装到节气门体的管接头上；

（3）检查节气门体衬垫是否有损坏，有，则更换新品或自制衬垫；

（4）在衬垫朝向节气门体的一面上，涂抹适量润滑脂，将其粘贴于新节气门体上；

（5）将两条螺栓穿过节气门体及其衬垫，然后将螺栓对正承座上的螺纹孔，用手旋入螺栓；将节气门定位在承座上，然后安装另外两条螺栓；

（6）对角线顺序分2～3遍，将节气门体的固定螺栓拧紧。

12．安装节气门拉线支架

13．安装节气门拉线

歧管真空度低（绝对压力高），传感器电阻小，传感器输出3.9～4.8 V的高电压信号。

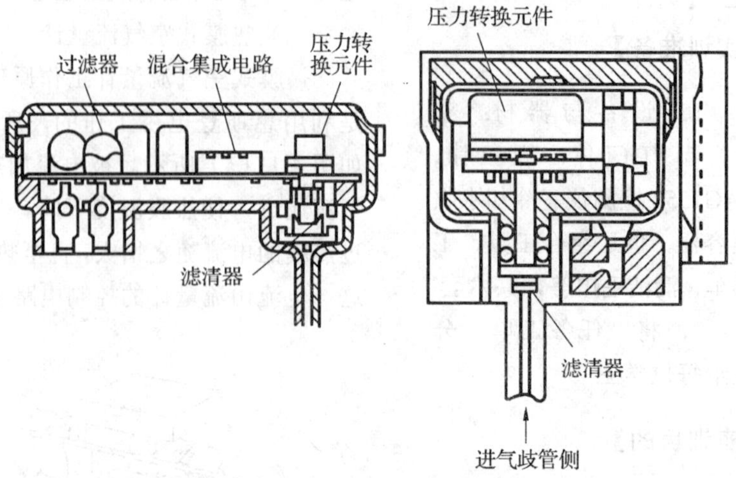

图4.12　半导体压敏电阻式进气歧管绝对压力传感器

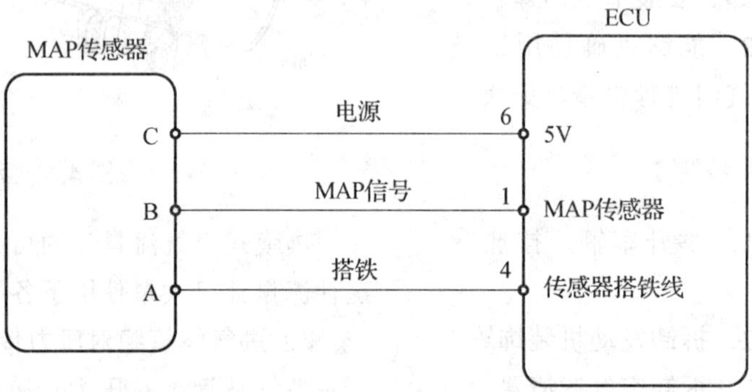

图4.13　压力传感器与ECU的连接电路

① 传感器参考电压的检测。

接通点火开关，用万用表测试传感器端子C的电压值，正表笔接端子C，负表笔搭铁。电压表指示应为（5±0.5）V。否则为传感器参考线断路或电插接触不良。

② 传感器输出电压的检测。

用万用表的电压挡测试传感器端子B的输出电压。当点火开关接通而发动机未启动时，传感器的输出电压值应为4～5 V；当发动机在暖机空挡怠速运转时，输出电压应降到1.5～2.1 V。此时，如从ECU线束侧1端子处测试，其电压值也应是上述数值；如不符，则为信号线路、传感器有故障或电插接触不良。发动机节气门开度发生变化时，电压表指示信号电压的数值应圆滑无跳跃地变化；否则说明传感器有故障。

（2）进气压力传感器的示波器检测

进气压力传感器有三线高灵敏度可变电阻式、半导体压敏电阻式、膜盒传动式、电容式等。当压力变化时，电容陶瓷装置则利用进气歧管真空来改变两块板之间的距离，输出数字信号。测试时，启动发动机，检测由怠速逐渐加速的信号。测试波形如图4.14（a）

（1）用手缓慢地逆时针转动节气门拉线滑轮，将节气门拉线上的挡头安装到滑轮上的承孔内；

（2）将节气门拉线的橡胶支承环安装到支架上；

（3）稍微用力拉紧节气门拉线，以拉线滑轮不随之转动为度；

（4）将调整垫片从节气门拉线橡胶支承环的凹槽插入卡在拉线的调整螺纹上，将节气门拉线固定；

（5）进入驾驶室，踩到底，观察节气门是否全开，否，则调整节气门拉线。

14．安装节气门位置传感器的电插头

15．安装碳管电磁阀真空管

16．安装油压调节器真空软管

17．安装进气管

（1）确认管接头及其衬垫无损伤后，将其安装到节气门体的进气口上；

（2）用鲤鱼钳张开管箍，对正进气软管和管接头，用手将进气软管安装到管接头上；

（3）用鲤鱼钳张开 PCV 阀通气管上的管箍，用手将通气管安装到 PCV 阀接口上；

（4）将滤清器盖上的销钉插入下体的销孔内，然后将盖与下体扣合，最后把卡箍的浮动销搭在滤清器盖的凹槽内，按下压紧卡箍，将滤清器盖压紧在下体上；

（5）将电插头安装到空气流量传感器的插座上；

所示。而三线高灵敏度可变电阻式、压电晶体的电阻发生变化产生模拟信号。其波形如 4.14(b) 所示。

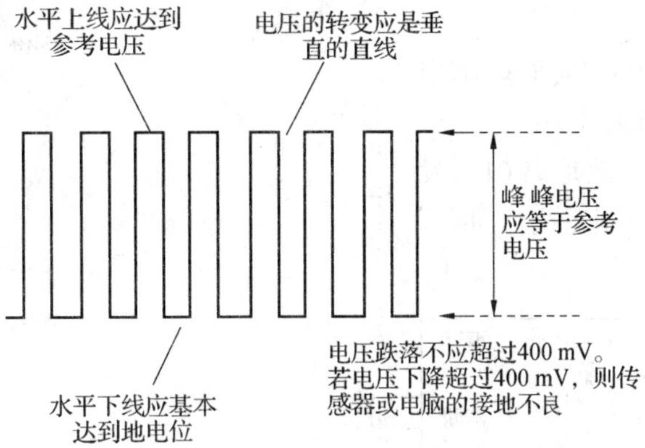

(a)数字式压力传感器

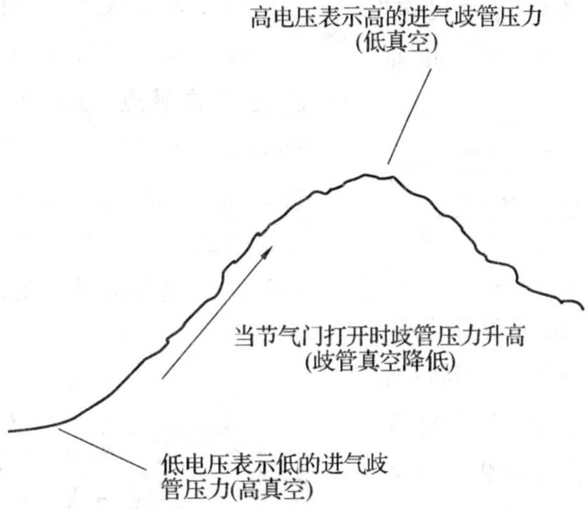

(b)模拟式压力传感器

图 4.14 进气压力传感器的示波器检测

4.3.3 节气门体

1．节气门体

节气门体位于空气流量计之后的进气管上，它包括节气门、怠速旁通气道、怠速调整螺钉、怠速控制阀以及节气门位置传感器等，如图 4.15 所示。

节气门俗称“油门”，是整个发动机上唯一由驾驶员控制的机构，通过改变节气门开度控制发动机的进气量从而控制发动机的转速。

2．节气门位置传感器（TPS）

节气门由驾驶员通过加速踏板操纵，通过改变发动机的进气量来控制发动机的运转，不同的节气门开度标志着发动机不同的运转工况。为了使喷油量满足不同工况的要求，电控发动机在节气门上装有节气门位置传感器（Throttle Position Sensor，TPS），它可以把节气门开度转换成电压信号并输送给 ECU，作为判定发动机运转工况的依据。节气门位置传感器安装在节气门轴的一端，常见有开关式、滑动电阻式和综合式等几种结构形式。

（6）安装装饰板。

18．加注冷却液

19．连接 VAG1552 检测仪

20．节气门位置基本设定

打开点火开关：

① 选择地址码 01“发动机电子控制系统”。屏幕显示：

Test of vehicle systems	HELP
Select function XX	
车辆系统测里	帮助
选择功能 XX	

② 输入 04“基本设定”功能，按 Q 键确认。屏幕显示：

Introduction of basic setting	HELP
Enter display group number XX	
引入基本设定	帮助
输入组别号 XX	

③ 输入需要显示的组别号，可以参见“读测量数量块”部分。这里用 01 显示组来举例图示过程，输入 01 显示组。屏幕显示：

Introduction of basic setting	Q
Enter display group number 01	
引入基本设定	确认
输入组别号 01	

④ 按 Q 键确认。屏幕显示：

System in basic setting 1				→
1	2	3	4	
引入基本设定 1				→
1	2	3	4	

⑤ 如果全部显示区域都在标准范围内，按→键。屏幕显示：

Test of vehicle systems	HELP
select function XX	
车辆系统测里	帮助
选择功能XX	

⑥ 输入 06“结束输出”

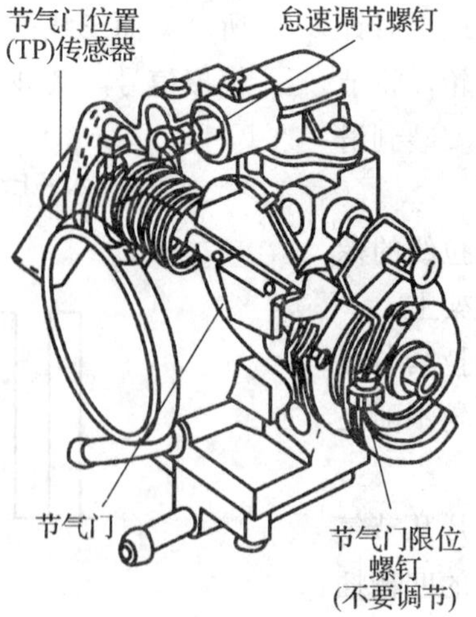

图 4.15　节气门体

（1）开关式节气门位置传感器

开关式节气门位置传感器如图 4.16 所示。其内部有两副触点——怠速开关触点（Idle Switch，IDL）和全负荷开关触点（Pressure Switch，PSW），一个和节气门轴联动的凸轮控制触点的开启和闭合。当节气门处于全关闭位置时怠速触点闭合，ECU 判定发动机处于怠速工况，从而按怠速工况的要求控制喷油和点火；当节气门打开至一定角度时全负荷触点闭合，ECU 进行全负荷加浓控制。

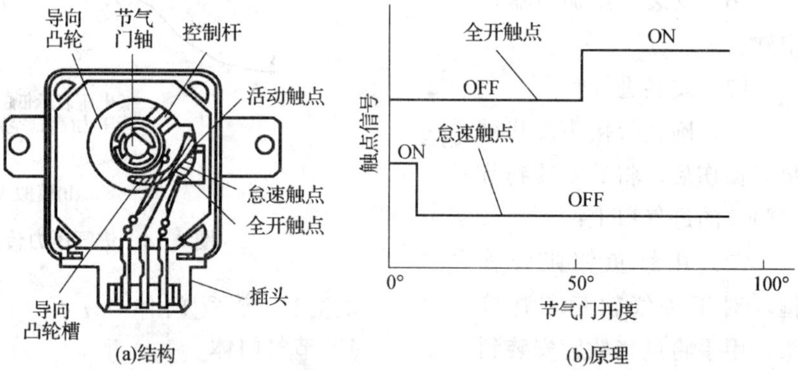

图 4.16　开关式节气门位置传感器

① 开关式节气门位置传感器的检测。以丰田 1S—E 和 2S—E 发动机为例，介绍开关式节气门位置传感器的检测方法和检测内容。

② 就车检查端子间的导通性。将点火开关置于“OFF”位置，拔下节气门位置传感器上的电插，在节气门限位螺钉和限位杆之间插入适当厚度的塞尺，如图 4.17 所示，用万用表电阻挡在节气门位置传感器的各端子上测量怠速触点和全负荷触点的导通情况。

当气节门全闭时，怠速触点（IDL）应导通；当节气门全开或接近全开时，全负荷触点（PSW）应导通；在其他开度下两触点均应不导通，否则，应调整或更换节气门位置传感器。

功能，按 Q 键确认。

21．关闭点火开关，停止发动机运转，取下检测仪 VAG1552

22．发动机运行检查

启动发动机，观察怠速运转稳定性，急加速、减速响应性是否正常。如果均正常（排除其他因素），则节气门位置传感器更换完毕。

【技术提示】

1．转动节气门拉线滑轮时，用力要缓慢均匀，否则会导致节气门位置传感器损坏

2．节气门拉线严禁弯折，否则容易折断，一旦弯曲，应更换新品

3．安装电插头时，首先确认插头和插孔的对应安装位置，同时要将电插头插接到位，应听到锁止声响。若操作不当，将导致电路连接器损伤以及影响节气门位置传感器正常工作

4．具体安装、检查技术参数，参照维修手册

实训 4　空气流量计的检测

【实训准备】

设备与器材：整车、万用表、测试导线、故障诊断仪、世达组合工具、工具车、清洁毛巾等，共六套

【实训目的】

1．熟悉空气流量传感器故障现象，并制订诊断

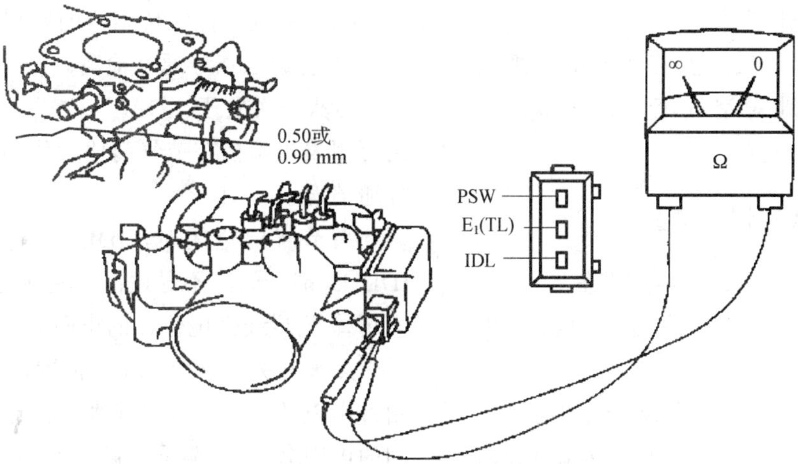

图 4.17　节气门位置传感器端子间导通性检测

（2）滑动电阻式节气门位置传感器

滑动电阻式节气门位置传感器的设计避免了开关式节气门传感器只能检测发动机怠速工况和全负荷工况的弊端，这种传感器采用滑动电阻，可以获得节气门开关从全闭到全开连续变化的信号，从而更精确地判断发动机的运行工况，控制电路，如图 4.18 所示。

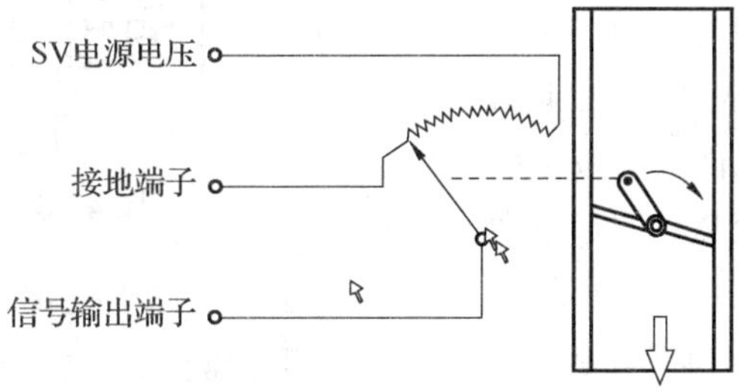

图 4.18　滑动电阻式节气门位置传感器

（3）综合式节气门位置传感器

综合式节气门位置传感器是在滑动式节气门位置传感器的基础上加装了一个怠速开关。怠速时怠速触点闭合，输出怠速工况信号，其他工况节气门位置传感器信号电压随节气门开度的增大而随之升高，控制电路如图 4.19 所示。

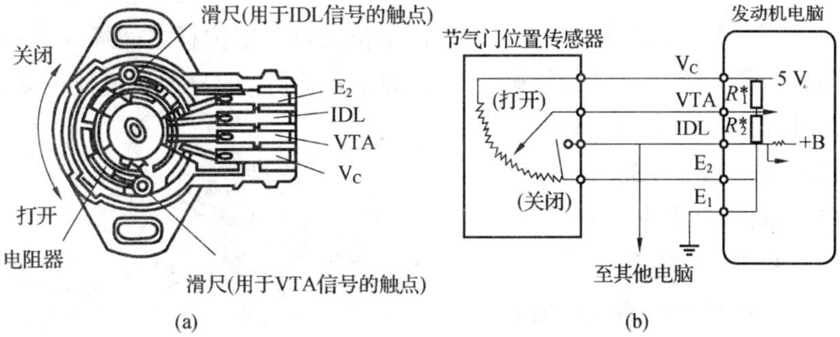

图 4.19　综合式节气门位置传感器控制电路

计划

2．能够在整车上规范地对空气流量传感器进行检测

【实训步骤】

1．检测前准备

（1）关闭发动机点火开关；

（2）拆卸空气滤清器；

（3）拔下空气流量计的插头与电控单元插接器。

2．电阻测试

电阻测试为辅助性测试，主要是检测线束的导通性，以确认线束通畅，无断路短路，插接器牢靠，各信号传递无干扰。

（1）线束导通性测试：将数字万用表设置在电阻 200 Ω 挡，在面板上按电路图找到空气流量计图形下面的针脚号与 ECU 信号测试端口图相应的针脚号，分别测试空气流量计 3、4、5 号针脚对应至电控单元 12、11、13 号针脚的电阻，所有电阻都应低于 5 Ω；

（2）线束短路性测试：将数字万用表设置在电阻 200 kΩ 挡，测量空气流量计针脚 2 与电控单元针脚 11、12、13 之间电阻，应为∞。测量空气流量计针脚与电控单元针脚：3—11、13；4—12、13；5—11、12 之间电阻均应为∞；

3．电压测试

本项目电压测试有电源电压测试和信号电压测试两部分，其中信号电压测试是确定空气流量计是否失效的

（4）节气门位置传感器的检测（皇冠 3.0 车）

① 怠速触点导通性检测。

点火开关置于“OFF”位置，拔下节气门位置传感器上的电插，用万用表电阻挡在节气门位置传感器的电插上测量怠速触点 IDL 的导通情况。

当节气门全闭时，IDL–E_2 端子间应导通；当节气门打开时，IDL–E_2 端子间应不导通；否则应更换节气门位置传感器。

② 测量线性电位计的电阻。

点火开关置于“OFF”位置，拔下节气门位置传感器上的电插，用万用表的电阻挡测量线性电位计的电阻（图 4.20 中 E_2 和 VTA 之间的电阻），该电阻应能随节气门开度增大而呈线性增大。

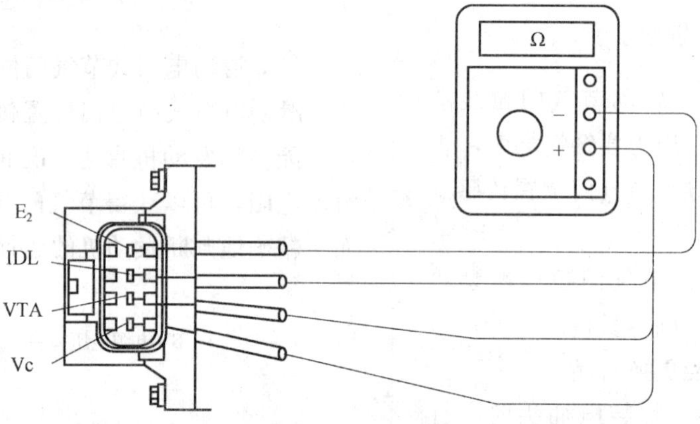

图 4.20　可变电阻式节气门位置传感器的检测

在节气门限位螺钉和限位杆之间插入造当厚度的塞尺，用万用表电阻挡测量此传感器电插上各端子间的电阻，其电阻值应符合维修手册规定值。

③ 电压检查。

插好节气门位置传感器上的电插，当点火开关置于“ON”位置时，ECU 插接器上的 IDL，Vc，VTA 三个端子处应有电压；用万用表电压挡检测 IDL–E_2，Vc–E_2，VTA–E_2 间的电压值应符合维修手册规定值。

④ 节气门位置传感器的调整。

拧松节气门位置传感器的两个固定螺钉（图 4.21(a)），在节气门限位螺钉和限位杆之间插入 0.50 mm 塞尺，同时用万用表电阻挡测量 IDL 和 E_2 的导通情况（图 4.21(b)）。

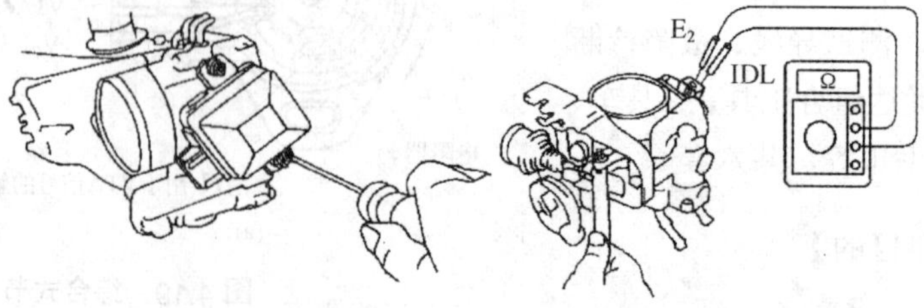

(a)拧松固定螺钉　　(b)测量端子IDL和E_2间的导通情况

图 4.21　节气门位置传感器的调整

主要依据。

（1）电源电压测试

① 拔下传感器插头，打开点火开关；

② 测量 2 号端子与接地间电压，启动启动机时应显示 12 V；

③ 此时电控单元会记录空气流量计的故障码，测试完毕后要使用诊断仪清除故障码；

（2）信号电压测试

① 单件测试：取一空气流量计总成部件，将 12 V/5 V 变压器 12 V 电压或电瓶电压施加在空气流量计电器插座针脚 2 上，将 5 V 电压施加在空气流量计电器插座针脚 4 上，将数字万用表设置在直流电压 20 V 挡，测量空气流量计电器插座针脚 3 和针脚 5，应有 1.5 V 左右电压；

② 使用吹风机从空气流量计格栅一端向空气流量计吹入冷空气或加热的空气，测量空气流量计电器插座针脚 3 和针脚 5，电压应瞬时上升至 2.8 V 回落；不能满足上述条件，可以判定空气流量计有故障；

③ 就车测试：将传感器插头尾部挑开防水胶堵或刺破导线外皮，接万用表。启动发动机并使其达到工作温度，将数字万用表设置在直流电压 20 V 挡，测量空气流量计针脚 5 的反馈信号，红色表针置于空气流量计针脚 5，黑色表针置于空气流量计针脚 3、电瓶负极或进气歧管壳体，怠速时应

逆时针转动节气门位置传感器，使怠速触点断开，然后按顺时针方向慢慢转动节气门位置传感器，直至怠速触点闭合为止（万用表有读数显示），拧紧节气门位置传感器的两个固定螺钉。再先后用 0.45 mm 和 0.55 mm 的塞尺插入节气门限位螺钉和限位杆之间，测量怠速触点 IDL 和 E_2 之间的导通情况。当塞尺为 0.45 mm 时，IDL 和 E_2 端子间应导通；当塞尺为 0.55 mm 时，IDL 和 E_2 端子间应不导通；否则，应重新调整节气门位置传感器。

⑤ 可变电阻式节气门位置传感器的示波器检测。

用示波器检测时应打开点火开关，在发动机停转的情况下，将节气门转到全开的位置，然后再转到全关的位置（或将节气门由全闭的位置转到全开的位置）。测出的波形如图 4.22 所示。

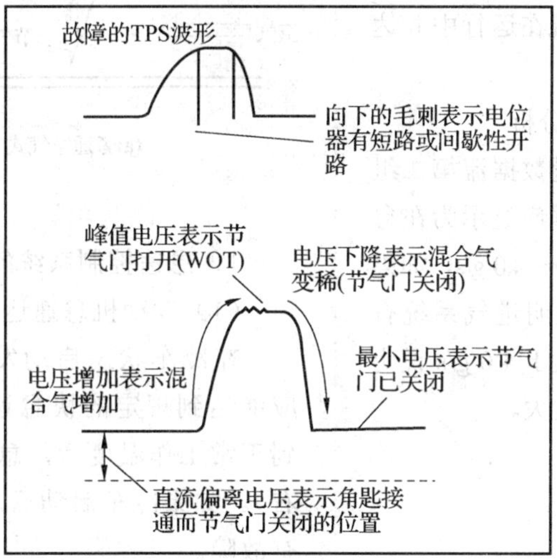

(a)开关式

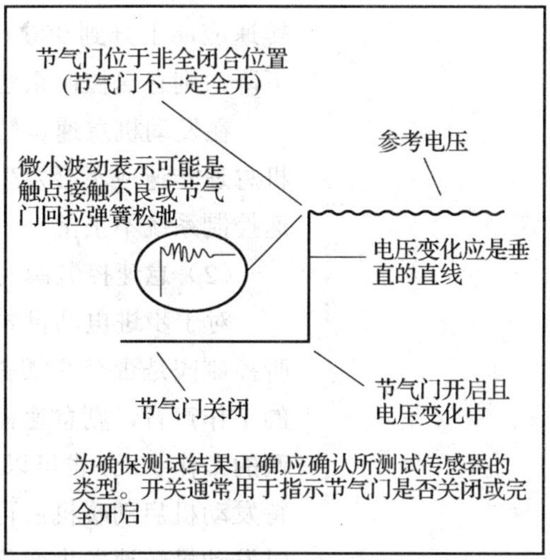

(b)可变电阻式

图 4.22　节气门位置传感器的示波器检测波形

4.3.4　怠速控制阀

怠速控制阀是指对发动机怠速运转的转速进行控制，控制的实质是对发动机怠速时的进气量进行控制。发动机怠速工作的质量直

显示电压 1.5 V 左右；

④ 急踩加速踏板应显示 2.8 V 变化；若不符合上述变化，或电压反而下降，在电源电压与参考电压完好的前提下，可以断定空气流量传感器损坏，必须更换。

4．数据流测试

汽车故障诊断仪，登录发动机控制单元直接读取空气流量计的各项参数，测试条件是发动机在运行中并达到工作温度。

5．数据分析

读取测量数据流第二组第四项，数据应显示为在怠速下应为 2.0 ～ 4.0 g/s，如果小于 2.0 g/s 说明进气系统有泄漏，如果大于 4.0 g/s 说明发动机负荷过大。

接影响其工作的稳定性、经济性及排放性能。电控发动机可在各种怠速使用条件下由 ECU 控制怠速控制装置，控制怠速时的进气量，同时 ECU 还修正喷油量和点火正时，保证发动机在最佳怠速转速下稳定运转。在怠速状态下，ECU 依据发动机转速信号，通过怠速控制装置对发动机实施怠速转速反馈控制，使怠速保持在目标转速上稳定运转。

按进气量调节方式分，怠速控制装置可分为旁通空气式和节气门直动式两种结构形式，如图 4.23 所示。

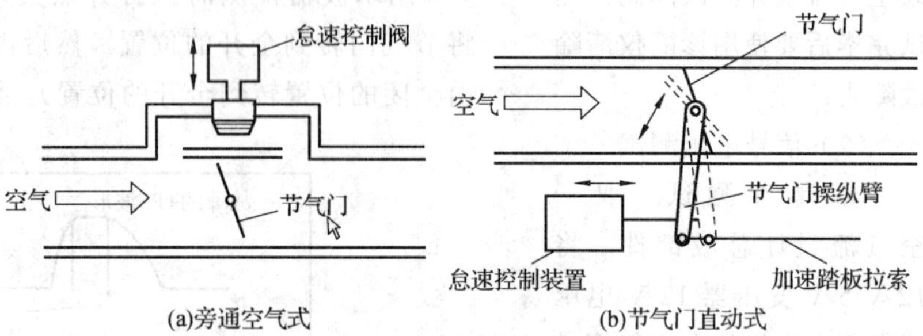

图 4.23　怠速控制装置

1．怠速控制系统的就车检测

（1）发动机怠速运转状况检测

在冷车状态启动发动机后，暖机过程开始，发动机怠速转速应能达到规定的快怠速转速（通常为 1 500 r/min）；在发动机达到正常工作温度后，怠速转速应能恢复正常（通常为 750 r/min 左右）。如果冷车启动后怠速不能按上述规律变化，则怠速控制系统有故障。

发动机达到正常工作温度后，在打开空调开关时，发动机怠速转速应能上升到 900 r/min 左右。若打开空调开关后，发动机转速下降，则怠速控制系统有故障。

在发动机怠速运转中，若对怠速调节螺钉进行微量转动，发动机怠速转速应不会发生变化。若在转动中怠速发生变化，则说明怠速控制系统不正常。

（2）怠速控制阀的工作状况检查

对于步进电动机式的怠速控制阀，在发动机熄火后的一瞬间倾听控制阀是否有“嗡嗡”的工作声音。如果怠速控制阀发出“嗡嗡”的工作声音，则怠速控制阀良好。为了检查步进电动机式怠速控制阀的工作状况，也可以在发动机启动前拔下怠速控制阀线束连接器，待发动机启动暖机后再插上，观察发动机转速是否有变化。如果此时发动机转速发生变化，则表明怠速控制阀工作正常；否则怠速控制阀或控制电路有故障。

（3）ECU 控制电压的检测

对于步进电动机式怠速控制阀，将点火开关置于“ON”位置，然后测量 ECU 的端子 ISC1、ISC2、ISC3、ISC4 与端子 E_1 间的电压值（应为 9 ～ 14 V），若无电压，则为线路断路或 ECU 有故障。

2. 怠速控制阀的检测

（1）电阻值检测

拆下怠速控制阀，用万用表电阻挡测量怠速控制阀线圈的电阻值。脉冲线性电磁阀式怠速控制阀只有一组线圈，其电阻值为 10 ～ 15 Ω。步进电动机式怠速控制阀通常有 2 ～ 4 组线圈，各组线圈的电阻值为 10 ～ 30 Ω。如线圈电阻值不在上述范围内，应更换怠速控制阀。

（2）步进电动机的动作检查

将蓄电池电源以一定顺序输送给步进电动机各线圈，就可使步进电动机转动。各种步进电动机的线圈形式和接线端的布置形式都不同。这里以皇冠 3.0 轿车 2JL-GE 发动机怠速控制阀步进电动机为例说明其检查方法。首先，将步进电动机连接器端子 B1 和 B2 与蓄电池正极相连，然后将端子 S1、S2、S3、S4 依次（S1—S2—S3—S4）与蓄电池负极相接，此时步进电动机应转动，阀芯向外伸去。若将端子 S1、S2、S3、S4 按相反的顺序（S4—S3—S2—S1）与蓄电池负极相接，步进电动机应朝相反向转动，阀芯向内缩入。

任务 4.4 燃料供给系的构造与维修

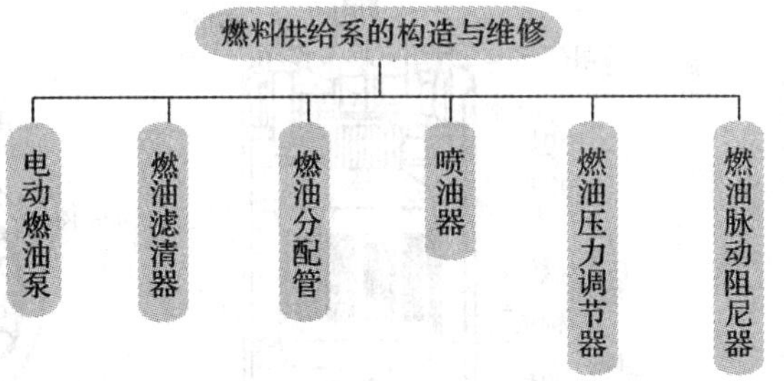

基础知识

燃料供给系的功用是向气缸内供给燃烧所需的汽油，汽油由电动汽油泵从油箱中泵出，经燃油管、燃油滤清器，由压力调节器调压，然后经燃油分配管配送给各个喷油器和冷启动喷油器，喷油器根据 ECU 发出的指令，将适量的燃油适时喷入气缸内。燃料供给系示意图如图 4.24 所示。

实训指导

实训 5 燃油滤清器的更换

【实训准备】

设备与器材：整车、燃油滤清器（新）、鲤鱼钳、

世达组合工具、油料回收桶、灭火器、耐油防护手套、工具车、清洁毛巾等，共六套

【实训目的】

1. 了解更换燃油滤清器的重要性

2. 能够在整车上规范地对燃油滤清器进行更换

【实训步骤】

1. 燃油系统泄压

（1）查询维修手册，将中央继电盒中控制电动汽油泵的熔断丝拔下；

（2）确认驻车制动器已拉紧，变速器位于空挡后，打开点火开关，启动发动机，待发动机自动熄火后，关闭点火开关；

（3）拆除蓄电池负极。

2. 举升车辆

3. 拆卸燃油滤清器

（1）用棉纱擦净滤清器进、出油管接口处的污物；

（2）使用工具旋松进、出油管固定卡的螺栓，要求固定卡可在橡胶油管上滑动；

（3）将固定卡滑离橡胶管和滤清器接口接触部位，保持在油管上；

（4）在与滤清器接口处的油管外面缠绕2～3层干净棉纱；

（5）使用鲤鱼钳夹紧缠绕棉纱的油管部位，上下方向摆动工具，直到橡胶油管在滤清器接口上松动为止；取下油管上的棉纱；

（6）一手按住滤清器及其支架，防止滤清器转动；一手握住油管与滤清器接口

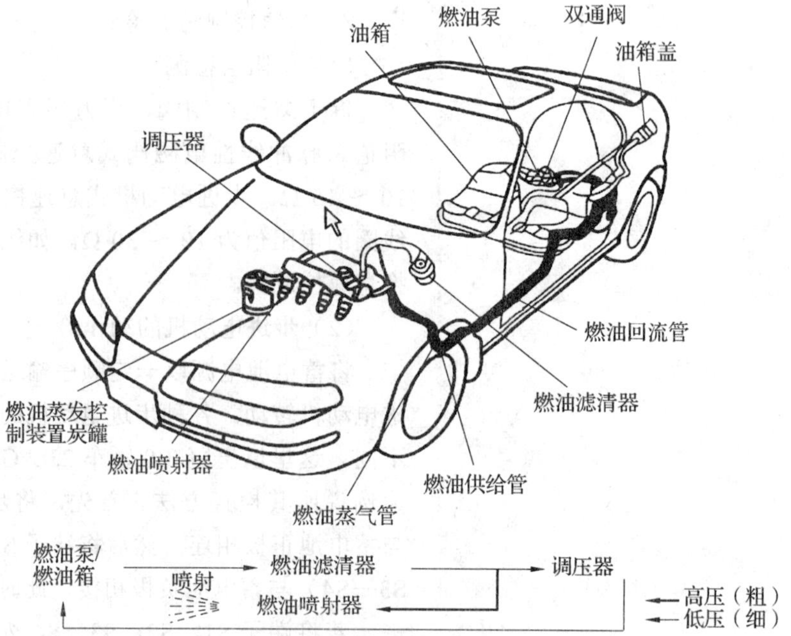

图 4.24 燃料供给系示意图

4.4.1 电动燃油泵

燃油泵的作用是将燃油从油箱内吸出，加压后通过燃油管道输送给喷油器。常见的电动燃油泵有滚柱式和叶轮叶片式。

滚柱式转子泵主要由转子、与转子偏心的定子（即泵体）以及在转子和定子之间起密封作用的滚柱等组成，进油口处产生真空，从而使汽油从进油口吸入，从出油口排出，叶轮叶片式汽油泵的结构与工作原理如图 4.25 所示。

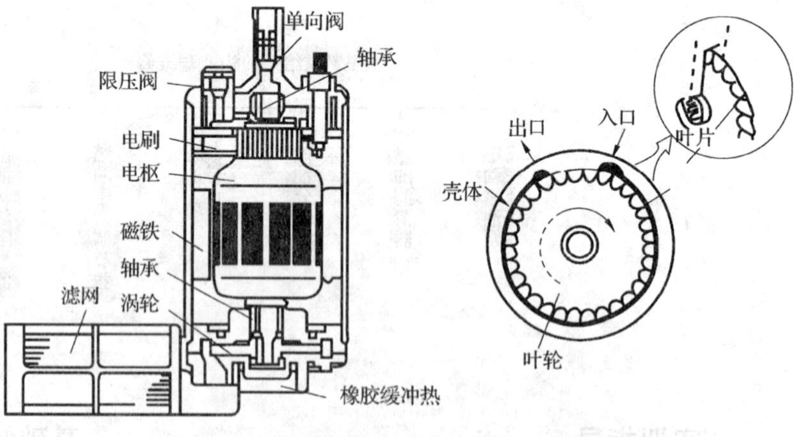

图 4.25 叶轮叶片式汽油泵的结构与工作原理

1. 电动燃油泵的维修注意事项

维修电动燃油泵时应判断是控制电路故障还是油泵本身的故障。先关闭点火开关，拆下后备箱底板处的油泵检测盖板，拔下电动燃油泵导线插头；再打开点火开关（初始油压型）或用启动机带动曲轴旋转（无初始油压型），检测电动燃油泵导线插头中电源端子和搭铁端子之间的电压，若为 12 V 说明油泵控制电路完好，故

接触部位，用力转动油管并向外拉，直到油管拖出；

（7）橡胶油管脱出后，把堵头插入油管内，以减少燃油洒失，防止污物进入油管而污染燃油；

（8）拧松滤清器支架的两个固定螺母；

（9）一手扶住滤清器支架，一手旋下固定螺母，然后取下滤清器及其支架；

（10）将滤清器内存留的燃油倒入油料回收桶；

（11）确认滤清器在支架内的安装位置和方向之后，双手拇指通过支架上的观察孔按压滤清器，双手的四指握紧支架外壳，用力将滤清器退出；

（12）旧燃油滤清器轻轻放入专用的废件桶内。

4．安装燃油滤清器

（1）确认燃油滤清器上的箭头“→”方向与燃料供给系统要求一致后，如实训图4.13所示，将燃油滤清器用手压入支架的塑料夹具内；

实训图 4.13

（2）将滤清器支架上的螺栓孔套入车体螺杆上并用手扶住支架，然后用手将已涂油的螺母旋紧，拧紧到维修手册规定扭矩；

（3）将燃油滤清器支架紧固完毕，通过支架上的观

障点在油泵；若不为 12 V 说明故障点在油泵控制电路。

2．电动燃油泵电阻的检测

测量电动燃油泵电源端子和搭铁端子间的电阻，即为电动燃油泵直流电动机线圈的电阻，其阻值应为 0.2 ～ 3 Ω，否则应更换电动燃油泵。

3．电动燃油泵工作状态检查

将电动燃油泵与蓄电池相连（正负极不得反接），并使燃油泵尽量远离蓄电池，每次通电时间不得超过 10 s（时间过长会烧坏电动燃油泵电动机的线圈）。如果电动燃油泵不转动，则应予以更换。

4．电动燃油泵供油量的检查

（1）按安全操作规程拆除燃油分配管上的进油管。

（2）把拆开的进油管放入一个大号量杯中。

（3）用跨接线将电动燃油泵与蓄电池相连，此时电动燃油泵工作，泵送出高压汽油。

（4）记录电动燃油泵工作时间和供油体积，供油量应符合车型技术要求。一般经燃油滤清器过滤后的供油量为 0.6 ～ 1 L/30 s。

电动燃油泵在进油口处有一个进油滤网，用来过滤汽油中直径较大的杂质和胶质，保护油泵电动机。杂质和胶质较多时会影响电动燃油泵的泵油量，严重时会导致电动燃油泵无法吸油，此时需清洗油泵滤网和汽油箱。电动燃油泵滤网破损后应更换电动燃油泵总成。

4.4.2 燃油滤清器

燃油滤清器外壳有塑料和金属两种。其滤芯有尼龙布、聚合粉末塑料和纸质滤芯、金属片隙缝式以及多孔陶瓷式滤芯若干种。

燃油滤清器串在燃油泵和油箱之间的出油管路上。它的作用是在燃油进入燃油泵之前把含在油中的水分和氧化铁、粉尘等杂物除去，防止燃油系统堵塞，减少机械磨损，确保发动机稳定运行，提高可靠性。

燃油滤清器必须定期更换（如帕萨特 B5 为 7 500 km），当燃油杂质含量大时，更换的里程间隔应相应缩短。燃油滤清器外壳上的箭头（或字母 IN）表示燃油的流进方向。安装燃油滤清器时，不允许倒装。即使它在倒装状态工作很短的时间也必须更换。

4.4.3 燃油分配管

燃油分配管内油压调整值随进气歧管压力而变化的情况如图 4.26 所示。电动汽油泵停止工作时，膜片在弹簧力的作用下，将回油孔关闭，使电动燃油泵与燃油压力调节器之间的油路内保持一定的残余压力。

察孔确认滤清器壳上的箭头“→”指示方向是否与燃油系统的供油方向相一致，即滤清器进油口端对着油箱，出油口通向发动机；

（4）检查橡胶油管是否出现老化、龟裂现象；检查油管固定卡是否锈蚀、滑扣；如是，更换橡胶油管和固定卡；

（5）迅速拔下橡胶油管的专用堵头，将油管口对准滤清器的接口，上下摆动油管的同时施加推力；当油管部分插入后，用力握住插入油管，在一定范围内转动油管的同时，施加推力，直到油管与滤清器接口肩部接触为止；

（6）将油管固定卡移至稍越过滤清器接口的突起处；

（7）将油管固定卡螺栓拧紧到维修手册规定值。

5. 电路连接

（1）降落车辆，安装熔断丝；

（2）用细纱布将蓄电池的负极柱、接头内孔等处的脏污或腐蚀物擦拭干净；

（3）将负极线接头套在蓄电池的负极柱上，接头的上边沿要稍低于极柱。

6. 燃油系统检漏

（1）将点火开关拨至 ON 挡，2 ~ 3 s 后，拨至 OFF 挡；如此重复 3 ~ 5 次，然后启动发动机，加减速 2 ~ 3 min，关闭点火开关；

（2）举升车辆；

（3）检查燃油滤清器的进、出油管处是否存在燃油泄漏；如有泄漏，应维修。

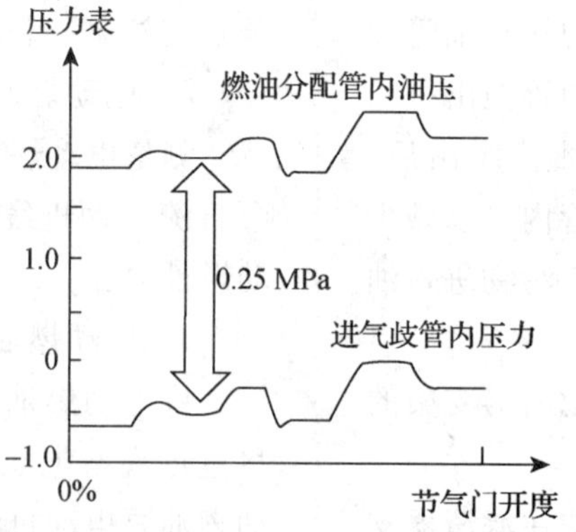

图 4.26 燃油分配管油压与进气歧管压力关系

4.4.4 喷油器

喷油器是电控燃油喷射系统的一个重要的执行器，将在发动机电控系统的执行器中详细介绍。它根据 ECU 发来的喷油脉冲信号，精确地计量燃油喷射量。

按喷油口的结构不同，喷油器可分为轴针式和球阀式及片阀式两种。

喷油器不喷油时，回位弹簧通过衔铁使针阀紧压在阀座上，防止滴油。当电磁线圈通电时，产生电磁吸力，将衔铁吸起并带动针阀离开阀座，同时回位弹簧被压缩，燃油经过针阀并由轴针与喷口的环隙或喷孔中喷出。当电磁线圈断电时，电磁吸力消失。回位弹簧迅速使针阀关闭，喷油器停止喷油，如图 4.27 所示。

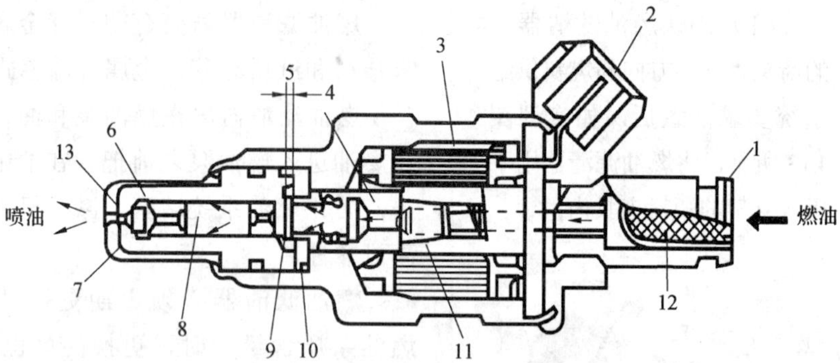

图 4.27 喷油器结构及工作原理

1—燃油管接头；2—电器接头；3—电磁线圈；4—磁芯；5—针阀行程距离；6—阀体；7—壳体；8—针阀；9—凸缘部；10—调整垫；11—弹簧；12—滤清器；13—喷口

喷油器的维修：

（1）检查喷油器工作情况

发动机热机后怠速运转时，可用手触摸或触杆式听诊器接触喷油器测听各缸喷油器工作的声音。发动机运转时应能听到有节奏的“嗒嗒”声，发动机加速时节奏加快，这是针阀开闭时的工作声；若各缸喷油器工作声音清脆均匀则说明各喷油器工作正常；若某缸喷油器工作声音很小则可能是针阀卡滞，应做进一步的检查；若听不见某缸喷油器的工作声音则说明该缸喷油器不工作，应检查喷油

【技术提示】

1. 拆卸燃油滤清器之前，要释放燃油系统内的油压

2. 安装的滤清器，要与车辆配套

3. 燃油滤清器外壳上标注的箭头“→”指示方向要与供油方向一致

4. 具体安装技术参数，参照维修手册

实训 6　检查、清洗或更换喷油器

【实训准备】

设备与器材：整车、喷油器清洗机、鲤鱼钳、世达组合工具、油盒、毛刷、工具车、清洁毛巾等，共六套

【实训目的】

1. 了解清洗喷油器的重要性

2. 能够规范地对喷油器进行拆卸、检测、安装

【实训步骤】

1. 燃油系统泄压，同实训 5 中步骤

2. 拆卸发动机装饰罩

3. 清洁发动机上部

4. 断开喷油器连接器

5. 断开油压调节器真空管

6. 断开进、回油管

7. 拆卸喷油器

（1）拆卸燃油导轨固定螺栓；

（2）取下燃油导轨和喷油器；

（3）喷油器取出后，用

器及其控制线路。

（2）喷油器电磁线圈电阻的测量

关闭点火开关，拔下喷油器的导线插头，如图 4.28 所示，测量喷油器两个接线端子间（电磁线圈）的电阻值。在温度为 20 ℃时，低阻值喷油器电阻值一般为 2 ～ 3 Ω，高阻值喷油器电阻值一般为 13 ～ 16 Ω。

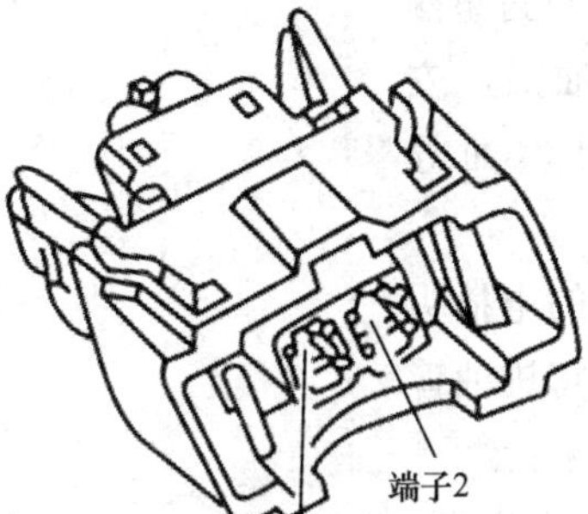

图 4.28　喷油器端子

（3）喷油器喷油质量的检查和恢复

喷油器喷油质量的检查主要包括喷油量、雾化质量和针阀密封性检查，如图 4.29 所示。

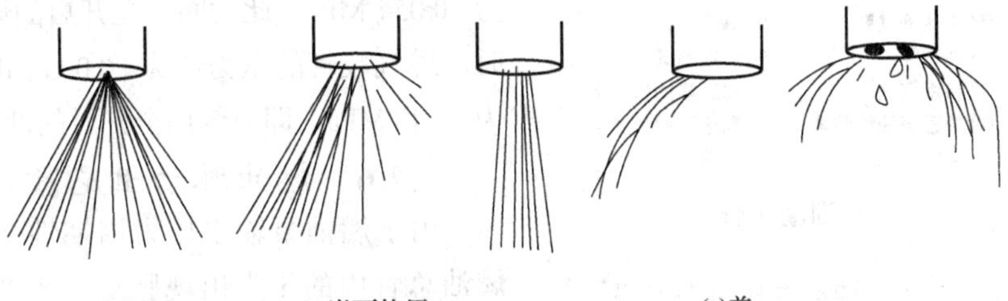

(a)良好　(b)尚可使用　(c)差

图 4.29　喷油器喷油质量

4.4.5　燃油压力调节器

燃油压力调节器结构及原理如图 4.30 所示。它由金属壳体、弹簧、膜片、阀等组成，一般安装在燃油分配管上。膜片将金属壳体的内腔分成两个腔室：一个是弹簧室，内装一个具有一定预紧力的螺旋弹簧，弹簧预紧力作用在膜片上，弹簧室通过软管引入进气歧管的负压；另一个是燃油室，通过两个管接头与燃油分配管及回油管相连。其作用是保证喷油器喷油压力与进气管压力之差为恒定值。这样，喷油器的喷油量就只与喷油时间有关，ECU 通过控制喷油时间来控制喷油量。

发动机运转时，进气歧管的负压和弹簧预紧力共同作用在膜片上。燃油泵供给的燃油同时输送到喷油器和压力调节器的燃油室，若油压低于预定值，球阀将回油孔关闭，燃油不再进一步流动。当油压超过预定值时，燃油压力推动膜片使阀向上移动，回油孔打开，燃油经回油管流回油箱，同时弹簧室的弹簧被进一步压缩。

干净棉纱堵住喷油器座孔；用堵头堵塞进、回油管口；

（4）使用螺丝刀撬出喷油器安装卡簧，然后将喷油器从燃油导轨上一次取下。

8. 清洗喷油器

（1）将喷油器密封垫圈上涂抹一薄层机油后，安装到清洗机上的燃油导轨上；

（2）将喷油器的电插头与插孔连接起来；将进油管与燃油导轨连接起来；

（3）打开清洗机电源，观察清洗机油压表显示的数值是否适当，否，则旋转油压调节器旋钮调整到规定值；

（4）选择菜单，如实训图 4.14 所示；

01 超声波清洗	02 怠速测试
03 中速测试	04 高速测试
05 加速测试	06 变速测试
07 检漏测试	08 怠速喷油量测试
09 中速喷油量测试	10 高速喷油量测试
11 反向冲洗	12 免拆清洗

实训图 4.14

（5）转动油压调节装置，油压调整到 250 kPa；选择清洗方式，设置工作时间为 30 s，按启动键启动清洗；

（6）观察喷油器喷射的燃油的雾化质量及 30 s 内的喷油量；打开卸油开关，使检测量杯中的清洗液流回储液箱。

9. 安装喷油器及燃油导轨

（1）从清洗机上拆卸下喷油器，在喷油器的密封垫圈上涂抹一薄层机油；

（2）喷油器旋入燃油导轨，并用卡簧固定；

（3）将喷油器及燃油导轨安装到发动机上。

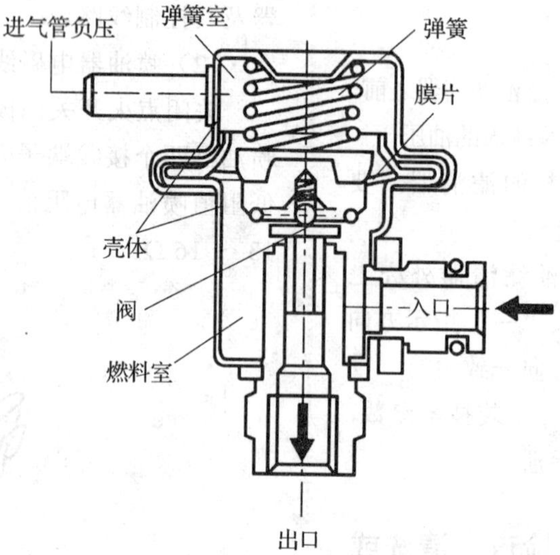

图 4.30 燃油压力调节器的结构及原理

一部分燃油经回油孔流回油箱，燃油分配管内的油压下降，膜片在弹簧力的作用下向下移动到原来位置，球阀将回油孔关闭，使燃油分配管内的油压不再下降。

作用在膜片上方的进气歧管负压用来调节燃油分配管内的压力。若弹簧的预紧力为 0.25 MPa，则进气歧管负压为零时，燃油分配管内的压力保持在 0.25 MPa。发动机在怠速工况时，进气歧管压力约为 −0.054 MPa，此时回油孔开启的燃油压力为 0.196 MPa。节气门全开时，进气歧管的压力约为 −0.005 MPa，这时回油孔开启的燃油压力变为 0.245 MPa，即节气门全开时的油压调整值自动调整为 0.245 MPa。

4.4.6 燃油脉动阻尼器

由于燃油泵输出压力周期性变化和喷油器喷油是脉冲式的，使燃油总管内的压力出现脉动。燃油压力脉动阻尼器的作用是减小燃油管路中油压的波动，降低噪声。

燃油脉动阻尼器的结构如图 4.31 所示。它主要由膜片、回位弹簧、阀片和外壳组成。

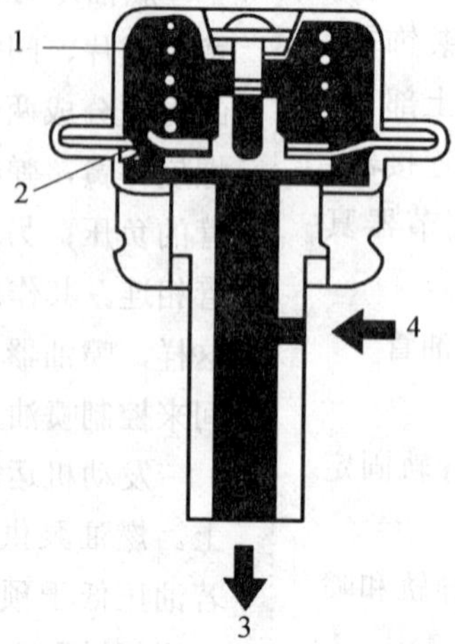

图 4.31 燃油脉动阻尼器的结构

1—膜片弹簧；2—膜片；3—出油口；4—进油口

10．安装进、回油管

11．安装喷油器连接器

12．安装油压调节器真空管

13．安装发动机装饰罩

14．安装汽油泵熔断丝

15．发动机运行检验

启动发动机，保持怠速 3 ～ 5 min，观察发动机稳定性；变换转速，检验发动机的相应性能和怠速复位性能；检查有无燃油泄漏现象，如有，则进行维修。

【技术提示】

1．每个喷油器在 1 min 内允许滴油 1 ～ 2 滴

2．喷油器工作电压为 12V

3．具体安装技术参数，参照维修手册

发动机工作时，燃油经过脉动阻尼器膜片下方进入输油管，当燃油压力产生脉动时，膜片弹簧被压缩或伸张，膜片下方的容积稍有增大或减小，从而起到稳定燃油系统压力的作用。

任务 4.5　电子控制系的构造与维修

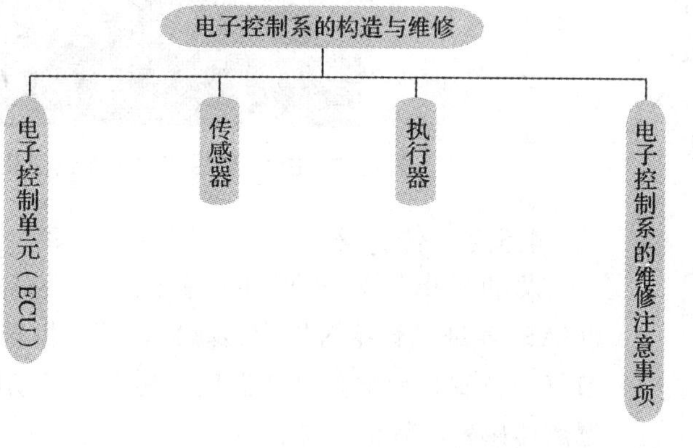

实训指导

实训 7　冷却液温度传感器检测

【实训准备】

设备与器材：整车、冷

基础知识

发动机控制系统的主要功能：

（1）接收传感器或其他装置的输入信号，并将输入信号处理成电脑能够处理的信号，如模拟信号转换成数字信号。

（2）给传感器提供参考电压：如 2 V、5 V、9 V、或 12 V。

（3）存储、计算、分析处理信息，存储运行信息和故障信息，

却液温度传感器、故障诊断仪、万用表、世达组合工具、电热吹风机、温度计、工具车、清洁毛巾等，共六套

【实训目的】

1. 了解检查、更换冷却液温度传感器的重要性

2. 能够规范地对冷却液温度传感器进行拆卸、检测、安装

【实训步骤】

1. 排放冷却液

2. 拆卸冷却液温度传感器

3. 检查冷却液温度传感器

（1）电阻测试

① 选用万用表电阻挡，根据测试条件选用合适量程，一般选用 K 挡；

② 连接万用表与冷却液温度传感器，并将冷却液温度传感器放置在一水盆中（实训图 4.15），盆中有水及温度表，盆外有加热装置，徐徐加热水盆中的水，观测冷却液温度表与万用表显示；

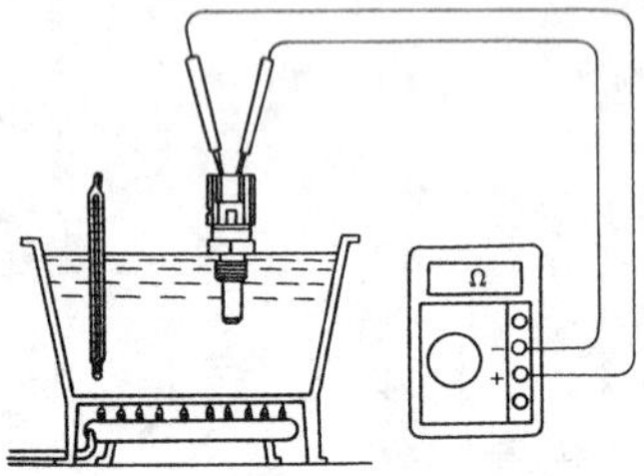

实训图 4.15

③ 冷却液温度表与万用表上读数应与标准参数表中相符；如不符，说明冷却液温度传感器有故障；

分析输入信息并进行相应的计算处理。

（4）输出执行命令，把弱信号变为强信号的执行命令。

（5）输出故障信息。

（6）完成多种控制功能。如在发动机控制系统中，电脑可完成点火控制、燃油喷射控制、怠速控制、排放控制、进气控制和增压控制等多种功能。

4.5.1 电子控制单元（ECU）

电控单元 ECU 是以微处理器为核心的计算机控制装置，它包括硬件和软件两部分。硬件是计算机系统物理组成的总称，一般由输入接口电路、微机处理器和输出接口电路等构成。软件是所需的各种程序、基本数据以及一些工况修正系数的数据储存等。ECU 的组成、工作过程及主要功能如图 4.32 所示。

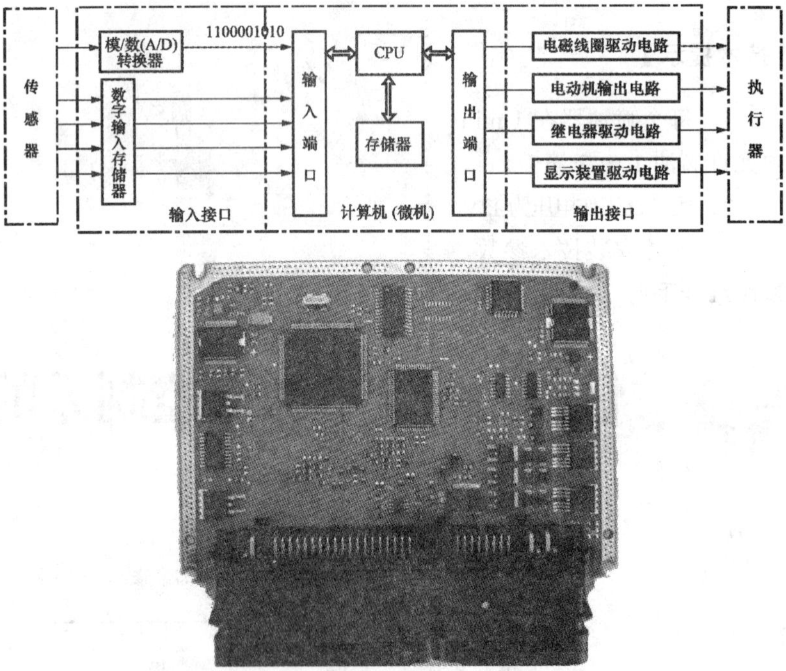

图 4.32　ECU 的组成、工作过程及主要功能

4.5.2 传感器

发动机电控系统中的传感器，主要有空气质量流量传感器（MAF）、进气管绝对压力传感器、发动机转速 / 曲轴位置传感器、节气门位置传感器、进气温度传感器、发动机冷却液温度传感器、爆燃传感器和氧传感器等。

在前面部分的学习中我们已经对空气质量流量传感器（MAF）、进气管绝对压力传感器、节气门位置传感器有所了解，在此只对其他几个传感器做介绍。

1. 曲轴位置传感器

发动机转速传感器检测发动机转速信号，曲轴位置传感器检测活塞上止点及曲轴转角，给 ECU 提供发动机转速信号和曲轴转角信号，作为燃油喷射和点火控制的主控信号。发动机转速 / 曲轴位

（2）电压测试

电压测试可分为测线路电压与冷却液温度传感器的电压，电路电压的测试断开传感器的插头，打开点火开关，用万用表直接测量电路侧的电压约为 5 V，连接好线路，测量不同温度下的电压为 0.5 ～ 2.5 V。

（3）波形测试

① 用示波器连接试验台上的冷却液温度传感器，观测冷却液温度传感器随温度升高电压变化的波形，与正常的对应波形比较；

② 进一步判定传感器的好坏，区别不同温度下，冷却液温度传感器对喷油量的影响；

（4）数据流检测

试用解码器读取测量数据流，观测 03 组的第三项，显示发动机电控单位收到的冷却液温度信号，和实际冷却液温度信号进行比较，如果相差太远，说明冷却液温度传感器及其相电路有故障。

4．检查橡胶密封圈

目视检查冷却液温度传感器的橡胶密封圈是否有裂纹、扭曲、老化僵硬等现象。有，则更换密封圈。

5．安装新的冷却液温度传感器

（1）将在冷却液中浸泡过的橡胶密封圈安装到冷却液温度传感器上的环槽中；

（2）将冷却液温度传感器装入承孔中，并用卡簧固定；

（3）将冷却液温度传感器电插头插到插座上。

置传感器有三种，即电感应式、霍尔感应式和光电感应式，安装位置可在曲轴前端、飞轮罩上、凸轮轴前端和分电器内，如图 4.33 所示。

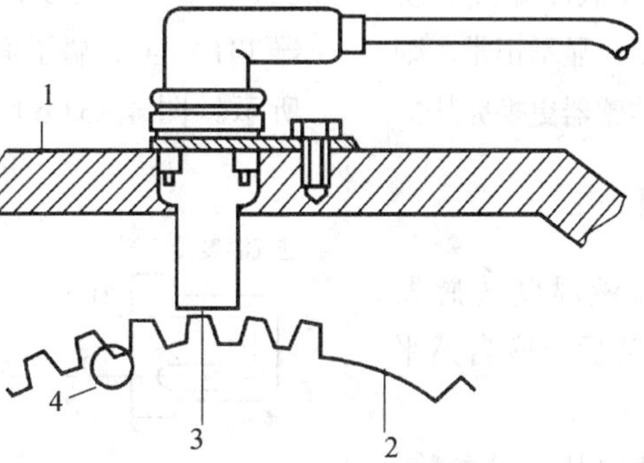

图 4.33　曲轴位置传感器

1—缸体；2—大齿缺；3—传感器磁头；4—信号转子

2．进气温度传感器

进气温度传感器的作用是给 ECU 提供进气温度信号，作为燃油喷射和点火正时控制的修正信号。它是一个 NTC 热敏电阻，该热敏电阻的阻值变化与温度成反比，进气温度低时，电阻值较高；进气温度升高时，电阻值降低。在 D 型电控燃油喷射系统中进气温度传感器安装在空气滤清器或进气管内，L 型安装在空气流量计内，如图 4.34 所示。

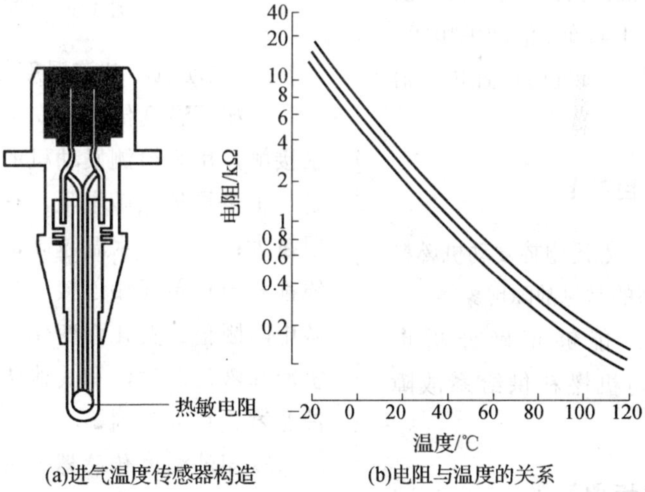

图 4.34　进气温度传感器

3．进气温度传感器的检测

如果进气温度传感器本身或其线路故障，将导致发动机启动困难、怠速不稳、废气污染物排放量增加，其检测方法与冷却液温度传感器基本相同。

① 进气温度传感器的电阻检测。车下检查：点火开关置于 OFF，拔下进气温度传感器导线连接器，并将传感器拆下，用电热吹风器、红外线灯或热水加热进气温度传感器；万用表欧姆挡测量

6．连接故障诊断仪

7．检测传感器

发动机怠速工况下，用故障诊断仪读取冷却液温度传感器的数据，显示正常，则冷却液温度传感器更换完毕。

【技术提示】

1．冷却液温度传感器的密封圈安装后，应自然平顺，避免扭转

2．具体安装技术参数，参照维修手册

实训 8　电子燃油系统的检测

【实训准备】

设备与器材：电控发动机实验台、燃油压力表、真空表、故障诊断仪、万用表、世达组合工具、机油温度计、工具车、清洁毛巾等，共六套，节气门位置传感器教具一只

【实训目的】

1．熟悉电控发动机燃料供给系的常见故障现象

2．能够正确分析电控发动机燃料供给系故障原因

【实训步骤】

1．燃油系统的压力释放

（1）启动发动机，维持怠速运转；

（2）在发动机运转时，拔下油泵继电器或电动燃油泵电源接线，使发动机自行熄火；

（3）再使发动机启动

在不同温度下两端子间的电阻值，将测得的电阻值与标准数值进行比较，如果与标准值不符，则应更换。

② 进气温度传感器的输出信号电压值检测。当点火开关置于 ON 位置时，ECU 的 THA 端子与 E_2 端子间或进气温度传感器连接器 THA 与 E_2 端子间的电压值在 20 ℃时为 0.5～3.4 V，如图 4.35（a）所示。图 4.35（b）为通用别克进气温度传感器连接电路图。

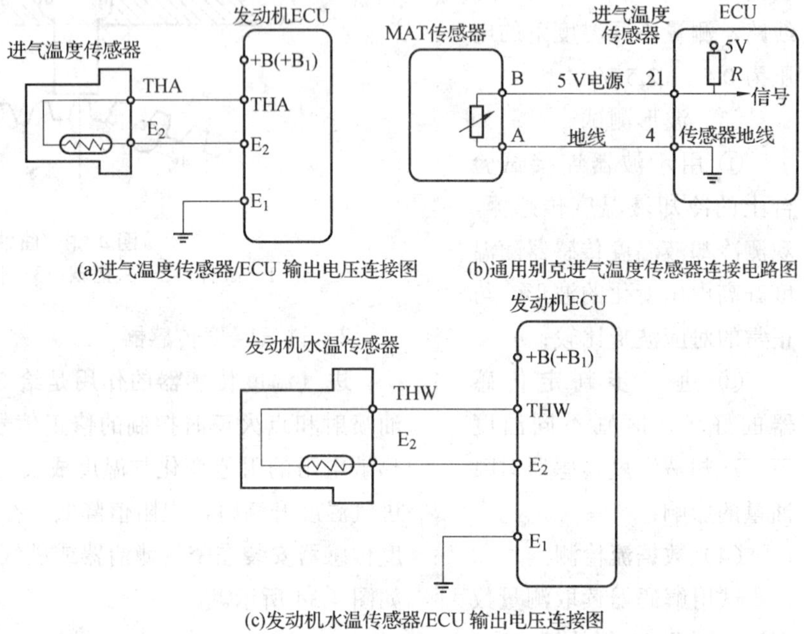

(a)进气温度传感器/ECU 输出电压连接图　(b)通用别克进气温度传感器连接电路图

(c)发动机水温传感器/ECU 输出电压连接图

图 4.35　进气温度传感器输出电压检测

4．发动机冷却液温度传感器

冷却液温度传感器安装在发动机缸体或缸盖的水套上，与冷却水接触，用来检测发动机的冷却液温度。冷却液温度传感器的内部是一个半导体热敏电阻，它具有负的温度电阻系数。水温越低，电阻越大；反之，水温越高，电阻越小。冷却液温度传感器的两根导线都和电控单元相连接。其中一根为地线，另一根的对地电压随热敏电阻阻值的变化而变化。电控单元根据这一电压的变化测得发动机冷却液的温度，和其他传感器产生的信号一起，用来确定喷油脉冲宽度、点火时刻等。

冷却液温度传感器一般安装在气缸体水道上或冷却水出口处，其工作原理与进气温度传感器相同，电路图如 4.35（c）所示。

（1）冷却液温度传感器的维修

如果冷却液温度传感器本身或其线路故障，将导致发动机冷车或热车启动困难、怠速不稳、耗油量和废气排放量增加，因此当混合气过浓或过稀时应检测冷却液温度传感器及其控制电路。

（2）冷却液温度传感器的电阻检测

① 就车检查。将点火开关置于 OFF 位置，拆卸冷却液温度传感器导线连接器，用数字式高阻抗万用表欧姆挡，按如图 4.36 所示测试传感器两端子 a 和 c 间的电阻值。其电阻值与温度的高低成

2～3 次，即可完全释放燃油系统压力；

（4）关闭点火开关，装上油泵继电器或电动燃油泵电源接线。

2．燃油系统压力预置

（1）检查燃油系统所有元件和油管接头是否安装良好；

（2）用专用导线将诊断座上的燃油泵测试端子跨接到 12 V 电源上，如：日本丰田车系直接将诊断座上的电源端子“＋B”与燃油泵测试端子“FP”跨接；

（3）将点火开关转至“ON”位置，使电动燃油泵工作约 10 s；

（4）关闭点火开关，拆下诊断座上的专用导线。

3．燃油系统压力测试

（1）检查油箱内燃油应足够，释放燃油系统压力。

（2）检查蓄电池电压应在 12 V 左右（电压高低直接影响燃油泵的供油压力），拆开蓄电池负极电缆线。

（3）将专用油压表连接到燃油系统中。

（4）将溅出的汽油擦净，重新接好蓄电池负极电缆线，启动发动机并维持怠速运转。

（5）拆开燃油压力调节器上的真空软管，并用手指堵住进气管一侧的管口。检查油压表指示压力应符合标准：一般多点喷射系统压力应为 0.25～0.35 MPa，单点喷射系统压力应为 0.07～0.10 MPa。

① 若燃油系统压力过低，可夹住回油软管以切反比，在热机时应小于 1 kΩ。

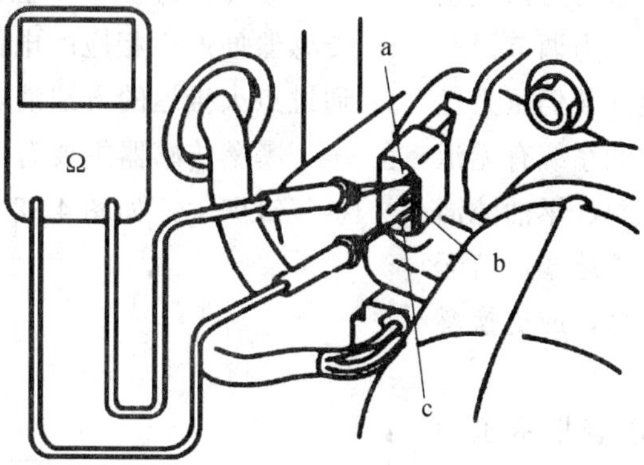

图 4.36　冷却液温度传感器端子

② 车下检查。拔下冷却液温度传感器导线连接器，然后从发动机上拆下传感器，将该传感器置于烧杯内的水中，加热杯中的水，同时用万用表欧姆挡测量在不同冷却液温度条件下冷却液温度传感器两接线端子间的电阻值，将测得的值与标准值相比较。如果不符合标准，则应更换冷却液温度传感器。

③ 冷却液温度传感器输出信号电压的检测。装好冷却液温度传感器，将此传感器的导线连接器插好，当点火开关置于 ON 位置时，从冷却液温度传感器导线连接器 THW 端子或从 ECU 连接器 THW 端子与 E_2 间测试传感器输出电压信号，如图 4.37 所示。丰田皇冠车 THW 与 E_2 端子间电压在 80 ℃时应为 0.25～1.0 V。所测得的电压值应随冷却液温度成反比变化。

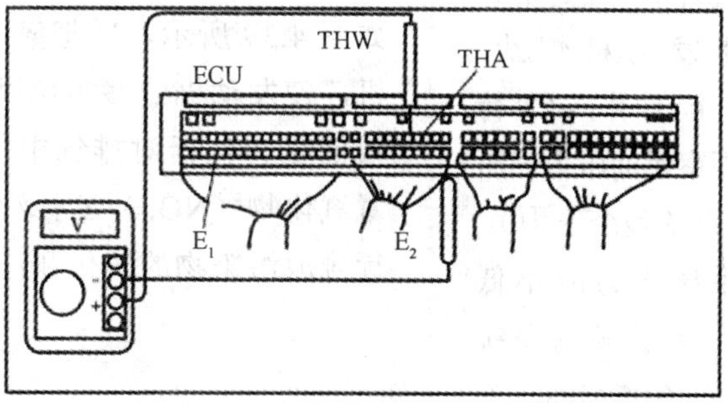

图 4.37　冷却液温度传感器输出电压检测

5．爆燃传感器结构与原理

爆燃传感器（Knock Sensor）又称“爆震传感器”（爆震，即是发动机抖动），用来检测汽车发动机缸体爆燃强度。一旦爆燃出现则通知 ECU 延迟点火并转入点火定时的闭环控制，以便调整点火时刻。

爆燃传感器安装在缸体上专门检测发动机的爆燃状况，提供给 ECU 根据信号调整点火提前角。主要元器件是一个压电陶瓷晶体，螺钉使一个惯性配重块压紧压电陶瓷晶体片。爆燃发生时，爆燃压力波通过惯性配重块使压电陶瓷晶体片压缩变形，产生比非爆燃时大得多的电压信号。为了避免因干扰引起的误判，根据点火时刻设定了一断回油管路，再检查油压表指示压力，若压力恢复正常，说明燃油压力调节器有故障，应更换；若仍压力过低，应检查燃油系统有无泄漏，燃油泵滤网、燃油滤清器和油管路是否堵塞，若无泄漏和堵塞故障，应更换燃油泵；

② 若油压表指示压力过高，应检查回油管路是否堵塞；若回油管路正常，说明燃油压力调节器有故障，应更换。

（6）测试燃油系统压力符合标准，使发动机运转至正常工作温度后，重新接上燃油压力调节器上的真空软管，检查燃油压力表指示压力应略有下降（约 0.05 MPa），否则应检查真空管路是否堵塞或漏气；若真空管路正常，说明燃油压力调节器有故障，应更换。

（7）使发动机熄火，燃油泵停止工作，等待 10 min 后，观察燃油压力表压力（即燃油系统残余压力）；多点喷射系统压力应不低于 0.20 MPa，单点喷射系统压力应不低于 0.05 MPa。若压力过低，应检查燃油系统是否有泄漏，若无泄漏，说明燃油泵出油阀、燃油压力调节器回油阀或喷油器密封不良。

（8）检查完毕后，释放燃油系统压力，并拆下油压表，装复燃油系统；然后，预置燃油系统压力，并启动发动机检查有无泄漏。

个判定区间。

爆燃传感器用于检测发动机是否爆燃，当发动机出现爆燃时，传感器便产生相应的电信号，并输送给电子控制器，使电子控制器通过点火推迟的方法消除发动机爆燃。

爆燃传感器主要有压电式和磁电式两种类型，一般安装在发动机气缸壁上，如图 4.38 所示。

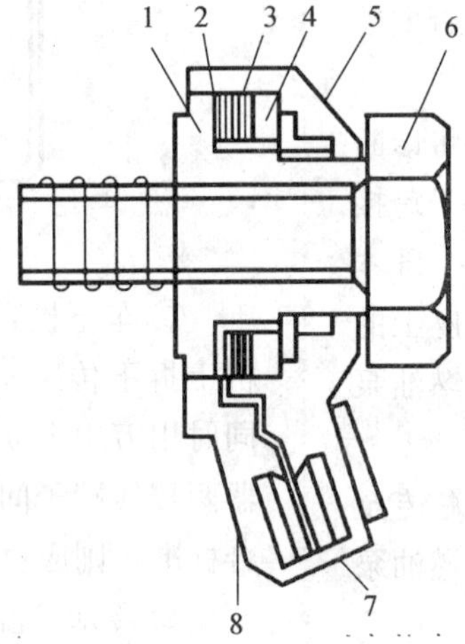

图 4.38　爆燃传感器

1—套筒；2—绝缘垫圈；3—压电元件；4—惯性配重；5—塑料壳体；6—固定螺栓；7—接线插座；8—电极

6．氧传感器的结构与原理

氧传感器是发动机燃油喷射闭环控制的重要检测元件，其作用是检测发动机排气中氧气的含量，确定汽油与空气是否完全燃烧，如图 4.39 所示。并把氧气含量转换成电压信号传递到发动机计算机，使发动机能够实现以过量空气系数为目标的闭环控制，确保三效催化转化器对排气中的碳氢化合物（HC）、一氧化碳（CO）和氮氧化物（NO_x）三种污染物都有最大的转化效率，最大限度地进行排放污染物的转化和净化。它安装在发动机排气管上。

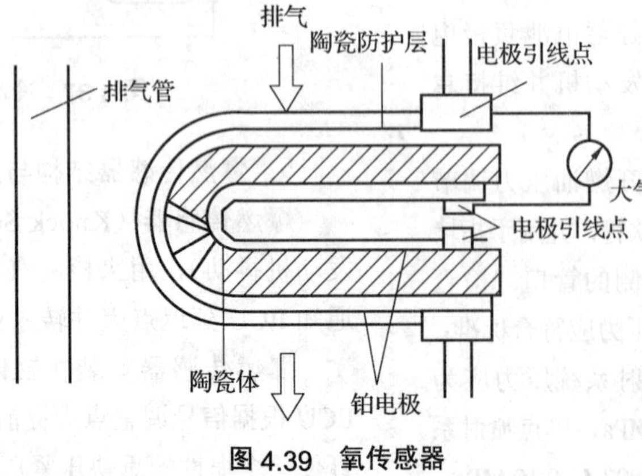

图 4.39　氧传感器

氧传感器最常见的故障是失效，主要有以下几个原因。

（1）铅中毒、硫中毒或磷中毒，主要是燃烧废气中的铅化物、

【技术提示】

1．检测燃油系统压力时，注意不要让燃油喷射出来，以免引起火灾及人身伤害，启动发动机时，单次打启动机的时间不能过长，两次启动时间要相隔 15 s，以免引起启动机过热，烧毁启动机

2．具体检测参数，参照维修手册

硫化物或磷化物在氧传感器二氧化锆元件或二氧化钛元件表面沉积，形成致密的氧化层，阻碍了氧传感器与废气的接触。因此车辆每行驶 80 000 ～ 100 000 万 km 应结合二级维护更换氧传感器；装备氧传感器或三元催化转化器的车辆必须使用无铅汽油，另外为了减少硫、磷的含量，一般装有氧传感器的车辆应使用 SG 级以上机油。

（2）积炭中毒，主要是燃烧废气中的积炭附着在氧传感器表面，阻堵了二氧化锆或二氧化钛与废气的接触。

（3）尘土堵塞，主要是氧传感器外部的大气通孔被外界的尘土和泄漏的机油堵塞。

（4）内部断裂，氧传感器内部的二氧化锆或二氧化钛元件脆性较大易折断，一般其外部都设计有金属套管保护这些元件，因此严禁敲击、摔打氧传感器，氧传感器表面也不得有明显的凹陷变形。

4.5.3 执行器

电控系统的执行器包括喷油器、怠速控制阀和电动燃油泵等，这些部件已在前面内容做了介绍，在此不再讲解。

4.5.4 电子控制系的维修注意事项

（1）安装蓄电池时特别注意正、负极不可接反，以防损坏 ECU 和控制部件。

（2）在车身上使用电弧焊时，应先断开蓄电池负极线。

（3）点火开关接通后，不可断开任何正在工作的带有电感的电气装置，如怠速控制阀、喷油器等。因为断开这些装置时，其线圈会产生很高的感应电压（有的会超过 7 000 V），易使 ECU 和控制部件损坏。

（4）维修时，除在程序中特殊指明外，不要用低阻抗指针型万用表测试 ECU 和传感器，必须使用高阻抗（10 M 以上）的万用表。

（5）不要用普通试灯去测试任何与 ECU 相连的电气装置。因为试灯功率大，额定电流大，容易损坏电子元器件。可用电阻串联一个发光二极管自制一个试灯。

（6）禁止用搭铁试火或拆线刮火的方法对电路进行检查。

（7）汽车上的扬声器不要安装在离 ECU 太近的地方。

（8）车上不宜安装功率超过 8 W 的无线电台。如必须安装时，天线应尽量远离发动机控制电脑，否则会对发动机控制电脑产生不良影响。

（9）在晴天拆装发动机控制电脑或检测控制电路时，应注意防止静电。人体产生的静电电压较高，可能损坏 ECU 控制电路，故操作前应先使自己接触车身以释放静电。

（10）雨天维修及清洗发动机时，应防止将水溅到电子设备及线路上。

（11）一般情况下，不要拆开电控单元盖板。因为电控单元的故障较少，即使有故障，在没有检测手段的情况下，打开电控单元盖板也不能解决任何问题，反而可能因为操作不当而导致新的故障。

任务实施

为了正确诊断、排除电控燃油喷射系统故障，首先，必须熟悉电控燃油喷射系统各组成分的具体结构，各部分组成作用，熟悉电控燃油喷射系统故障产生的现象，形成故障的可能原因；并通过实训，掌握电控燃油喷射系统故障诊断和排除方法、步骤。

相关链接

缸内直喷

在对能源和环保要求日趋严格的今天，即使是多点燃油喷射这样的技术也不能满足人们的要求，于是更为精确的燃油喷射技术诞生，那就是缸内直喷技术。

缸内直喷（图4.40）就是将燃油喷嘴安装于气缸内，直接将燃油喷入气缸内与进气混合。喷射压力也进一步提高，使燃油雾化更加细致，真正实现了精准地按比例控制喷油并与进气混合，并且消除了缸外喷射的缺点。同时，喷嘴位置、喷雾形状、进气气流控制，以及活塞顶形状等特别的设计，使油气能够在整个气缸内充分、均匀地混合，从而使燃油充分燃烧，能量转化效率更高。

但是缸内直喷技术也并非无敌，因为从经济层面来看，采用缸内直喷的供油系统除了在研发过程必须花费更大成本，在部品构成复杂且精密的情况下，零组件的价格也比起传统供油系统来得昂贵，因此这些也都是未来缸内直喷发动机尚待克服的要素。

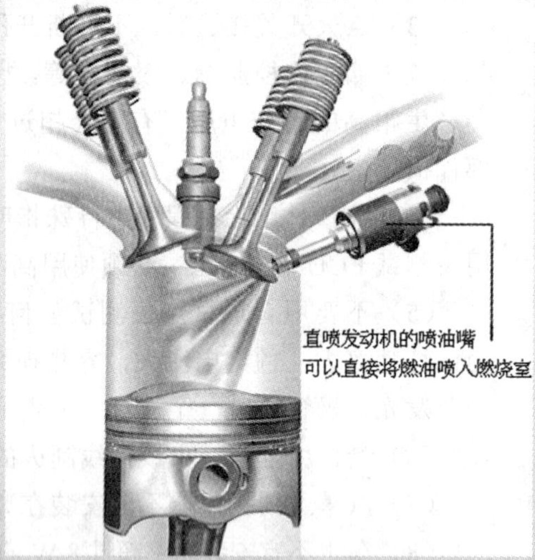

图4.40 缸内直喷

在国外大众的1.4T发动机上以及进口尚酷1.4T，TSI代表的是Twincharger Fuel Stratified Injection这几个单词首字母的缩写，通过字母表面意思可以理解为双增压+分层燃烧+喷射。TSI发动机是在FSI技术的基础之上，安装了一个涡轮增压器和一个机械增压器，鉴于涡轮增压和机械增压的特性，机械增压可以从怠速开始就能为发动机提供增压效果，弥补了涡轮增压系统的延时缺点，所以TSI是一种极高效率的发动机形式，是动力性与燃油经济性的完美统一。

不过，国内生产的1.4T发动机则省掉了机械增压和分层燃烧，仅保留了涡轮增压和缸内直喷。

而大众1.8/2.0TSI中的“TSI”则代表着Turbo Fuel Stratified Injection，通过字母表面意思可以理解为涡轮增压+分层燃烧+缸内直喷，不过国内则省掉了分层燃烧。

课后练习

1．汽车发动机运行工况对混合气成分有什么要求？
2．汽车电控燃油喷射系统由哪几部分组成？各组成的作用是什么？
3．电控燃油喷射系统有哪些优点？
4．空气供给系有哪些组成部件？各组成部件的作用是什么？
5．燃料供给系有哪些组成部件？各组成部件的作用是什么？
6．燃油压力调节器的作用是什么？简述燃油压力调节器的工作原理。
7．ECU 有哪些基本组成部分？它们起什么作用？
8．怠速控制阀进气量调节方式分为哪几种类型？

模块 5 柴油机燃料供给系的构造与维修

【知识目标】

1. 掌握柴油机燃料供给系的作用和组成；
2. 掌握柴油机燃料供给系的主要部件的构造；
3. 了解柴油机燃料供给系喷油器、喷油泵、调速器的维修方法。

【技能目标】

1. 能够结合柴油机，指认出燃料供给系主要部件的名称和作用；
2. 能正确使用工具对柴油机燃料供给系主要部件进行拆装、维修。

【课时计划】

任务类别	任务内容	参考课时		
		理论课时	实训课时	合　计
任务 5.1	柴油机燃料供给系的概述	2	1	3
任务 5.2	柴油机燃料供给系主要部件的构造与维修	3	6	9
共计：12 课时				

情境导入

项目描述

一辆解放 CA6110A-2 型柴油车，汽车行驶时发动机运转平稳，但感觉动力不足，无高速，排气管排烟量过少。

项目分析

作为一名汽车修理工，要想帮助解决这个问题就需要知道发动机动力不足的原因有哪些，然后进行分析测试，找出最终原因。在这个过程中要求这名修理工对柴油机燃料供给系的结构有一定的了解，还应知道如何对其主要容易出问题的部件进行维修检查。

任务驱动

任务 5.1 柴油机燃料供给系的概述

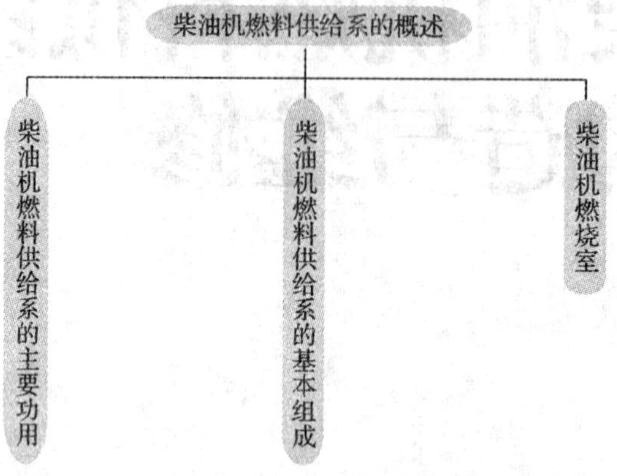

实训指导

实训 1 柴油机燃料供给系实物认知

【实训准备】

1．设备与器材：柴油机台架、组合工具、清洁毛巾等，共六套

2．将“任务工单”分发给每位学生

【实训目的】

1．掌握柴油机燃料供给系的组成

2．掌握主要部件的安装位置

3．能够说出组成部件的名称

【实训步骤】

1．找实物位置

（1）在柴油机台架上

基础知识

5.1.1 柴油机燃料供给系的主要功用

柴油机燃料供给系是柴油机的重要组成部分，其主要功用是根据柴油机的不同工况，以一定的压力及喷油质量将燃油定时、定量地按柴油机的工作次序喷入气缸，与吸入气缸内的空气迅速、充分地混合，形成混合气并燃烧。

5.1.2 柴油机燃料供给系的基本组成

柴油机燃料供给系主要由燃油供给装置、空气供给装置、可燃混合气形成及废气排出装置四部分组成，如图 5.1 所示。

柴油机按控制方式分机械控制燃料供给系和电子控制燃料供给系。机械控制燃料供给系按喷油泵的构造不同分为柱塞式喷油泵供给系统、转子分配式喷油泵供给系统、泵-喷嘴供给系统、PT 型喷油泵燃料供给系统等。柴油机主要采用柱塞式喷油泵燃料供给系统，其他形式的柴油供给系统的组成基本相似。

1．燃油供给装置

燃油供给装置的功用是完成燃料的存储、滤清和输送工作，并以一定压力和喷油质量定时、定量地将燃料喷入燃烧室。根据发动机工作时的燃油压力不同，燃油供给装置可分为高压油路和低压油路两部分。从油箱到喷油泵入口处的这段油路称为低压油路，其油压是由输油泵建立的，压力较低，一般为 0.15 ～ 0.3 MPa，它主要包括油箱、输油泵、柴油滤清器和低压油管等。从喷油泵到喷油器这段油路称为高压油路，其油压是由喷油泵建立的，一般为 10 MPa 以上，主要包括喷油泵、喷油器和高压油管等。

（实训图 5.1）找出空气滤清器的位置；

（2）找到进油管和回油管的位置；

（3）准确找出喷油器；

（4）观察喷油器的安装位置和组成；

（5）能够说出喷油泵和柴油滤清器的大致位置；

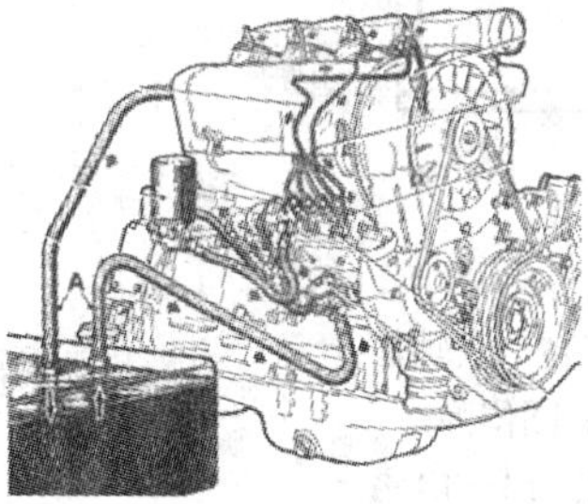

实训图 5.1

（6）对于不知道实物在哪安装的同学，由各小组组长带领进行实物认知，达到掌握的目的。

2．填写工单

（1）将“任务工单”发给每一位学生；

（2）让学生对照实物写出图片的名称；

（3）对照柴油机台架写出每一部件的大致安装位置；

（4）完成工单的填写。

3．自评

（1）是否知道柴油机燃料供给系的组成？

____

（2）能否准确说出每一个部件的名称？

____

（3）是否知道每一个部件的安装位置？

____

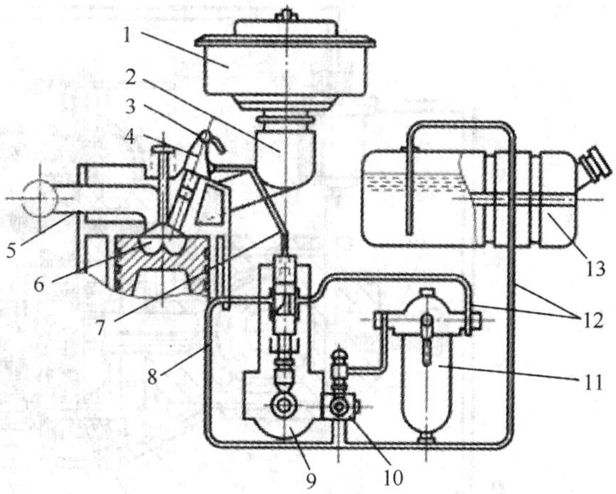

图 5.1　柴油机燃料供给系的组成

1—空气滤清器；2—进气管；3，8—回油管；4—喷油器；5—废气排出装置；6—燃烧室；7—高压油箱；9—喷油泵；10—输油泵；11—柴油滤清器；12—低压油管；13—油箱

装有柱塞式喷油泵柴油机燃料供给装置的组成如图 5.2 所示，装有分配式喷油泵柴油机燃料供给装置的组成如图 5.3 所示。

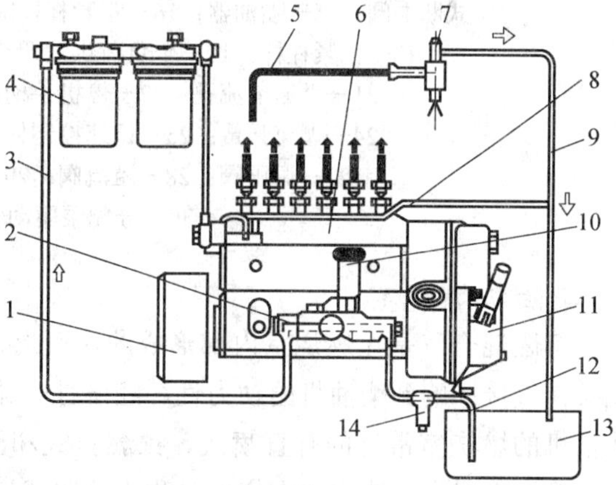

图 5.2　装有柱塞式喷油泵柴油机燃料供给装置的组成

1—供油提前调解器；2—输油泵；3—低压油管；4—柴油细滤器；5—高压油管；6—喷油泵；7—喷油器；8—限压阀；9—回油管；10—手油泵；11—调速器；12—吸油管；13—柴油箱；14—柴油粗滤器

2．空气供给装置

空气供给装置的功用是供给发动机燃烧的空气。其主要由空气滤清器、进气管和气缸盖内的进气道组成，有些发动机上还装有进气增压装置。

3．可燃混合气形成装置

可燃混合气形成装置的功用是使燃油与空气混合形成可燃混合气。由于柴油的蒸发性较差，柴油机在压缩上止点附近，燃油供给装置将柴油直接喷入燃烧室，在燃烧室内，柴油与空气边混合边燃烧，所以柴油机的混合气形成装置就是燃烧室。

4．废气排出装置

废气排出装置的功用是将燃烧废气排出气缸。主要包括气缸盖内的排气道、排气歧管、排气管和排气消声器等。

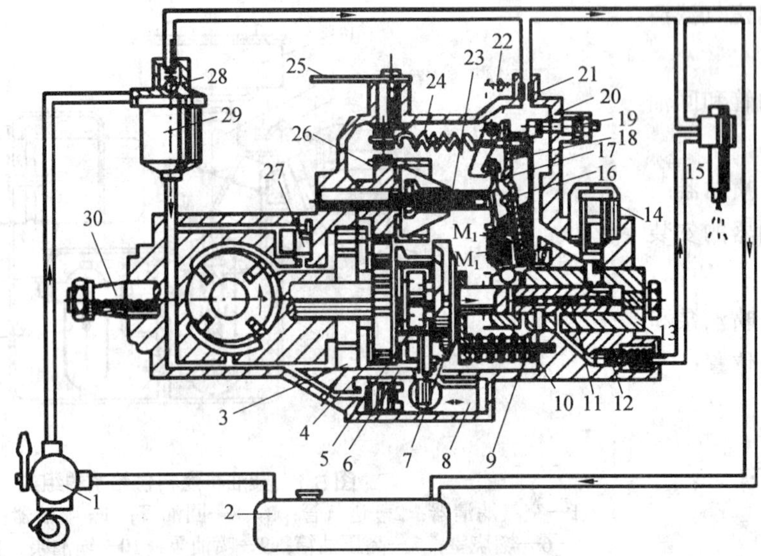

图 5.3 装有分配式喷油泵柴油机燃料供给装置的组成

1—一级输油泵；2—燃油箱；3—二级输油泵；4—调速器驱动齿轮；5—联轴器；6—滚轮及滚轮圈；7—端面凸轮；8—供油提前调节器；9—分配柱塞回位弹簧；10—油量控制滑套；11—分配柱塞；12—出油阀；13—分配套筒；14—电磁式断油阀；15—喷油器；16—张紧杠杆限位销钉；17—启动杠杆；18—张紧杠杆；19—全负荷供油调节螺钉；20—校准杆；21—溢油节流孔；22—停机手柄；23—调速滑套；24—调速弹簧；25—调速控制杆；26—飞块总成；27—调压阀；28—溢流阀；29—柴油细滤器；30—分配泵驱动轴

5.1.3 柴油机燃烧室

柴油机的可燃混合气是在燃烧室内部形成的，可燃混合气的形成品质和燃烧性能与燃烧室构造形式密切相关，直接影响到柴油机的动力性、经济性、排放指标、工作寿命等。

汽车柴油机的燃烧室常见的有直喷式、预燃室式和涡流室式三种。其中直喷式燃烧室又分为统一式燃烧室，预燃室式和涡流室式燃烧室又称为分隔式燃烧室。

1. 直喷式燃烧室

直喷式燃烧室如图 5.4（a）所示。燃烧室呈浅盆形，喷油器的喷嘴直接伸入燃烧室。这种燃烧室构造紧凑，散热面积小，因将燃油直接喷入燃烧室，故发动机启动性能好，做功效率高。

直喷式燃烧室一般采用孔式喷油器，可选配双孔或多孔喷油嘴。根据喷油器的安装形式选用 ω 形活塞和锥形活塞。

ω 形活塞配合四孔喷油器，可使得喷注在燃烧室内形成 ω 形涡流，促使燃油与空气的混合。

锥形活塞配合直立放置的喷油器，可使喷注由中间向四周形成涡流。目前，新型的燃油共轨系统多采用此种形式的燃烧室和活塞。

分隔式燃烧室由两部分组成。一部分位于活塞顶与气缸盖底面之间，称为主燃烧室；另一部分在气缸盖中，称为副燃烧室。两部分之间有一个或几个孔道相连。分隔式燃烧室常见的形式有涡流室式燃烧室和预燃室式燃烧室两种。

2. 预燃室式燃烧室

预燃室式燃烧室如图 5.4（b）所示。喷油器装在副燃烧室内，柴油在副燃烧室内燃烧后喷入主燃烧室，推动活塞向下运动。

由于自燃主要发生在副燃烧室内，而主燃烧室内主要是扩散燃烧，因此，这种燃烧室工作较柔和，噪声较小。但是，因为散热面积较大，放热效率较低，目前较少采用。

预燃室式燃烧室一般采用浅盆形或平顶活塞，以减少散热面积。

3．涡流室式燃烧室

涡流室式燃烧室如图 5.4（c）所示。主燃烧室与涡流室两腔室有通道相连。涡流室式燃烧室一般采用平顶活塞，在压缩行程期间，涡流室内形成旋涡气流，多数燃油在涡流室内被点燃。然后，其余燃油在主燃烧室内继续燃烧。

分隔式燃烧室一般采用轴针式喷油器，喷油压力要求不高。

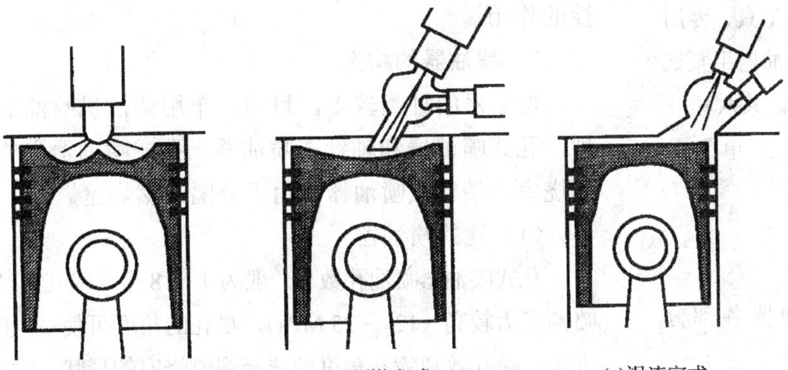

图 5.4　柴油机燃烧室

任务 5.2　柴油机燃料供给系主要部件的构造与维修

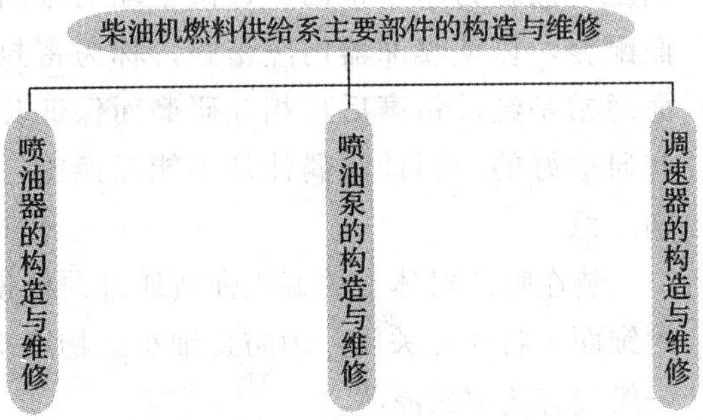

实训指导

实训 2　喷油器的分解与装配

【实训准备】

1. 设备与器材：柴油机台架、常用拆装工具、专用工具、工具车、喷油器手泵试验台、清洁毛巾等，共六套

2. 将“任务工单”分发给每位学生

【实训目的】

1. 掌握喷油器各部分的名称、组成

2. 能够熟练拆装喷油器

【实训步骤】

1. 复习

（1）安装位置

喷油器在柴油机上的安装位置：________________

（2）连接关系

喷油器上有几根油管？

____

喷油器上的油管的连接关系为：________________

2. 喷油器的拆卸

（1）喷油器的固定方式有压板固定、空心螺栓套固定和利用自身的凸缘固定三种。压板固定式喷油器在缸盖上正确的安装位置靠压板定位销固定。拆卸时首先拆下高压油管和固定螺母，然后用木榧振松喷油器，取出总成，视需要可用专用拉器拉出。

（2）从发动机上拆下喷油器总成后，应先清洗外部，然后逐一在喷油器手泵

基础知识

5.2.1　喷油器的构造与维修

喷油器的作用是将高压燃油雾化成容易着火和燃烧的喷雾，并使喷雾和燃烧室大小、形状相配合，分散到燃烧室各处，和空气充分混合。喷油器除了影响燃油的雾化质量、贯穿度及分布等喷雾特性外，还对喷油压力、喷油始点、喷油延续时间和喷油率等喷油特性有重大影响。所以，喷油器对柴油机的性能起着决定性的作用。

1. 喷油器的构造

喷油器的种类较多，目前，车用柴油机喷油器常见的形式有两种：孔式喷油器和轴针式喷油器。孔式喷油器主要用于直接喷射式燃烧室，轴针式喷油器多用于分隔式燃烧室。

（1）孔式喷油器

孔式喷油器喷油孔数目一般为 1 ～ 8 个，喷孔直径为 0.2 ～ 0.8 mm，喷油压力较高（12 ～ 25 MPa），喷孔的角度可使喷出的油束构成一定的锥角。喷孔数和喷孔角度的选择视燃烧室的形状、大小及空气涡流情况而定。

孔式喷油器的构造如图 5.5 所示，主要由针阀–针阀体、喷油器体、顶杆、调压弹簧、调压垫片、进油管接头及滤芯、回油管接头等零件组成。其中最主要的部件是用优质合金钢制成的针阀和针阀体，二者合称针阀偶件，如图 5.6 所示。针阀上部的圆柱表面同针阀体的相应内圆柱面做高精度的滑动配合，配合间隙为 0.002 ～ 0.003 mm。此间隙过大则可能发生漏油而使油压下降，影响喷雾质量；间隙过小时，针阀将不能自由滑动。针阀中部的锥面全部露出在针阀体的环形油腔（即高压油腔）中，用以承受油压，故称为承压锥面。针阀下端的锥面与针阀体上相应的内锥面配合，以使喷油器内腔密封，称为密封锥面。针阀偶件的配合面通常是经过精磨后再相互研磨而保证其配合精度的。所以选配和研磨好的一副针阀偶件是不能互换的，这点在维修过程中应特别注意。

装在喷油器体上的调压弹簧通过顶杆使针阀紧压在针阀体的密封锥面上将喷孔关闭。为防止细小杂物堵塞喷孔，在进油管接头中一般装有缝隙式滤芯。

（2）轴针式喷油器

轴针式喷油器适用于对喷雾要求不高的分隔式燃烧室，它的构造与孔式喷油器的不同之处在于针阀下端的密封锥面以下还延伸出一个轴针，其形状可以是倒锥形或圆柱形。因此，喷射时喷柱将呈空心的柱形或锥形，如图 5.7 所示。由于轴针伸出喷孔外，所以使喷孔为圆环状狭缝（通常轴针与孔的径向间隙为 0.05 mm）。轴针式喷油器喷孔形状与喷雾锥角取决于轴针的形状和升程，因此要求轴针的形状加工非常精确。

试验台上进行检验，检查喷射初始压力、喷雾质量和漏油情况，如质量良好就不必解体。

（3）分解时先分解喷油器（实训图 5.2）的上部，旋松调压螺钉紧固螺母，取出调压螺钉、调压弹簧和顶杆，将喷油器倒夹在台钳上，旋下针阀体紧固螺母，取下针阀体和针阀。

（4）针阀偶件应成对浸泡在清洁的柴油里。如果针阀和针阀体难以分开，可用钳子垫上橡胶片夹住针阀尾端拉出。

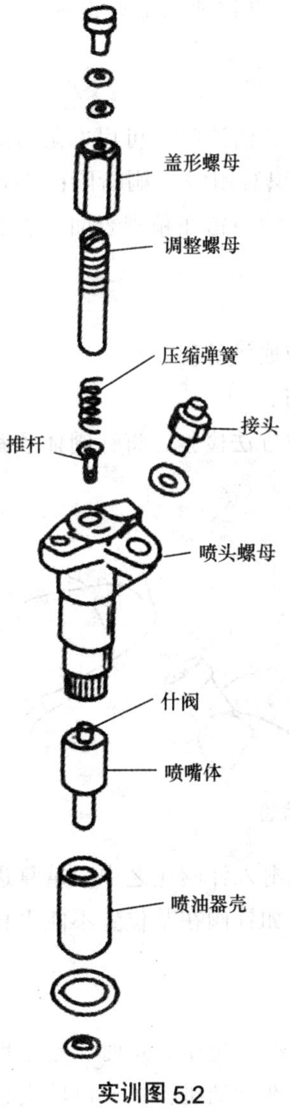

实训图 5.2

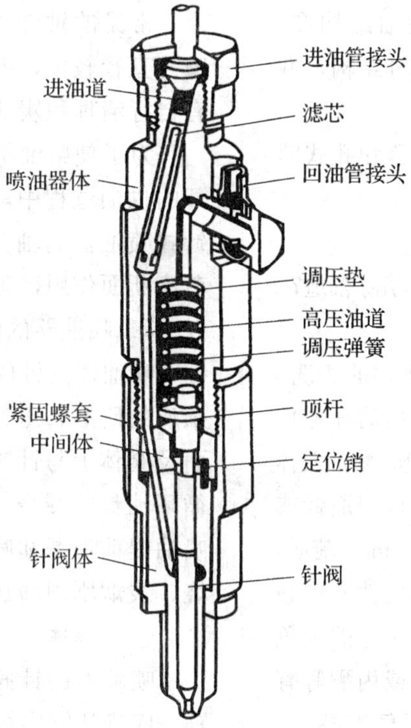

图 5.5　孔式喷油器

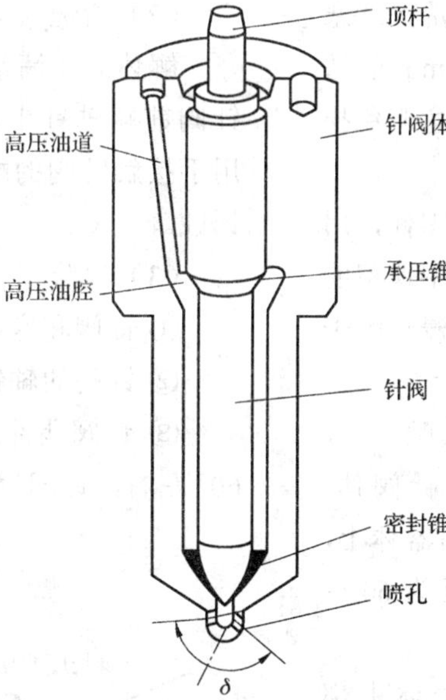

图 5.6　喷油器针阀偶件

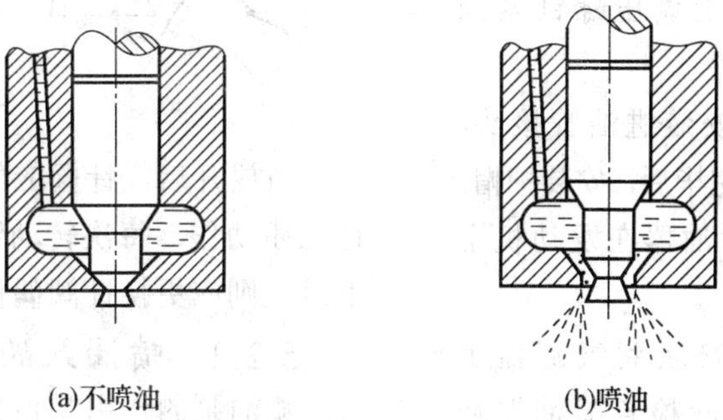

图 5.7　轴针式喷油器的喷油

（5）对照喷油结构图，观察喷油器各部分结构，并回答下列问题：

轴针式喷油器和孔式喷油器有什么区别？

____

喷油器内部有几条油道？

____

3．喷油器零件的清洗

（1）用钢丝刷清理零件表面的积炭和赃物，喷油器体和针阀体的油道可用通针或直径适当的钻头（7 mm）疏通。

（2）针阀体偶件应单独清洗，零件表面积垢的褐色物质也可用乙醇或丙酮等有机溶剂浸泡，再仔细擦除。最后将喷油器偶件放在柴油中来回拉动针阀清洗，堵塞的喷孔用直径 0.3 mm 的通针清理，清理时注意避免损伤喷孔。

（3）清洗过的零件，用压缩空气吹去孔道中遗留的杂质，最后用汽油浸洗吹干备用。

4．喷油器的装配

（1）将针阀、针阀体、紧固螺母装到喷油器体上，螺母的拧紧力矩为 60 ～ 80 N·m。

（2）从喷油器体上部装入顶杆、调压弹簧、调压螺钉、拧上调压螺钉紧固螺帽。

（3）安装进油管接头。总成调试完毕后，安装护帽。

5．喷油器在发动机上的安装

（1）安装到气缸盖上的喷油器应检查喷油器伸出气缸盖底面的高度，玉柴

常见的轴针式喷油器只有一个喷孔，孔径为 1 ～ 3 mm。因为喷孔直径较大，孔内的轴针又上、下运动，喷孔不易积炭，而且还有自行清理积炭的功能。

为了使柴油机工作柔和，改善燃烧条件，喷油器最好在每一循环的供油过程中，初期喷油少，中期喷油多，后期喷油少。因此轴针式喷油器的轴针做成可变的节流断面，通过密封锥面及轴针处的节流断面作用，可较好地满足喷油特性要求。

2．喷油器的维修

喷油器的针阀偶件在长期工作中，受到高压燃油的冲刷和机械杂质的研磨、压力弹簧的落座冲击，使针阀的导向圆柱面和密封锥面及阀体上与针阀的配合表面出现磨损。导向圆柱面的磨损将导致循环油量的减少，而密封面的磨损则会使喷油器的密封不严，引起喷油提前泄漏和喷油停止后的滴油现象，造成雾化不良、不完全燃烧、炭烟剧烈增加以及积炭严重。

（1）解体

喷油器的针阀偶件为精密配合零件，在使用中不许互换。解体前，应确认缸序标记，按缸序拆卸喷油器；并保证能正确装回原位，避免错乱。

（2）清洗

解体后在清洁的柴油中清洗针阀偶件。清洗时，可用木条清除针阀前端轴针上的积炭；对阀座外部的积炭用铜丝刷清除；不得用手接触针阀的配合表面，以免手上的汗渍遗留在精密表面，引起锈蚀。

（3）检验

① 针阀和座的配合表面不得有烧伤或腐蚀等现象。

② 针阀的轴针不得有变形或其他损伤。

③ 针阀偶件的配合可按图 5.8 所示的方法检验。将针阀体倾斜 60° 左右，针阀拉出 1/3 行程。

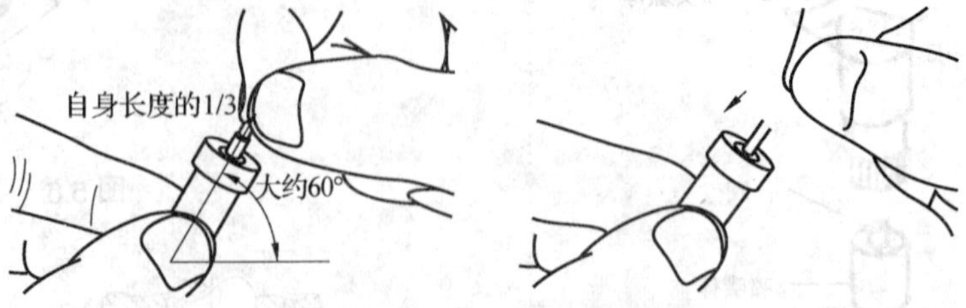

图 5.8　针阀偶件的检验

当放开后，针阀应能靠其自重平稳地滑入针阀座之中；重复进行上述动作，每次转动针阀在不同位置，如针阀在某位置不能平稳下滑，则应更换针阀偶件。

5.2.2　喷油泵的构造与维修

喷油泵的作用是根据发动机的不同工况，定压、定时、定量地向喷油器输送高压柴油。喷油泵一般固定在柴油机机体一侧的支架

YC6105QC 为 3.5 ～ 3.7 mm。安装高度不符合规定时，可拆下锥形垫圈，在喷油器紧固螺套与锥形垫圈体之间加垫片调整，或更换锥形垫圈。

（2）锥形垫圈与气缸盖安装孔接触不严密时，可拆下锥形垫圈，加热后冷却减小其硬度后再安装。安装前用专用铰刀清除座孔内的积炭、污垢。

（3）喷油器体上的定位销（或定位块）安装时要嵌入座孔的定位槽内。紧固压板螺母拧紧力矩为 22~28 N·m。压板的圆弧状突起面应朝向喷油器凸肩，以保证压紧力与喷油器轴线在同一平面内，有利于密封。

【技术提示】

1．分解过程中应注意保护针阀的精加工表面

2．在分解后，喷油器垫片应与原配喷油器体放置在一起保存好，喷油器与座孔间的锥形垫圈也应与原喷油器体放置在一起，装配时注意针阀体和定位销钉对准

3．喷油器零件经清洗吹干检验合格后，必须在高度清洁的场所进行装配

实训 3 喷油器的调试与检验

【实训准备】

1．设备与器材：柴油机喷油器、常用拆装工具、喷油器试验仪、工具车、零件车、工作台等，共六套

上，由柴油机曲轴通过齿轮驱动，齿轮轴和喷油泵的凸轮轴用联轴节连接，调速器安装在喷油泵的后端。

喷油泵的构造形式较多，车用柴油机的喷油泵按作用原理不同，可分为三类：

（1）柱塞式喷油泵

这种喷油泵应用的历史较长，性能良好，工作可靠，为目前大多数汽车柴油机所采用。

（2）喷油泵-喷油器

将喷油泵、喷油器制成一体，安装在发动机气缸盖上，可以消除高压油管带来的不利影响。但要求在发动机上另加驱动机构，PT 燃料供给系统即属此类。

（3）转子分配式喷油泵

这种喷油泵只有一对柱塞副，依靠转子的转动实现燃油的增压与分配。由于它的体积小，对发动机整体布置十分有利，在电控柴油机喷射系统中的应用会越来越广泛。

1．柱塞式喷油泵

柱塞式喷油泵由泵油机构（柱塞分泵）、供油量调节机构、驱动机构和喷油泵体等部分组成，如图 5.9 所示。

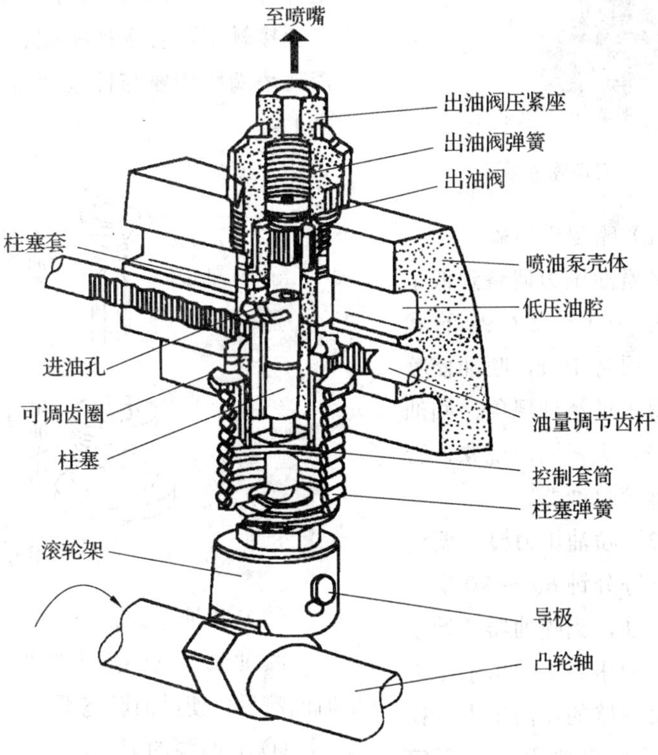

图 5.9 柱塞式喷油泵的构造

（1）泵油机构的构造

泵油机构由柱塞偶件和出油阀偶件及弹簧组成。

柱塞和柱塞套、出油阀和出油阀座是分泵中两对重要的精密偶件，它是通过精密加工和选配而成，其配合间隙严格控制在

2．将“任务工单”分发给每位学生

【实训目的】

1．了解喷油器调试和检验的流程和标准

2．能正确对喷油器进行调试和检验

【实训步骤】

1．喷油器调试

按以下步骤在喷油器试验仪（实训图 5.3）上检验喷油器，并记录检验结果。

实训图 5.3

（1）密封性检验

将喷油压力调整到低于喷油压力 1 ～ 2 MPa 的状态下，保持 10 s，喷油器喷嘴不得出现渗油现象，回油口不得有大量回油现象，否则应拆检喷油器。

（2）喷油压力检查调整

以每分钟 60 ～ 80 次的速度压油，当喷油器开始喷油时，油压表上的指示压力即为喷油器的喷油压力，检查是否符合要求，若不符合，可以通过调整喷油器调压螺钉或调整垫片来达到。

（3）喷雾质量检查

以每分钟 60 ～ 80 次的

0.001 5 ～ 0.002 5 mm 范围内，具有很好的强度和耐磨性。柱塞偶件是产生高压油的压油元件，其构造如图 5.10 所示。

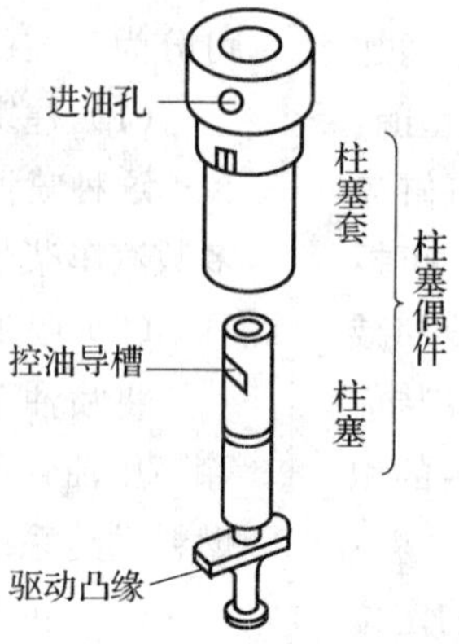

图 5.10　柱塞偶件

出油阀偶件是为在喷油结束后使高压油管卸载，以及在每个喷油循环内把高压及低压油路分开而设置的，其构造如图 5.11 所示。出油阀上部的圆锥面为阀的轴向密封锥面；中部的圆柱面为减压环带，与阀座内孔精密配合，是阀的径向滑动密封面；阀的尾部同阀座内孔做滑动配合，为出油阀的运动导向。为了留出油流通道，阀尾铣有四个直槽，断面呈“十”字形。出油阀偶件位于柱塞套上面，二者接触平面要求严密配合。压紧座以规定力矩拧入后，通过高压密封垫圈将阀座与柱塞套压紧，同时使出油阀弹簧将出油阀压在阀座上。

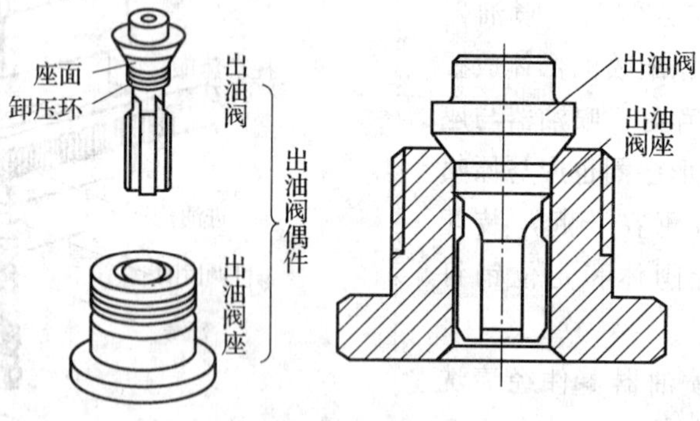

图 5.11　出油阀偶件

（2）喷油泵的维修

喷油泵因其磨损等耗损，技术状况变差，供油量减少而且供油时间滞后，使燃油燃烧不完全，会造成发动机过热、功率不足等故障。

① 喷油泵的解体。

喷油泵解体之前，应用汽油、煤油或柴油认真清洗外部，但不得用碱水清洗。

② 柱塞副的维修。

a．柱塞副的外观检验。

柱塞副的外观发现有以下情况时应更换：

速度压油，观察喷雾质量，要求喷出的燃油应成雾状，不应有明显的肉眼可见的雾状偏斜和飞溅油粒、连续的油柱和局部浓稀不均匀现象；喷射应干脆，具有喷油器偶件结构相应的响声；多次喷射后，针阀体端面或头部不得出现油液积聚现象；喷雾锥角和射程也应符合要求，如实训图 5.4 所示。

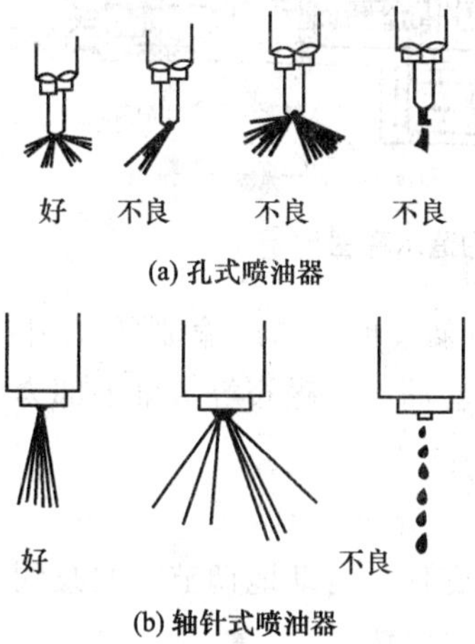

实训图 5.4

（4）注意事项

同一台柴油机的喷油压力差不超过 1.0 MPa，供油提前角符合规定。

2．就车检查

在没有喷油器试验台时，可将待查的喷油器与一个标准喷油器并联安装在喷油泵高压油管上，发动机怠速运转，比较两者喷油的时间、喷雾质量及喷油压力。

记录喷油器检验数据：

（1）喷油器密封情况：

____

（2）喷油器雾化情况：

____

（3）喷油压力为：

____

（a）柱塞表面有明显的磨损痕迹。

（b）柱塞弯曲或头部变形。

（c）柱塞或柱塞套有裂纹。

（d）柱塞头部斜槽、直槽及环槽边缘有剥落或锈蚀等现象。

（e）柱塞套的内圆柱表面有锈蚀或显著的刻痕。

b．柱塞副的滑动性试验。

先用洁净的柴油仔细清洗柱塞副，并涂上干净的柴油后进行试验，如图 5.12 所示。将柱塞套倾斜 60° 左右，拉出柱塞全行程的 1/3 左右。放手后，柱塞应在自重作用下平滑地进入套筒内。然后转动柱塞，在其他位置重复上述试验，柱塞均应能平稳地滑入套筒内。

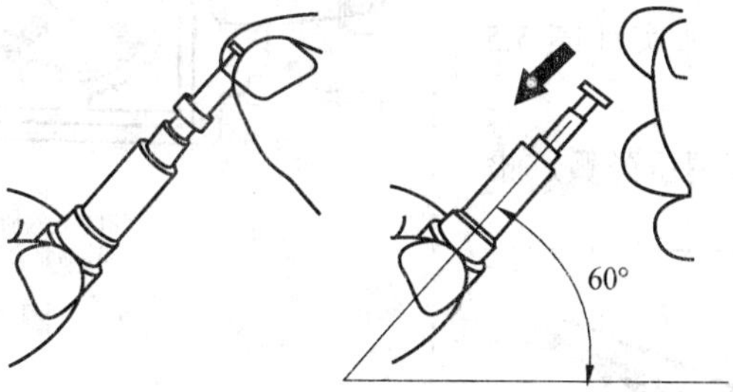

图 5.12　柱塞副的滑动性试验

2．转子分配式喷油泵

分配式喷油泵按其构造不同，分为径向压缩式和轴向压缩式两种。由于径向压缩式分配泵存在一些缺点，没有得到广泛应用。目前现代轿车和轻型载货汽车车用柴油机多用轴向压缩式喷油泵，也称单柱塞分配泵或 VE 泵，由德国 Bosch（博世）公司研发。

德国博世公司生产的 VE 型分配泵是单柱塞、平面凸轮、断油计量和具有机械离心式调速器的分配泵，如图 5.13 所示。

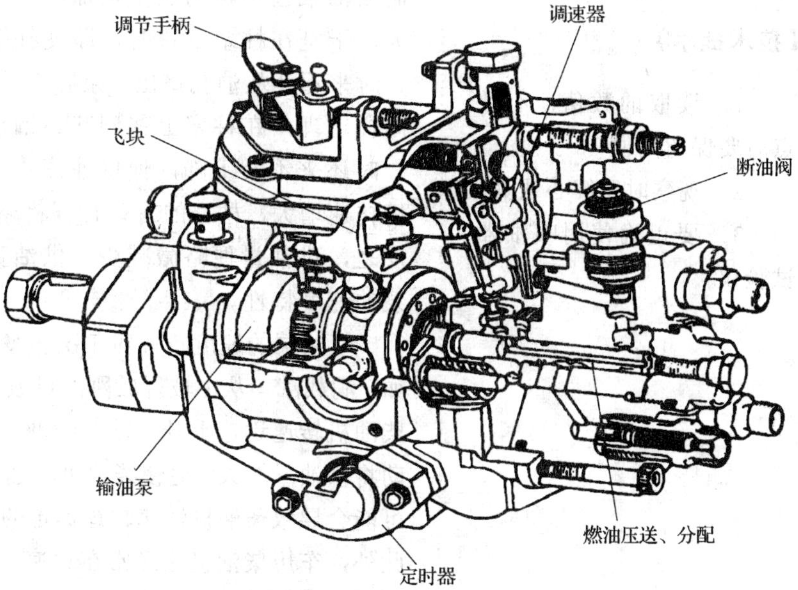

图 5.13　VE 型分配泵

是否需要调整？

____

（4）喷油器技术状态是否合格？________________

3．喷油器零件检验

（1）清除喷孔内的积炭，用柴油清洗喷油器各零件。

（2）检查针阀。

（3）检查针阀体。

（4）检查针阀与针阀体的配合情况，如实训图 5.5 所示。

（5）检查调压弹簧。检验结果为________________

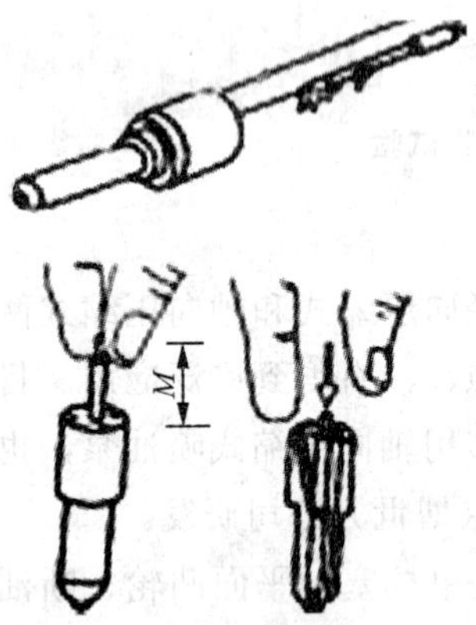

实训图 5.5

【技术提示】

1．读取的数值，小数点后要保留两位

2．观察时要细心认真

3．要正确使用喷油器试验仪

VE 分配泵主要由滑片式输油泵、高压泵、驱动机构和断油电磁阀等组成。其构造示意图如图 5.14 所示。

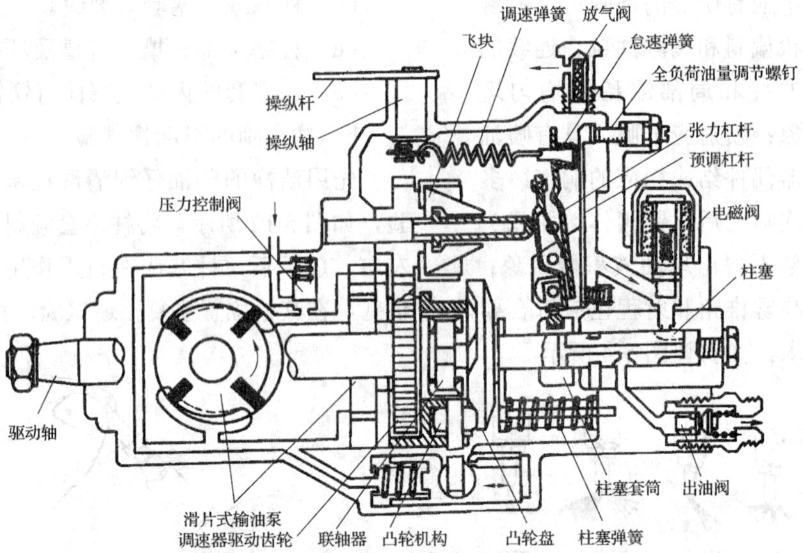

图 5.14　VE 型分配泵构造示意图

分配泵左端为传动轴及滑片式输油泵（也称二级输油泵），中间有驱动齿轮、凸轮盘等，右端有柱塞套筒、电磁阀等，泵上部为调速器，下部为供油提前角调节器。

5.2.3　调速器的构造与维修

调速器的作用是根据柴油机负荷的变化，自动地调节喷油泵的供油量，以保证柴油机在各种工况下稳定运转。

喷油泵每一循环供油量主要取决于柱塞的有效行程，理论上说，当喷油泵调节拉杆的位置一定时，每一循环供油量应不变，但实际上，供油量还会受到柴油机转速的影响。当柴油机转速增加，从而喷油泵柱塞移动速度增加时，柱塞套上油孔的节流作用随之增大，于是在柱塞上移时，即使柱塞尚未完全封闭油孔，由于燃油一时来不及从油孔挤出，泵腔内油压增加而使供油时刻略有提前；同样道理，在柱塞上移到其斜槽已经与油孔接通时，泵腔内油压一时还来不及下降，使供油停止时刻略微延后。这样，随着柴油机转速增大，柱塞的有效行程将略有增加，而供油量也略微增大；反之，供油量便略微减少。供油量随转速变化的关系，称为喷油泵的速度特性。

喷油泵的速度特性对工况多变的车用柴油机是非常不利的。例如，满载汽车从上坡行驶刚刚过渡到下坡行驶时，柴油机突然卸荷，柴油机转速迅速上升；这时喷油泵在上述速度特性的作用下，会自动将供油量增大，促使柴油机转速进一步升高，如得不到有效控制，可能会导致柴油机转速超过标定的最大转速，而出现“飞车”现象。此外，车用柴油机还经常在怠速工况下工作（如短暂停车、启动暖机等），即使柱塞保持在最小供油量位置不变，当负荷略有增大时，会使柴油机转速略有降低时，由于喷油泵速度特性的作用，其供油量会自动减少，使柴油机转速进一步降低。如此循环作用，最后将使柴油机熄火。

由上述可见，由于喷油泵速度特性的作用，使柴油机转速的稳定性变差，特别是在高速和怠速时，根本无法满足正常工作要求。要使柴油机运转稳定，就必须在其阻力发生变化时，及时按实际需要改变供油量，同时修正由于喷油泵速度特性带来的不良影响。因此，车用柴油机喷油泵都装有调速器，根据柴油机负荷的变化，自动调节供油量，以达到稳定怠速、限制超速，并保证柴油机在工作转速范围内的任一选定的转速下稳定工作。

1．柱塞式喷油泵调速器

目前，车用柴油机柱塞式喷油泵上应用最广泛的是机械离心式调速器。按其调节作用的范围不同，可以分为两速调速器和全速调速器。两速调速器只能起到稳定低速（怠速）和限制高速的作用，而在中等转速时不起作用，适用于一般条件下使用的汽车柴油机。全速调速器在各种转速下均起调速作用，适用于重型施工车辆和工程机械。

（1）离心式调速器基本原理

简单的离心式调速器由飞锤、滑套、调速弹簧和调速杠杆等组成，如图 5.15 所示。

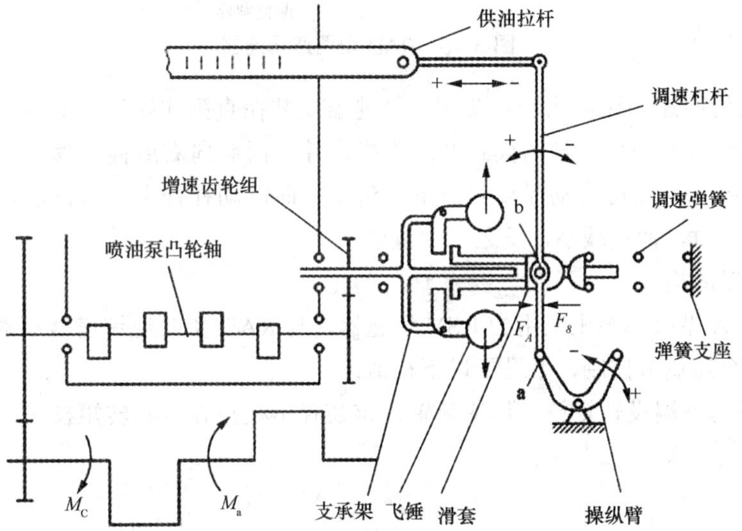

图 5.15　离心式调速器原理示意图

a—自动调节的支承点；b—人工调节的支承点；

F_A—离心推力；F_B—调速弹簧张力

柴油机在工作时，通过曲轴驱动装在喷油泵凸轮轴后端上的飞锤旋转，飞锤受离心力的作用而向外飞开。此离心力产生的推力 F_A 和调速弹簧的张力 F_B 在某一转速下相平衡，而使调速器和喷油泵保持在一定的位置下工作。

当柴油机的负荷（M_Q）变化时，便引起一系列的变化；柴油机转速变化—调速器转速变化—飞锤离心力及其产生的推力 F_A 变化—F_A 与 F_B 失去平衡—调速杠杆摆动—供油拉杆移动—供油量变化—柴油机的转矩（M_e）曲线上升或下降与变化了的负荷（M_Q）重新平衡，而稳定到接近原来的转速。于是起到了负荷变化时，柴油机保持稳定运转的作用，这就是机械离心式调速器的基本原理。

（2）两速调速器

如图 5.16 所示为 RAD 型两速调速器。两速调速器适用于一般条件下使用的汽车柴油机，且只能自动稳定和限制柴油机最低和最高转速，而在所有中间转速范围内则由驾驶员控制，换言之，它能使柴油机具有平稳的怠速，防止游车或熄火，又能限制柴油机不超过某一最大转速，避免出现超速（飞车）。至于中间转速，则可利用人工调节供油量来调速。

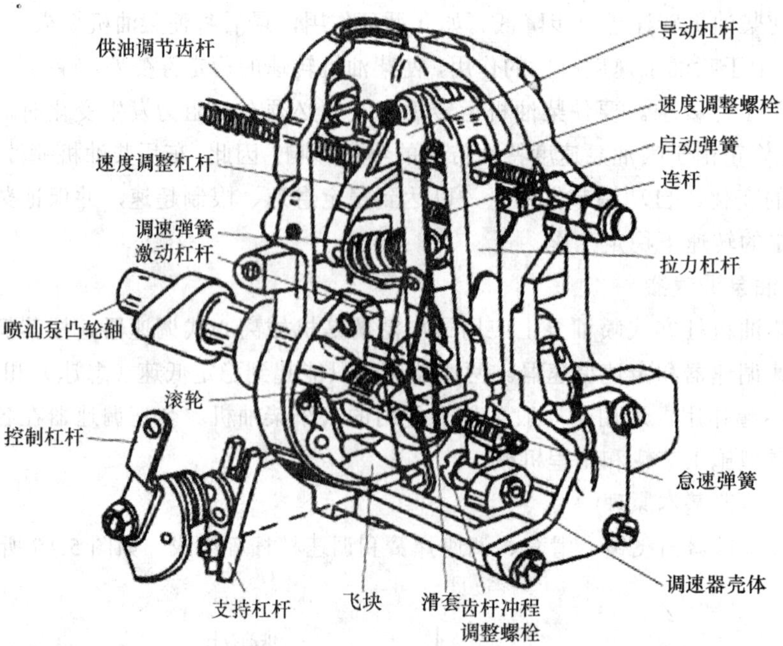

图 5.16　RAD 型两速调速器

如图 5.17 所示为两速调速器构造示意图，调速器安装在直列式喷油泵的后端，两个飞块安装在喷油泵凸轮轴上，转速的变化将使飞块张开或收拢，并使滑套向右或向左移动。控制杠杆通过偏心轴与支承杠杆相连接，从而可带动浮动杠杆下端传动。而浮动杠杆上端与供油量调节齿条连接。当供油量调节齿条右移时，油量减小，反之，油量增大。

（3）全速调速器的构造

图 5.18 为国产 A 型喷油泵上采用的 RSV 调速器，与 RAD 型两速调速器基本相同。为了实现在柴油机工作转速内全速调节控制，增设了以下构造：

① 在拉力杠杆的下端设转矩校正加浓装置，该装置由校正弹簧和转矩校正器顶杆组成，以便在超负荷时使用。

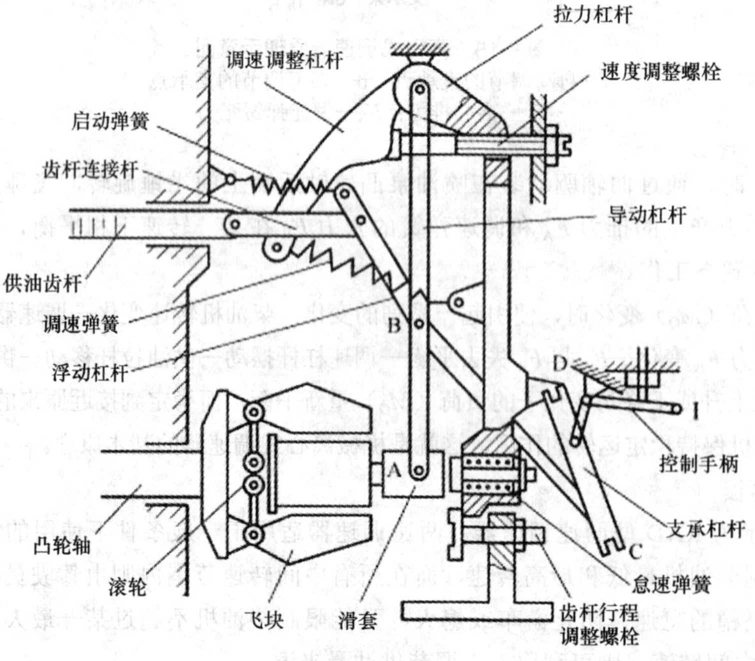

图 5.17　两速调速器构造示意图

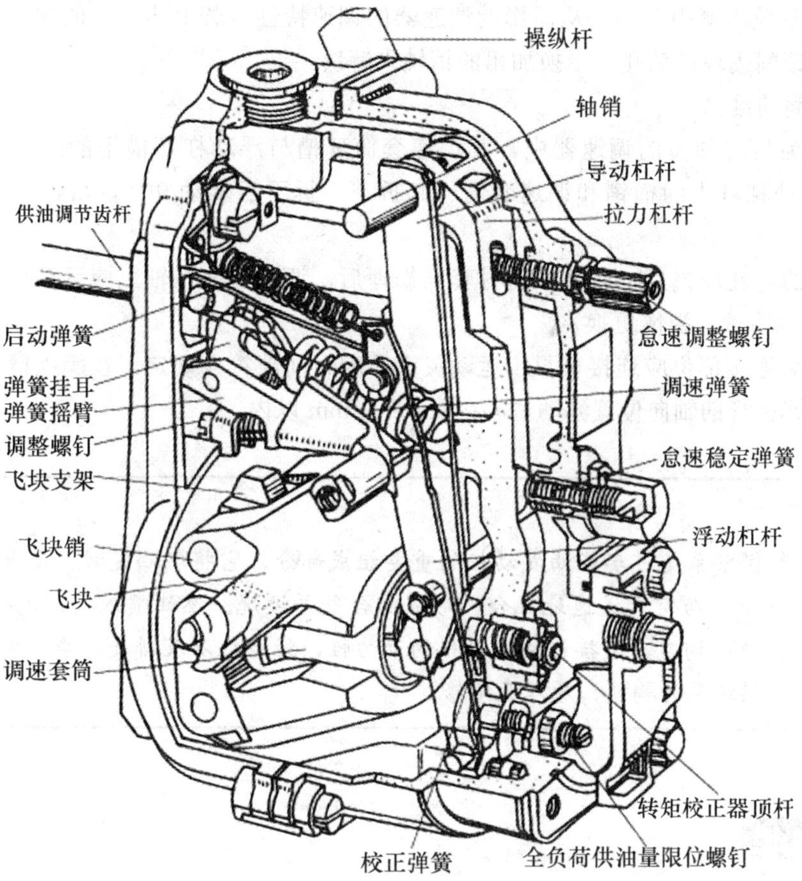

图 5.18 RSV 型全速调速器

② 采用了弹力可调的调速弹簧，而没有专门的怠速弹簧。但在拉力杠杆的中部增设怠速稳定弹簧，使怠速运转平稳。

③ 调速弹簧的弹簧摇臂上装有调整螺钉，它可以调整调速弹簧安装时预紧力的大小，以便保证调速弹簧长期使用过程中高速作用点的准确性。

④ 在拉力杠杆的下端，增设可调的全负荷供油量限位螺钉，以限制拉力杠杆的全负荷位置。在拉力杠杆的上方后面壳体上，装有怠速调整螺钉，用来调整怠速的高低，并限制弹簧摇臂向低速摆动的位置。

2. 调速器的维修

调速器中的零件大多是运动零件，这些零件的连接部分或接触部位在运动中会发生各种损伤。例如：在正常情况下，在调速器不起作用，加速踏板位置未动时喷油泵的供油拉杆或齿杆的自由行程为 0.5 mm 左右；但零件磨损严重时，它的松旷量可增加几倍，达到 3 ～ 4 mm。由于供油拉杆自由移动量过大，造成供油量在很大的范围内波动，引起发动机严重不稳。另外，在调速器起作用时，必须先消除各传动件之间的间隙，然后才能将运动传给供油拉杆或齿条，这就使得调速器的灵敏度降低，柴油机的动力性和经济性受到影响。

（1）调速弹簧的检验

调速器弹簧出现扭曲、裂纹、弹力减弱及折断等，应换新件。

（2）飞块支架及铰链连接部位的维修

对采用飞块构造的双速调速器，应保证飞块、支架及销轴三者的配合间隙。如飞块支承孔和飞块推脚磨损严重，使飞块实际摆动中心向内偏移，飞块推脚半径缩短，在发动机转速一定的情况下，调速套筒的位移量较未磨损前小，从而影响调速器的调速特性。若上述三者的配合达不到技术条件的要求，可通过镗削飞块销轴孔，更换加粗的销轴来解决。

（3）调速套筒的维修

在调速弹簧为拉力弹簧的调速器中，其调速套筒环槽与浮动杠杆横销的磨损，配合间隙超过规定时，可将浮动杠杆上的横销和调速套筒一起拆下，拆下后转动 90° 以后再装复，可以减小配合间隙。

调速器套筒的内孔磨损后，应更换新衬套。修理后，调速套筒在轴上应运动自如，无卡滞。调速套筒端面的推力轴承，视情更换。

调速器各操纵连接部位应连接可靠，运动灵活，配合间隙符合规定。在操纵臂位置不变动的情况下，供油拉杆或齿杆的轴向位置游动量应在 0.5 ～ 1 mm 以内。

任务实施

柴油机燃料供给系是汽车柴油发动机的重要组成部分，它将燃油定时、定量地按柴油机的工作次序喷入气缸，与空气迅速地混合，形成混合气并燃烧。燃油喷入气缸的喷油量的多少，和空气混合雾化是否均匀，直接影响发动机的动力性、经济性以及排气污染。所以本节课主要学习柴油机燃料供给系的构造、原理及维修。

相关链接

柴油机电子控制技术的发展趋势

1. 高的喷射压力

为满足排放法规的要求，柴油喷射压力从 10 MPa 提高到 200 MPa。如此高的喷射压力可明显改善柴油和空气的混合质量，缩短着火延迟期，使燃烧更迅速、更彻底，并且控制燃烧温度，从而降低废气排放。

2. 独立的喷射压力控制

传统柴油机的供油系统的喷射压力与柴油机的转速负荷有关。这种特性对于低转速、部分负荷条件下的燃油经济性和排放不利。若供油系统具有不依赖转速和负荷的喷射压力控制能力，就可选择最合适的喷射压力使喷射持续期、着火延迟期最佳，使柴油机在各种工况下的废气排放最低而经济性最优。

3. 改善柴油机燃油经济性

用户对柴油机的燃油消耗率非常关注。高喷射压力、独立的喷射压力控制、小喷孔、高平均喷油压力等措施都能降低燃油消耗率，从而提高柴油机的燃油使用经济性。

4. 独立的燃油喷射正时控制

喷射正时直接影响柴油机活塞上止点前喷入气缸的油量，决定气缸的峰值爆发压力和最高温度。高的气缸压力和温度可以改善燃油使用经济性，但导致 NO_x 增加。而不依赖于转速和负荷的喷射正时控制能力，是在燃油消耗率和排放之间实现最佳平衡的关键措施。

5. 可变的预喷射控制能力

预喷射可以降低颗粒排放，又不增加 NO_x 排放，还可改善柴油机冷启动性能、降低冷态工况下白烟的排放，降低噪声，改善低速扭矩。但是预喷射量、预喷射与主喷射之间的时间间隔在不同工况下的要求是不一样的。因此具有可变的预喷射控制能力对柴油机的性能和排放十分有利。

6. 最小油量的控制能力

供油系统具有高喷射压力的能力与柴油机怠速所需要的小油量控制能力发生矛盾。当供油系统具有预喷射能力后将会使控制小油量的能力进一步降低。由于工程机械用柴油机的工况很复杂，怠速工况经常出现，而电喷柴油机容易实现最小油量控制。

7. 快速断油能力

喷射结束时必须快速断油，如果不能快速断油，在低压力下喷射的柴油就会因燃烧不充分而冒黑烟，增加 HC 排放。电喷柴油机喷油器上采用的高速电磁开关阀很容易实现快速断油。

8. 降低驱动扭矩冲击载荷

燃油喷射系统在很高的压力下工作，既增加了驱动系统所需要的平均扭矩，也加大了冲击载荷。燃油喷射系统对驱动系统平稳加载和卸载的能力，是一种衡量喷射系统的标准。而电喷柴油机技术中的高压共轨技术则大大降低了驱动扭矩冲击载荷。

课后练习

1．柴油机燃料供给系的作用是什么？由哪几部分组成？
2．对柴油机燃料供给系有哪些要求？
3．汽车柴油机的燃烧室形状有哪几种？各有何特点？

模块 6

冷却系的构造与维修

【知识目标】

1. 掌握冷却系的作用、类型；
2. 掌握冷却系的组成、工作原理；
3. 掌握冷却系主要机件的结构特点和工作原理，知道主要部件的维修方法；
4. 了解冷却系故障现象、原因；
5. 掌握冷却系的故障诊断方法。

【技能目标】

1. 能够指认冷却系的各零部件，说出名称和作用；
2. 能按规范拆检或更换散热器、水泵或节温器等机件；
3. 能按规范检测、补充或更换冷却剂；
4. 能根据维修手册制定冷却系故障诊断步骤；
5. 能正确诊断、排除冷却系故障。

【课时计划】

任务类别	任务内容	参考课时		
		理论课时	实训课时	合　计
任务 6.1	冷却系的概述	2	1	3
任务 6.2	冷却系主要部件的构造与维修	2	2	4
任务 6.3	冷却系的常见故障诊断与排除	1	2	3
共计：10 课时				

情境导入

项目描述

一辆日产轿车在行车过程中出现冒黑烟、加速无力、怠速不稳、油耗增加等现象，进厂经检测后确定需进行发动机大修，发动机吊卸和拆解后，已完成了曲柄连杆机构、配气机构、燃料供给系统的维修，要对冷却系进行维修。

项目分析

作为一名修理工，如何完成冷却系的维修？首先分析冷却系的结构组成，按照维修手册要求，对散热器、水泵、风扇、节温器等各部分进行拆解、检测和维修，恢复其技术状态。

任务驱动

任务 6.1　冷却系的概述

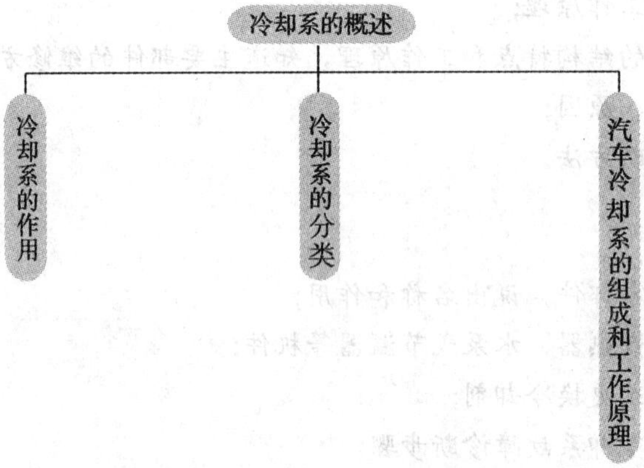

实训指导

实训 1　冷却系的识别

【实训准备】

1. 设备与器材：整车、工具车、清洁毛巾等，共六套
2. 将“任务工单”分发给每位学生

【实训目的】

1. 结合整车，说出水

基础知识

6.1.1　冷却系的作用

发动机冷却系的主要功用是使工作中的发动机得到适度的冷却，并保持发动机在最适宜的温度状态下工作。所谓适宜的工作温度，对于水冷发动机，要求气缸盖内冷却水温度在 80 ～ 90 ℃之间。

发动机温度过高，可导致气缸和进气管温度过高，使得充气效率下降，发动机功率下降；润滑油黏度下降，严重时变质，影响润滑效果；另外，各机件因高温而膨胀，破坏了正常的啮合间隙，产生卡死现象。

发动机温度过低，可导致可燃混合气燃烧的热量散失过多，发动机的功率下降；机油黏度大，摩擦阻力增大，消耗功率大，启动困难；燃油不易汽化，燃油消耗率增加，功率下降；燃气易凝结在

冷系的组成和名称

2．结合整车，说出水冷系的工作原理

【实训步骤】

1．结合教材资料，指出各组成部件

（1）散热器，如实训图 6.1 所示；

实训图 6.1

（2）散热器盖，如实训图 6.2 所示；

实训图 6.2

（3）风扇，如实训图 6.3 所示；

实训图 6.3

（4）水泵，如实训图 6.4 所示；

实训图 6.4

气缸壁上，导致气缸部件酸腐蚀增加，流入曲轴箱，降低润滑油黏度，机件磨损加剧。

6.1.2 冷却系的分类

发动机冷却系按照冷却方式的不同，分为水冷和风冷两种类型。

（1）水冷系

水冷系是以冷却液（水和添加剂混合液）为冷却介质，把高温零件的热量传给冷却液，然后再散入大气而进行冷却的装置，如图 6.1（a）所示。该系统具有冷却强度大、效果好、噪声小等优点，在汽车发动机上得到广泛应用。

（2）风冷系

风冷系是利用高速空气流将发动机中高温零件的热量直接散入大气而进行冷却的装置，如图 6.1（b）所示。该系统结构简单、使用和维修方便，但冷却不可靠、冷却强度不容易调节和控制、噪声大，仅在小型发动机和一些大型柴油机上使用。

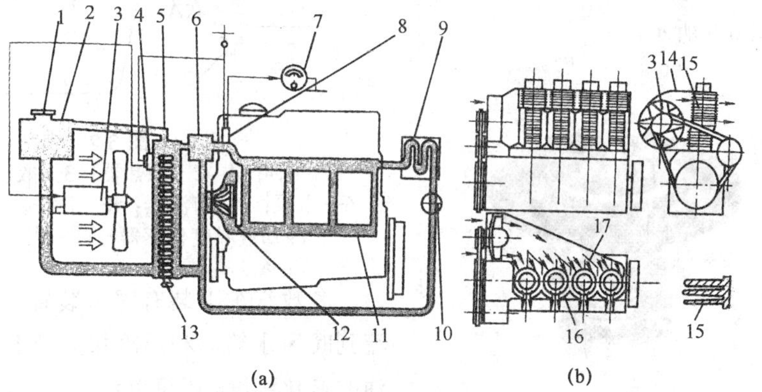

图 6.1 冷却系的类型

1—散热器盖；2—膨胀箱；3—风扇；4—温控开关；5—散热器；6—节温器；7—冷却液温度表；8—温度传感器；9—暖气水箱；10—暖气阀门；11—水套；12—水泵；13—放水开关；14—导流罩；15—散热片；16—气缸导流罩；17—分流板

6.1.3 汽车冷却系的组成和工作原理

1．汽车冷却系的组成

汽车发动机上采用的水冷系都是用水泵强制地使冷却液在冷却系中进行循环流动的，故称为强制循环式水冷系。水冷系由冷却装置（水泵、风扇、散热器等）、冷却强度调节装置（节温器、风扇离合器、百叶窗等）和冷却液温度显示装置（冷却液温度表、冷却液温度传感器等）三个部分所构成，如图 6.2 所示。

2．水冷系的工作原理

发动机工作时，如图 6.2 所示，水泵 6 将冷却液输送至发动机缸体后，冷却液便开始在气缸周围的发动机机体水套 9 里流动。接着，冷却液又通过发动机的气缸盖返回节温器 7 位于冷却液流出发动机的位置。如果节温器 7 关闭，则冷却液将经过节温器周围的管

（5）膨胀水箱，如实训图 6.5 所示；

实训图 6.5

（6）节温器：节温器安装在发动机机体上，无法直观看到，但是要求结合维修手册能够指出节温器的安装位置，散热器出水口或者散热器进水口，如实训图 6.6 所示。

实训图 6.6

2．结合教材和实物，探讨强制循环水冷系的工作原理

【技术提示】

1．车型不同，散热器、风扇、膨胀水箱的结构也会有所不同，但是功能一样

2．探讨原理时，注意分水管的路线，冷却液提供给其他装置的辅助作用

道直接流回到水泵。如果节温器 7 打开，冷却液将首先流入散热器 2，由于有风扇 4 的强力抽吸，空气流由前向后高速从散热器 2 中通过。带有热量的冷却液在流经散热器 2 的过程中，其热量不断地散到大气中去，使冷却液得到冷却，冷却了的冷却液流到散热器 2 的底部后，又被吸入水泵 6，如此不断地循环，使发动机在高温条件下工作的零件不断地得到冷却。

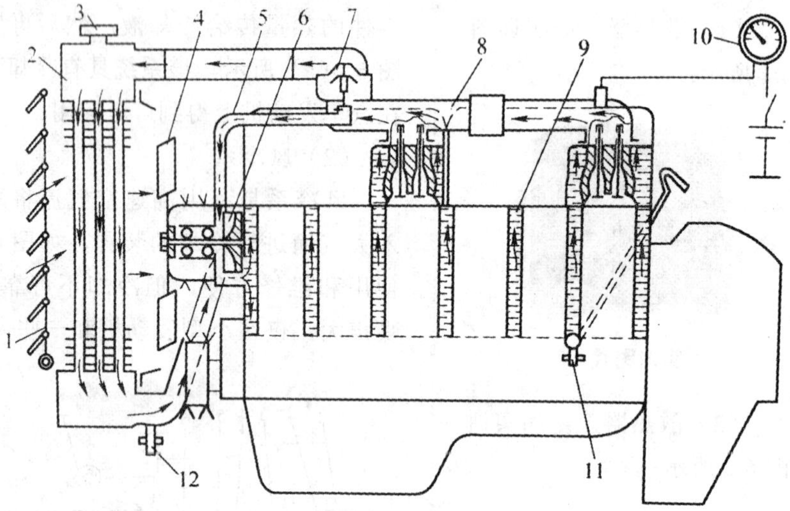

图 6.2　强制水冷却液系统结构

1—百叶窗；2—散热器；3—散热器盖；4—风扇；5—小循环水管；6—水泵；7—节温器；8—出水管；9—机体水套；10—冷却液温度表和冷却液温度传感器；11—水套放水开关；12—散热器放水开关

多数汽车上装有暖风装置，如图 6.1（a）所示，是将冷却液分流到暖风水箱，利用冷却液带出的热量达到取暖的目的。为提高燃油的雾化程度，还可以利用冷却液热量对进气管道内的混合气预热。从发动机水套吸收热量后的冷却液，一部分直接流回散热器进行冷却，一部分从气缸体水套中流至混合气预热水道，再回到水泵。需要供暖时，打开暖气控制阀，从气缸体流出的部分冷却液又可以流入暖风水箱供暖，然后回到水泵。

任务 6.2 冷却系主要部件的构造与维修

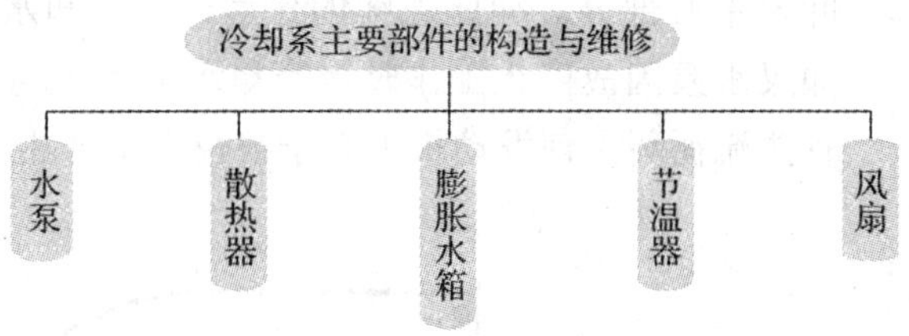

实训指导

实训 2 水泵的维修

【实训准备】

1．设备与器材：整车、世达组合工具、冷却液收集容器、工具车、清洁毛巾等，共六套

2．将“任务工单”分发给每位学生

【实训目的】

1．能够规范对水泵进行拆装

2．能够正确对水泵进行维修

【实训步骤】

1．维修前准备

（1）发动机各管路连接正常；

（2）停放位置通风光照良好；

（3）发动机熄火后冷却液温度降至室温。

2．拆卸水泵

（1）排放冷却液

① 旋开冷却液储液罐盖；

基础知识

6.2.1 水泵

水泵的作用是给冷却液加压，强制使冷却液在冷却系中进行循环流动，保证冷却可靠。

图 6.3 所示为上海桑塔纳轿车发动机水泵的纵剖面图。水泵轴 5 通过球轴承 7 支承在水泵壳体 11 上。水泵轴左端通过水泵轴凸缘 6 用紧固螺栓 4 与水泵带轮相连，右端则连接水泵叶轮 18。为防止泵内高压水沿泵轴向外渗漏，在叶轮的前端装有密封装置（通常由水封环、密封圈或者填料等组成）。

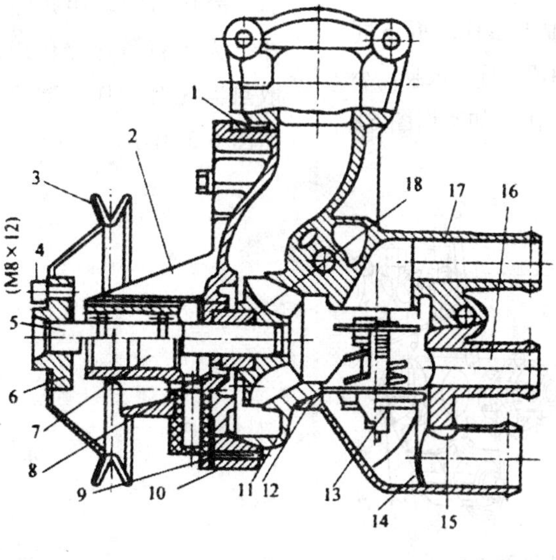

图 6.3 桑塔纳发动机水泵的纵剖面图

1—密封垫；2—前壳体；3—水泵 V 型带轮；4—V 型带轮紧固螺栓；5—水泵轴；6—水泵轴凸缘；7—轴承；8—水封；9—水泵连接螺栓；10—密封垫；11—泵壳体；12—密封圈；13—节温器；14—主进水管；15—进水管紧固螺栓；16—暖风热交换器回水时水泵口；17—小循环进水；18—水泵叶轮

注意，旋开盖子时，在盖子上盖一块抹布，以防有蒸气喷出；

② 在发动机下放置一个干净的收集盘；

③ 松开夹箍，如实训图 6.7 所示，拔下散热器的下水管，放出冷却液；

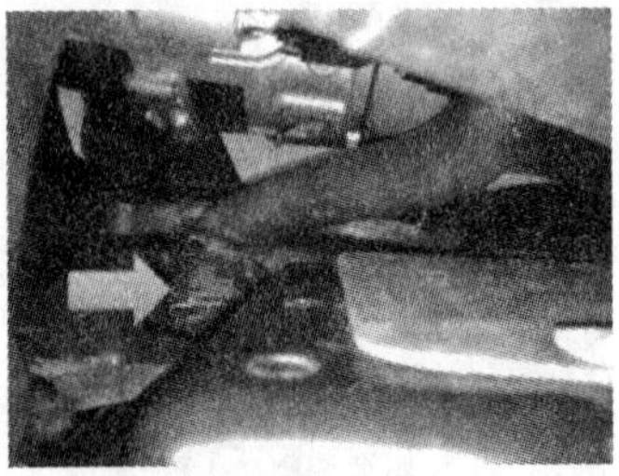

实训图 6.7

（2）拆下同步带的上、中防护罩；

（3）将曲轴调整到第 1 缸上止点位置；

（4）拆下凸轮轴上的同步带，但不必拆下曲轴 V 型带轮；保持同步带在曲轴同步带轮上的位置；

（5）旋下螺栓，拆下同步带后防护罩，旋下水泵，小心地将其拉出，如实训图 6.8 所示。

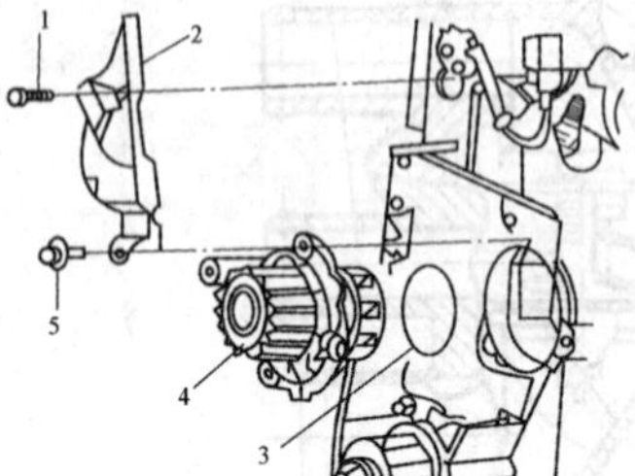

实训图 6.8

3．维修水泵

（1）检查水泵壳、卡簧槽是否破裂；凸缘孔若松旷，则应镶套后重新加工，必要时更换新件；

汽车发动机都采用离心式水泵。它体积小，出水量大，工作可靠。

离心式水泵的工作原理如图 6.4 所示，当叶轮旋转时，水泵中的水被叶轮带动一起旋转，在离心力作用下，水被甩向叶轮边缘，然后经外壳上与叶轮成切线方向的出水管压送到发动机水套内。与此同时，叶轮中心处的压力降低，散热器中的水便经进水管被吸进叶轮中心部分。如此连续的作用，使冷却水在水路中不断地循环。如果水泵因故停止工作时，冷却水仍然能从叶轮叶片之间流过，进行热流循环，使发动机不至于很快产生过热。

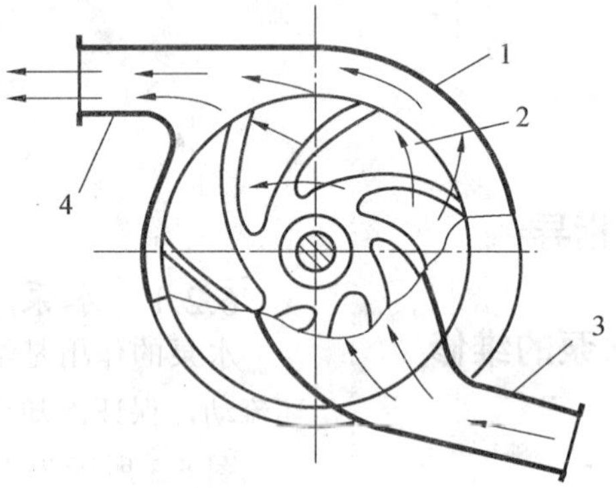

图 6.4　离心式水泵的工作原理

1—壳体；2—叶轮；3—进水管；4—出水管

6.2.2　散热器

1．散热器

散热器的功用是储存冷却水、增大散热面积、加速冷却液的冷却。为了将散热器传出的热量尽快带走，在散热器后面装有风扇与散热器配合工作。散热器由上、下贮水室和散热器芯组成，其结构如图 6.5 所示。

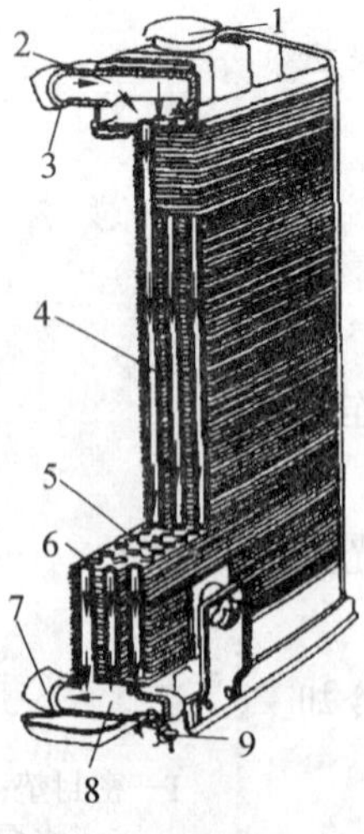

图 6.5　散热器结构

1—散热器盖；2—上贮水室；3—散热器进水管；4—散热器芯；5—冷却管；6—散热片；7—散热器出水管；8—下贮水室；9—放水开关

（2）检查风扇皮带轮轮毂螺栓有无松动；

（3）带轮仍松摆，分解水泵，检查轴承，水泵轴颈及其轴承磨损严重，使水泵轴摆动量超过 0.1 mm，应更换；

（4）水泵漏水时，检查水泵衬垫、水泵壳的泄水孔；

（5）水泵衬垫漏水时，应检查水泵紧固螺栓是否松动，仍漏水，应更换衬垫；

（6）水泵泄水孔漏水时，应分解水泵，检查水封，如损坏，应更换；

（7）水泵装合后，首先用手转动皮带轮，泵轴转动应无卡滞现象。

4．安装水泵

（1）清洁 O 形密封圈的密封表面，用冷却液浸湿新的 O 形密封圈；

（2）安装水泵，罩壳上的凸耳朝下；

（3）安装同步带后防护罩，拧紧水泵螺栓至 15 N•m；

（4）安装同步带，安装驱动 V 型带，调整松紧度；

（5）加注冷却液，拆卸后各密封圈及密封垫也应全部换用新件。

【技术提示】

具体检测参数，参照维修手册

实训 3　节温器的检查

【实训准备】

1．设备与器材：整车、世达组合工具、冷却液收集容器、测温仪、工具车、清

散热器上贮水室顶部有加水口和散热器盖，上、下贮水室的进、出水管，分别用橡胶软管与气缸盖的出水管和水泵的进水管相连，下贮水室上设有放水开关，供放水时使用。

为了增大散热器的散热面积和传热速率，散热器芯均由许多铜或铝质冷却管和散热片组成，常用的结构形式有管片式和管带式两种，如图 6.6 所示。

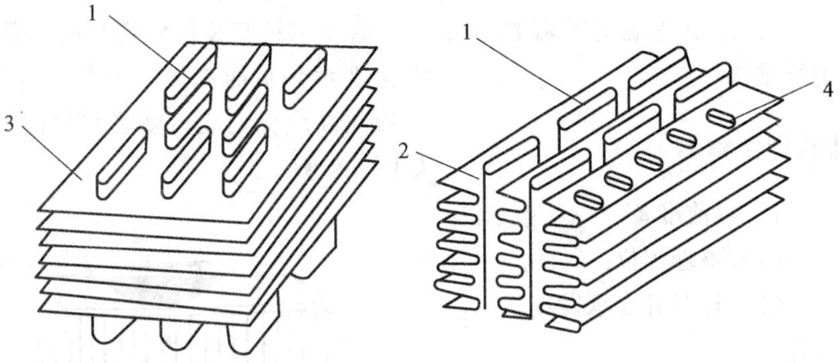

图 6.6　散热器芯结构

1—冷却管；2—散热带；3—散热片；4—缝孔

2．散热器盖

散热器上的加水口平时用散热器盖严密盖住，以防冷却水溅出。

现代轿车散热器上广泛采用具有空气-蒸汽阀的散热器盖，其结构如图 6.5 所示。这种散热器盖上主要由加水口、蒸汽阀、空气阀及蒸汽阀弹簧和空气阀弹簧组成。

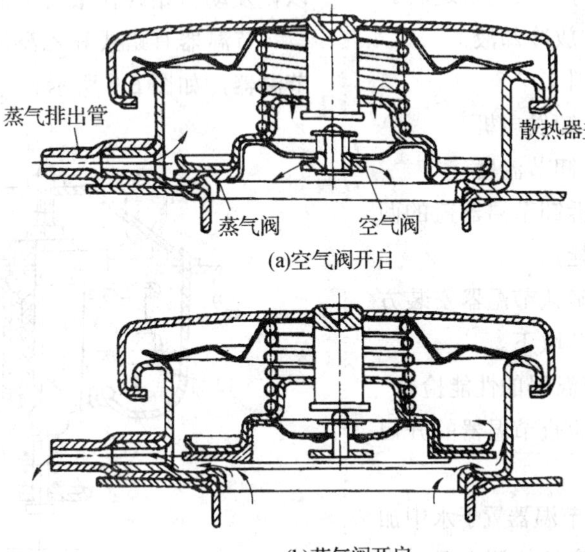

图 6.7　散热器盖的结构及原理

当发动机热状态正常时，蒸汽阀和空气阀各自在弹簧压力的作用下处于关闭状态，这时冷却系水路与大气隔开；当冷却系水温升高，散热器中压力达到一定值时，蒸汽阀开启，水蒸气从蒸汽阀经

洁毛巾等，共六套

2. 将“任务工单”分发给每位学生

【实训目的】

1. 能够规范对节温器进行拆装

2. 能够正确对节温器进行维修

【实训步骤】

1. 事前准备

（1）整理工位；

（2）打开并支承发动机舱盖；

（3）粘贴汽车护裙。

2. 启动发动机

（1）发动机预热 90 ℃，节温器开启，发动机气缸体内的冷却液排放较为彻底，检查拆卸节温器时的冷却液损失量；

（2）发动机预热 90 ℃以上后，停止发动机运转。

3. 排放冷却液

同实训 2。

4. 拆卸发电机

5. 拆卸节温器

（1）拆卸节温器盖的两条固定螺栓；

（2）确认节温器安装方向后，将其取下。

6. 节温器的性能检查

（1）检查节温器的开启性能：

① 将节温器置于水中加热，用温度计检测水温，当水温达到（87±2）℃时，阀门开启，如实训图 6.9 所示；

② 水温达到（102±3）℃时，阀门全开达最大升程；阀门开启最大升程大于 7 mm；

通气口排入大气或旁贮水箱，使散热器内的压力下降到规定值。当冷却水温度下降时，空气阀被大气压力推开，空气从通气口进入冷却系，以防止散热器芯被大气压坏。

6.2.3 膨胀水箱

膨胀水箱又称旁贮水箱。现在加注防冻液的汽车发动机，为了给冷却液热胀冷缩的空间，减少冷却液的损失，消除冷却液中的气泡，都装有膨胀水箱。

膨胀水箱安装位置通常高于散热器，用半透明材料制成，可以直接观察到页面高度，无须打开散热器盖。膨胀水箱内部印有两条液面高度标记线，膨胀水箱内的液面高度位于这两条刻线之间，如图 6.8 所示。

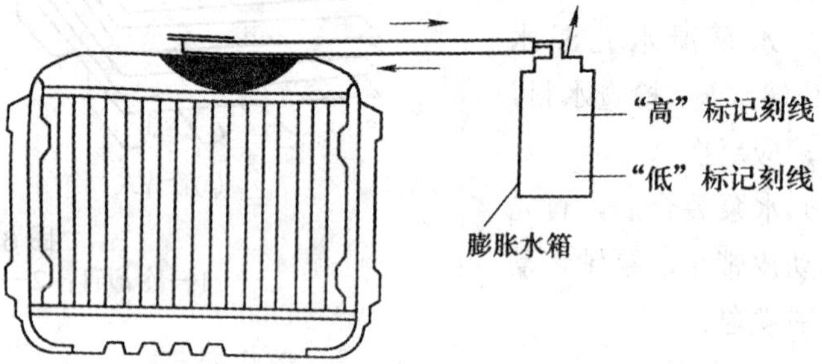

图 6.8　膨胀水箱

6.2.4 节温器

节温器安装在水泵的进水口或者气缸盖的出水口。其作用是根据发动机冷却水温度的高低，自动改变冷却水的循环路线和流量，以使发动机始终在最合适的温度下工作。

节温器有蜡式和乙醚皱纹筒式两种，目前多数发动机采用蜡式节温器，如图 6.9 所示。

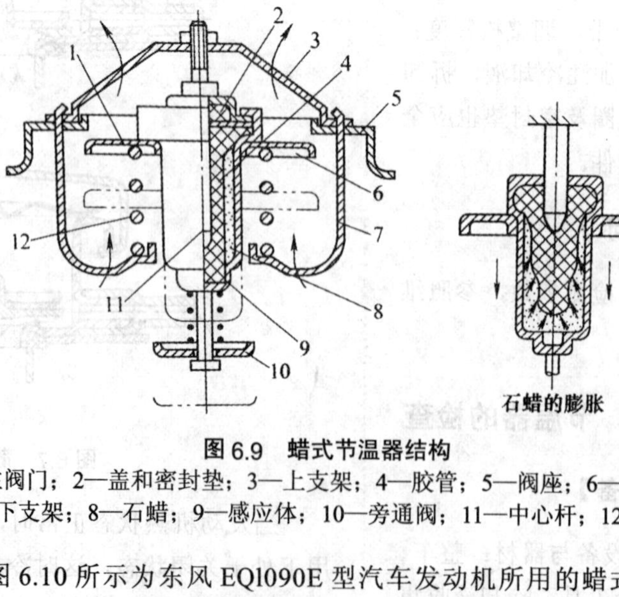

图 6.9　蜡式节温器结构

1—主阀门；2—盖和密封垫；3—上支架；4—胶管；5—阀座；6—通气孔；7—下支架；8—石蜡；9—感应体；10—旁通阀；11—中心杆；12—弹簧

图 6.10 所示为东风 EQ1090E 型汽车发动机所用的蜡式节温器的工作原理。推杆的上端固定于支架上端的中心处，另一端插入胶

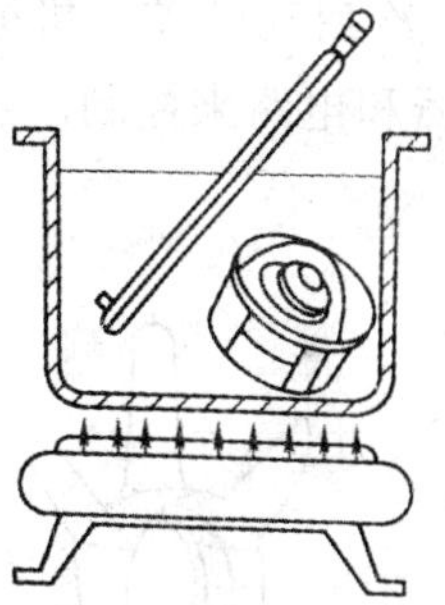

实训图 6.9

（2）检查节温器的关闭性能：

① 方法一：停止对水加热，使水自然冷却，阀门应逐渐关闭，当水温将至（87±2）℃，阀门应全闭；

② 方法二：将节温器从水中取出，使之自然降温，阀门应逐渐关闭，直至关闭。如果节温器的开闭温度不符合规定要求，说明节温器有故障，应更换节温器；

（3）检查冷却系分水管有无橡胶老化、裂纹、脱层起包等现象；有，则更换分水管；

（4）检查节温器盖是否有变形、裂纹；

（5）观察水管卡簧是否歪扭变形。

7．清洁节温器座及盖

8．安装节温器

（1）注意节温器安装方向；

（2）将密封垫圈均匀涂抹一层机油后，将其套装在节温器上；

（3）安装节温器盖。

9．加注冷却液

10．检查正时齿形带

11．安装发电机

12．安装发电机传动带

13．安装蓄电池负极

管的中心孔中，胶管与节温器外壳之间形成的腔体内装有精制石蜡。

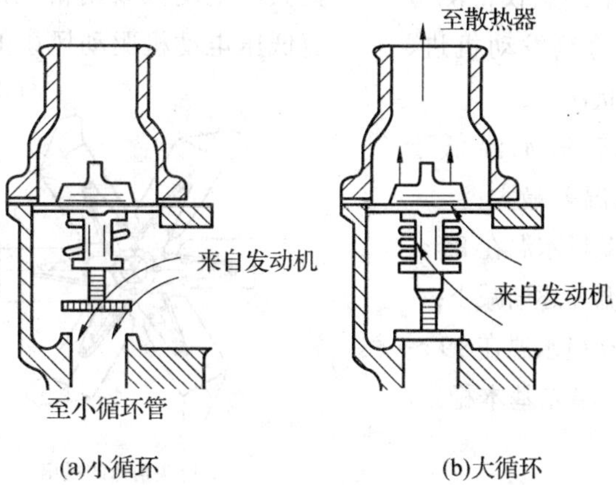

图 6.10　蜡式节温器的工作原理

当发动机水温低于 76 ℃时，石蜡呈固态。弹簧将主阀门推向上方，使之压在阀座上，主阀门关闭；而旁阀门随着主阀门上移，离开阀座小循环通路打开，如图 6.10（a）所示。来自发动机缸盖出水口的冷却水，经水泵又流回气缸体水套中，进行小循环。

当发动机水温温度在 76 ℃和 86 ℃之间时，石蜡逐渐变成液态，其体积膨胀，迫使胶管收缩，而对推杆锥状端头施加向上的推力。而固定不动的推杆对胶管及节温器外壳产生向下的反推力，此时，大小循环是同时存在的。

当发动机水温为 76 ℃时，推杆对节温器外壳的反推力可以克服弹簧预压力，使主阀门开始打开。当水温超过 86 ℃时，主阀门全开，而旁阀门此时正好完全关闭了小循环退路，这时来自气缸盖出水口的冷却液沿出水管全部进入散热器冷却，进行大循环，如图 6.10（b）所示。

6.2.5　风扇

1．作用

风扇通常安装在散热器和发动机之间，其作用是利用风扇旋转时对空气产生吸力，并使之沿轴向流动，空气流由前向后穿过散热器芯并吹向发动机表面，使流经散热器芯的冷却液加速冷却，吸收并带走发动机表面的热量，加强冷却系对发动机的冷却作用。

2．风扇的构造

风扇的外径略小于散热器的宽度。风扇的扇风量、噪声及其所消耗的功率与风扇的直径、转速及叶片的数目、形状、安装角度等有关，叶片数目通常为 4 ～ 6 片。轿车发动机基本上都采用轴流式冷却风扇，其叶片横断面多为弧形，为减少叶片旋转时产生的振动和噪声，叶片间的夹角一般不相等，如图 6.11 所示。

3．风扇的类型

车用发动机冷却风扇按驱动的动力分为机械风扇和电动风扇。机械风扇装在水泵轴上，由曲轴前端带轮通过 V 带驱动，其速度取决于带轮的大小和曲轴的转速，这种风扇不需另外的驱动装置，如

14．发动机运行检查

15．使用测温仪检测节温器性能，检测发动机进、出水口水温状况

（1）发动机水温低于85 ℃时，水温差最大；

（2）发动机水温在85～99 ℃时，水温差逐渐减小；

（3）发动机水温在99～105 ℃时，水温差基本稳定，变化不大。

【技术提示】

1．节温器所在部位比较隐蔽，使用工具时动作要轻缓

2．节温器如果取下时困难，可用橡胶锤轻轻敲击振动；严禁使用螺丝刀撬或铁锤砸

3．节温器安装方向：带推杆的一端应朝外；带感温体的一端朝向气缸体或气缸盖

4．具体拆、检、装参数，参照维修手册

图6.12所示。其优点是结构简单，但发动机冷启动性差，机械损失大。电动风扇用蓄电池做电源，采用传感器和电路来控制，由直流低压电动机驱动风扇的运转，如图6.13所示。

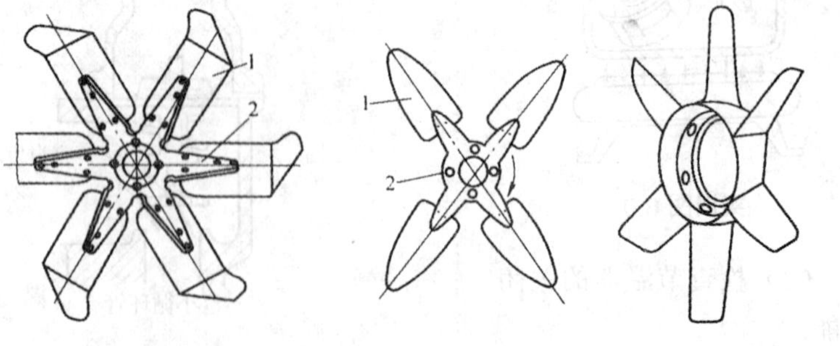

图6.11 风扇叶片

1—叶片；2—连接板

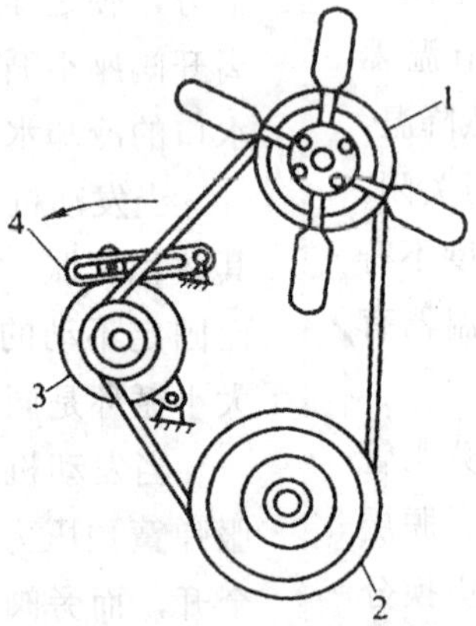

图6.12 机械风扇

1—风扇及带轮；2—曲轴带轮；3—发电机；4—移动支架

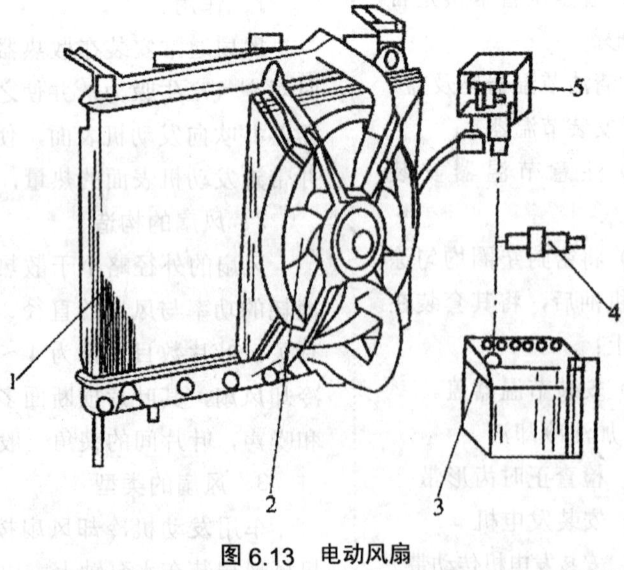

图6.13 电动风扇

1—散热器；2—电动风扇；3—电源；4—温度传感器；5—继电器

4．风扇的控制装置

（1）风扇控制装置的作用

风扇控制装置用以控制风扇的运转与转速，改变流经散热器芯部的空气流量，从而调节冷却强度，保证发动机在最有利的温度范围内工作，提高发动机的使用寿命。同时还可以减少风扇的功率效率，降低发动机噪声。

（2）机械风扇控制装置

机械风扇控制的形式很多，目前采用的主要有硅油风扇离合器和电磁风扇离合器两种风扇控制装置。

① 硅油风扇离合器。硅油风扇离合器是一种以硅油为介质，利用通过散热器芯、吹向风扇的气流的温度高低改变风扇转速的风扇控制装置。硅油风扇安装在风扇与水泵之间，如图 6.14 所示。

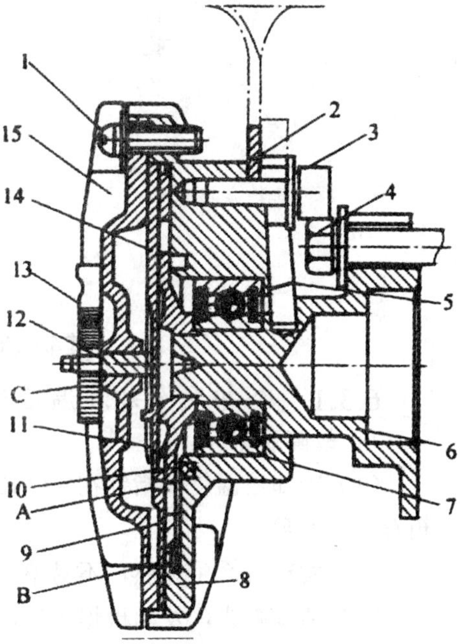

图 6.14　硅油风扇离合器的结构

1—螺钉；2—风扇；3—圆柱头内六角螺钉；4—螺栓；5—锁止板；6—主动轴；
7—轴承；8—壳体；9—从动板；10—主动板；11—阀片；12—阀片轴；
13—双金属感温器；14—密封毛毡圈；15—前盖
A—进油孔；B—回油孔；C—漏油孔

② 电磁风扇离合器。电磁风扇离合器是一种根据冷却液温度，通过冷却液温度感应开关和电路控制风扇运转的装置。

5．百叶窗

百叶窗装在水箱散热器的前面。当冷却液温度过低时，驾驶员可通过装在驾驶室内的操纵手柄将百叶窗部分或全部关闭，以减少吹过散热器的空气流量，使水温回升。有的汽车用蜡式节温器自动调节百叶窗的开度。

任务 6.3　冷却系的常见故障诊断与排除

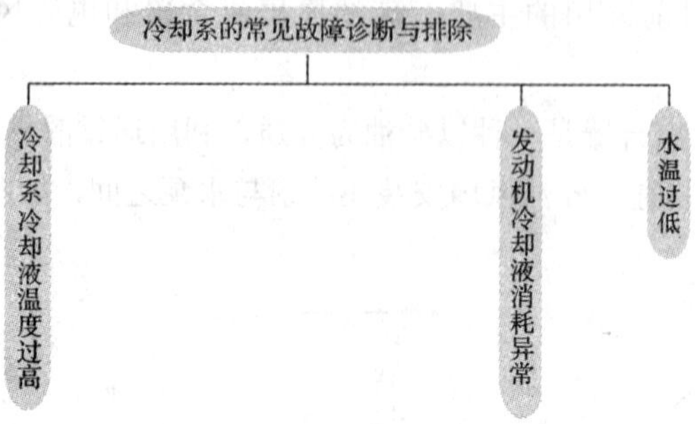

实训指导

实训 4　冷却液的更换

【实训准备】

1．设备与器材：整车、举升机、世达组合工具、冷却液收集容器、检漏仪、冰点检测仪、工具车、清洁毛巾等，共六套

2．将“任务工单”分发给每位学生

【实训目的】

1．掌握更换发动机冷却液的操作要领

2．掌握检漏仪、冷却液冰点检测仪的使用方法

【实训步骤】

1．事前准备

（1）整理工位；

（2）打开并支承发动机

基础知识

6.3.1　冷却系冷却液温度过高

1．故障现象

（1）冷却液温度表指针在 372 K（100 ℃）以上，散热器上贮水箱有开锅现象。

（2）发动机产生爆燃，不易熄火。

（3）活塞膨胀，发动机熄火后，不易启动。

2．故障原因、诊断和排除

（1）冷却液不足。检查冷却液水箱或膨胀水箱的水是否充足，如不足，加冷却液或疏通膨胀水箱的通气孔。

（2）冷却液温度表指示值过高。观察散热器冷却液温度是否过热或开锅，如冷却液温度正常，即为感应塞或冷却液温度表故障，应先更换感应塞；若冷却液温度表的指示值还高，则是冷却液温度表已坏。

（3）风扇不转。检查风扇传动带是否过松打滑，若打滑应进行调整。松开电机支架固定螺栓，向外扳动电机，同时拧紧固定螺栓。风扇传动带松紧度的检查方法是，用拇指按压两轮距中点处，带的下沉量为 10 ～ 15 mm 为宜。

（4）节温器故障。若发动机温度过高，而散热器的温度并不高，或散热器上贮水箱温度高，下贮水箱却较冷时，可能是节温器的阀门没打开或阀门升程太小，应检查更换节温器。

（5）水泵损坏。可将水箱盖打开，操纵油门，突然变化发动机转速，从加水口观察冷却液面有无变化，若无搅动现象，则为水泵工作不正常，应检查排除水泵故障。

舱盖；

（3）粘贴汽车护裙。

2. 启动发动机

（1）发动机预热 90 ℃，节温器开启，发动机气缸体内的冷却液排放较为彻底，检查拆卸节温器时的冷却液损失量；

（2）发动机预热 90 ℃以上后，停止运转发动机。

3. 检漏

（1）检查冷却系的软管是否有鼓包、裂纹和接口泄漏；

（2）检查散热器、暖风水箱、水泵、膨胀水箱、气缸垫、气缸盖的水堵是否泄漏。

4. 排放冷却液

（1）用手缓慢旋松冷却液膨胀水箱盖，并施加一定的下压力，当感觉到系统压力释放殆尽后，重新旋紧膨胀水箱；

（2）操作举升机，将车辆升起至目标高度；

（3）将冷却液收集容器放置散热器出水口处，用鲤鱼钳将下水管卡箍张开，放出冷却液；

（4）将车辆平稳降落，旋开膨胀水箱盖，冷却液急速流入容器；

（5）打开点火开关，怠速 30 ～ 60 s 之后关闭。

5. 安装下水管

6. 冷却液冰点检测

使用吸管吸取少量冷却液滴到冰点测试仪的棱镜上；观看读出数值。

7. 加注冷却液

8. 使用检漏仪对冷却系的加压检漏

9. 排放冷却系中的空气

（6）散热器盖损坏。若冷却液的沸点温度未提高，发动机冷却后散热器内的真空度未形成，有膨胀水箱的箱内液面无变化，则为散热器盖坏，应修复或更换。

（7）护风罩坏或不起作用，百叶窗打不开等。

6.3.2 发动机冷却液消耗异常

1. 冷却液消耗异常故障现象

冷却液消耗过快。

2. 故障诊断

（1）散热器及冷却系各胶管连接处渗漏。

（2）节温器盖松动或密封圈损坏。

（3）气缸体或气缸盖破裂。

（4）气缸垫损坏或气缸盖螺栓松动。

3. 故障排除

（1）直观检查机体、水泵、散热器及各胶管连接处有无冷却液渗出，必要时可以对冷却系进行加压检查，出现渗漏，应查明原因予以排除。

（2）发动机行驶无力，且排气管冒白烟，表明气缸垫或气缸盖螺栓松动，应拆检、更换气缸垫并按规定重新紧固气缸盖螺栓。

6.3.3 水温过低

1. 故障现象

（1）暖机后水温指示值在 353 K（80 ℃）以下。

（2）发动机加速困难、无力。

2. 故障原因、诊断和排除

（1）节温器故障。发动机冷车升温时间长，节温器失效后其主阀门敞开，冷却液没有小循环，应检查节温器。

（2）冬季保养措施不良，百叶窗、挡风帘关闭不严。

（3）水温表（即冷却液温度表）或水温传感器故障。实际水温与指示值有误差时，多为水温传感器或水温表故障，更新水温表后无效果，则为水温传感器故障，应更换水温传感器。

10．最终检查（液面高度、是否泄漏）

【技术提示】

1．操作过程中，注意不要被冷却液烫伤

2．举升机使用注意安全

任务实施

为了正确排除冷却系故障，首先，必须熟悉冷却系各组成分的具体结构，各部分组成作用，熟悉冷却系故障产生的现象，形成故障的可能原因；并通过实训，掌握冷却系故障诊断和排除方法、步骤。

相关链接

车用冷却液知识

冷却液是发动机冷却系中最重要的工作介质，汽车常用的冷却液有水及加有防冻剂的防冻冷却液。防冻冷却液中含有特殊添加剂，能起到冷却、防冻、防锈和防积水垢等作用，被现代轿车发动机普遍采用。

1．防冻冷却液的种类

防冻冷却液主要由冷冻剂与水按一定比例混合而成。按冷冻剂的种类不同，防冻冷却液分为酒精型、甘油型和乙二醇型三种，前两种已淘汰。

乙二醇是一种无色黏稠液体，能与水以一定比例混合，沸点为 197.4 ℃，冰点为 -11.5 ℃，与水混合后还可使防冻冷却液的冰点显著降低（最低可达 -68 ℃）。乙二醇型防冻冷却液是用乙二醇作为冷冻剂，与水、防腐剂和染色剂等多种添加剂配制而成。用不同比例的乙二醇和水混合可配制成不同冰点的防冻冷却液。这类防冻冷却液的优点是沸点高、冰点低、冷却效率高，已被广泛使用。

2．乙二醇型防冻冷却液的牌号

乙二醇型防冻冷却液分为防冻冷却液和防冻浓缩液两大类。防冻冷却液按其冰点不同分为 -25、-30、-35、-40、-45、-50 共六个牌号，可直接加入车中使用。防冻浓缩液是为了便于储运，使用时应根据产品说明书规定的比例，用蒸馏水或去离子水稀释，如防冻浓缩液与蒸馏水各以 50% 的比例混合，制成的防冻冷却液冰点不高于 -37 ℃。

目前，我国进口量比较多的是日产 TCL 防冻液和美国壳牌防冻液，它们的冰点都随冷却液浓度的增加而下降，使用时必须严格按照包装上各自的浓度配比使用。

3．乙二醇型防冻冷却液的选用

乙二醇型防冻冷却液的牌号是按冰点来划分的，选用时应根据车辆使用地区冬季的最低气温来选择合适的牌号。一般选用的防冻冷却液的冰点应比最低气温低 10 ℃左右。

桑塔纳系列轿车使用大众公司推荐的含 G11 添加剂的防冻冷却液，它是由含防腐剂的乙二醇添加剂与水混合而成的，其配比有三种，见表 6.1。

表6.1　G11防冻液配比

配比/%	G11/L	水/L	防冻能力/℃
40	2.4	3.6	−25
50	3.0	3.0	−35
60	3.6	2.4	−40

课后练习

1．冷却系的功用是什么？发动机的冷却强度为什么要调节？如何调节？
2．说明水冷系的组成及大小循环路线。
3．发动机冷却液消耗过多有哪些原因？
4．如果蜡式节温器中的石蜡漏失，节温器将处于怎样的工作状态？发动机会出现什么故障？
5．发动机过热的原因有哪些？

模块 7

润滑系的构造与维修

【知识目标】

1. 掌握润滑系的作用、组成及润滑油路；
2. 掌握润滑系主要部件的构造以及检测维修方法；
3. 了解润滑系常见故障诊断现象、原因；
4. 掌握润滑系故障的诊断方法。

【技能目标】

1. 正确使用工量具对润滑系主要部件进行拆装、检测；
2. 能够规范检查、补充和更换机油；
3. 能根据维修手册制订润滑系故障诊断步骤；
4. 能正确诊断、排除润滑系故障。

【课时计划】

任务类别	任务内容	参考课时		
		理论课时	实训课时	合　计
任务 7.1	润滑系的概述	1	2	3
任务 7.2	润滑系主要部件的构造与维修	2	2	4
任务 7.3	润滑系的常见故障诊断与排除	1	2	3
共计：10 课时				

情境导入

项目描述

一辆捷达轿车，曲轴主轴颈磨损严重。

项目分析

根据客户报修情况，可以初步诊断为润滑系故障，主要故障原因如下：

（1）机油油面太低。

（2）机油泵磨损，间隙过大。

（3）主油道阻塞。

（4）油路中有漏油现象。

要想解决上述问题，就必须懂得润滑系主要部件的构造、工作原理和维修，下面学习润滑系主要部件的构造、工作原理与维修。

任务驱动

任务7.1　润滑系的概述

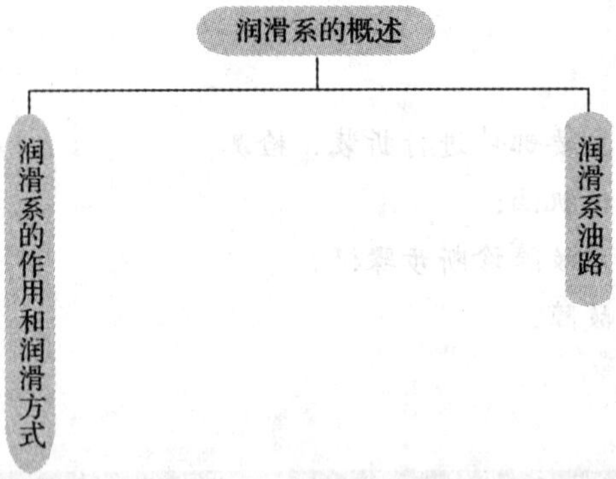

实训指导

实训1　机油的检查和更换

【实训准备】

1．设备与器材：整车、升降机、工具、清洁毛巾等，共六套

2．将“任务工单”分

基础知识

7.1.1　润滑系的作用和润滑方式

1．润滑系的作用

润滑系的作用就是不断地将清洁的、具有一定压力的润滑油输送到各零件的摩擦表面，以减小零件的摩擦和磨损。发动机润滑油，简称发动机机油，俗称机油。

（1）润滑作用。将洁净的、压力和温度适宜的机油不断输送到各需要部件的摩擦表面，以起到减少零件摩擦和磨损的润滑作用，使运动部件实现液体摩擦。

（2）冷却作用。机油与发动机内部重要的运动部件直接接触，

发给每位学生

【实训目的】

1. 掌握机油油面高度的正确检查方法

2. 能够规范对发动机机油进行更换

【实训步骤】

1. 机油油面高度的检查

（1）车辆必须处于水平位置，发动机必须预热，机油温度必须高于 60 ℃；

（2）发动机熄火后等待几分钟，其目的是让机油流回到油底壳中；

（3）拔出机油标尺，用干净的抹布擦干，然后再将其插入；

（4）拔出机油标尺，读取机油液面高度数值，如实训图 7.1 所示。注意：机油液面高度不要超过机油标尺上的 a 标记位置。

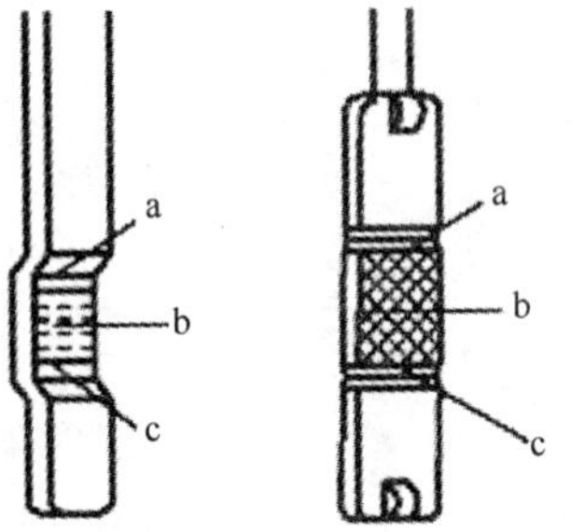

实训图 7.1

2. 机油的更换

（1）将汽车停放在平坦的地面上，启动发动机并使其处于热机状态；

（2）拧下油底壳放油螺塞，趁热将旧机油排入合适的机油容器内；

（3）拆下机油滤清器并排净其内部的旧机油；

可有效地带走产生的热量，并传递到油底壳中的冷却器、曲轴箱，最后传到大气中。

（3）清洁作用。对机件表面有冲洗作用，保持发动机零件清洁，避免积炭和杂质，确保发动机循环。

（4）密封作用。发动机内的机油在运动部件表面形成一层薄膜，这层薄膜在重要的活塞环区域，帮助气缸壁和活塞环之间密封。

（5）防腐作用。减少零件振动、降低噪声，防止零件表面腐蚀。

2. 发动机的润滑方式

由于发动机各运动件的工作条件不同，对润滑强度的要求也不同。根据承受负荷的不同和相对运动速度的高低，采用不同的润滑方式。

（1）压力润滑。对负荷大、相对运动速度高的摩擦表面均采用压力润滑，如主轴承、连杆轴承、凸轮轴轴承、气门、摇臂轴等处。

（2）飞溅润滑。对外露表面、负荷较小的摩擦表面采用飞溅润滑，如活塞销、凸轮、挺柱等处。

（3）定期润滑。对一些不太重要、分散的部位，采用定期加入润滑脂的方式进行润滑，如发动机水泵轴承、发电机、启动机和分电器等总成的润滑均采用这种润滑方式。

汽车发动机润滑系的工作条件和具体构造的不同虽稍有差别，但其润滑油路的布置形式大致相似（图 7.1）。

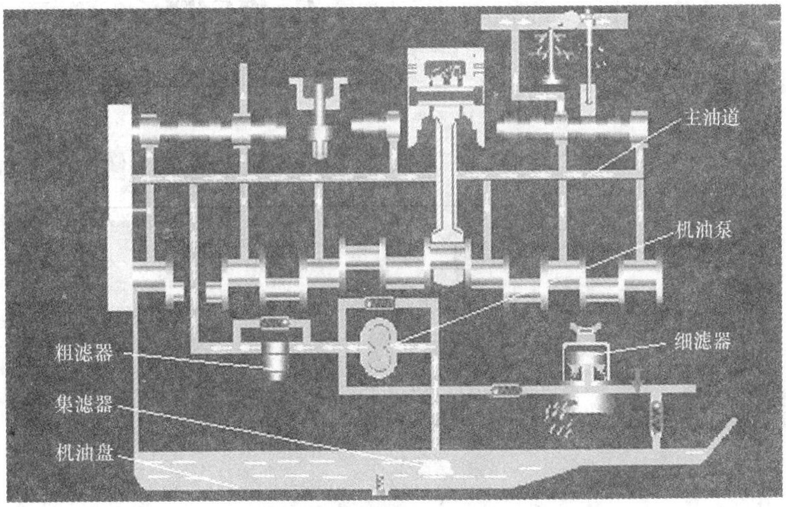

图 7.1　润滑系油路示意图

7.1.2　润滑系油路

当发动机工作时，机油泵从油底壳中吸取机油，经机油滤清器过滤后的机油在机油滤清器支架内分为三路：一路进入缸体主油道，经主油道将机油分配到各曲轴主轴承，再由曲轴上的斜油孔通往各连杆轴承，由连杆体中的油孔通往连杆小头衬套；第二路通过安装在机油滤清器上的一个单向阀进入气缸体通向气缸体上平面油道，经气缸盖的第四个螺栓孔进入气缸盖主油道，将

（4）将放油螺栓装回到油底壳；

（5）将符合规定的新机油从注油孔加入到曲轴箱中；

（6）在安装新滤清器前，在机油滤清器油封上涂上机油，在新滤清器内加满符合规定要求的机油；

（7）启动发动机检查机油压力和滤清器周围是否漏油，停熄发动机并检查机油标尺上的机油油位是否合适。

【技术提示】

更换机油时，必须预先查明该型号发动机额定的机油油量

机油分配到各凸轮轴轴颈及液压挺柱（单向阀的作用是在发动机停机时能保持气缸盖油道内存油，防止发动机再次启动时缸盖供油不足，导致液压挺柱不能正常工作）；第三路通向一个减压阀，油道内的压力过大时该阀打开，将部分机油经旁通阀流回油底壳。

在机油滤清器支架上装有两个油压开关，用以调控润滑系的油压大小。为了保证润滑系的正常工作，在润滑油路中还装有两个减压阀（开启压力为 0.35 ～ 0.45 MPa）——旁通阀和单向阀。当发动机冷态或者机油黏度较大时，可避免机油压力过高而造成危险。装在机油滤清器支架的旁通阀的作用是在滤清器堵塞时，旁通阀打开，未被过滤的机油经旁通阀仍能送到各润滑点。装在机油泵上的单向阀的作用是当发动机停机时，能阻止气缸盖油道内的机油流回油底壳。

任务 7.2　润滑系主要部件的构造与维修

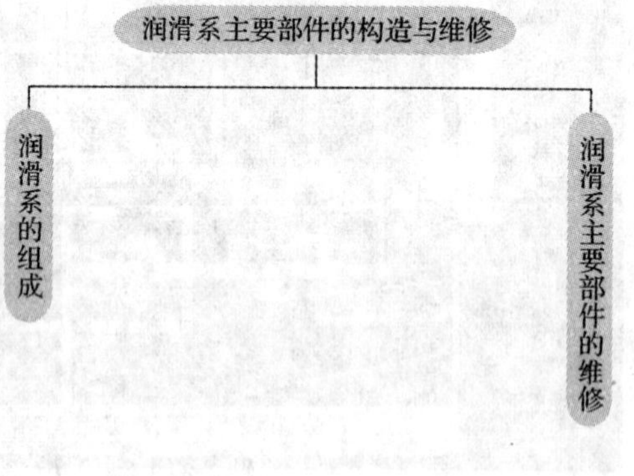

实训指导

实训 2　机油泵的拆装与维修

【实训准备】

1．设备与器材：发动

基础知识

7.2.1　润滑系的组成

为了保证发动机得到正常的润滑，发动机润滑系一般由油底壳、机油泵、机油滤清器、限压阀、旁通阀、主油道、机油散热器以及机油标尺等组成，如图 7.2 所示。

1．油底壳

油底壳用于存储润滑油。它由薄钢板冲压而成，为防止润滑油

机、翻转架、世达组合工具、扭力扳手、机油壶、汽油、清洁毛巾等，共六套

2．将“任务工单”分发给每位学生

【实训目的】

1．能够正确使用工具对机油泵进行拆、装

2．掌握机油泵的拆装步骤

3．能够正确使用量具对机油泵进行检查

【实训步骤】

1．机油泵的拆卸（以转子式机油泵为例）

（1）旋松放油螺栓，排除机油，拆下油底壳；

（2）拆下油泵总成、机油管和机油滤清器；

（3）旋松并取下机油泵盖短螺栓，取下机油泵盖，检查泵盖上安全阀，观察泵盖接合面的磨损情况；

（4）分解泵壳体，取出内外转子；（实训图 7.2）

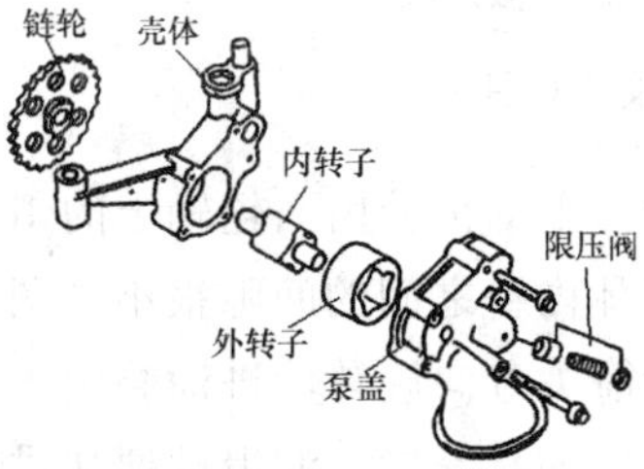

实训图 7.2

（5）用汽油清洗各零件。

2．机油泵的检查

（1）转子式机油泵配合间隙的检查

① 内外转子啮合间隙检查：拆下泵盖，用塞尺检查外转子与内转子之间的啮

渗漏，其与机体结合面加垫片和密封胶密封。

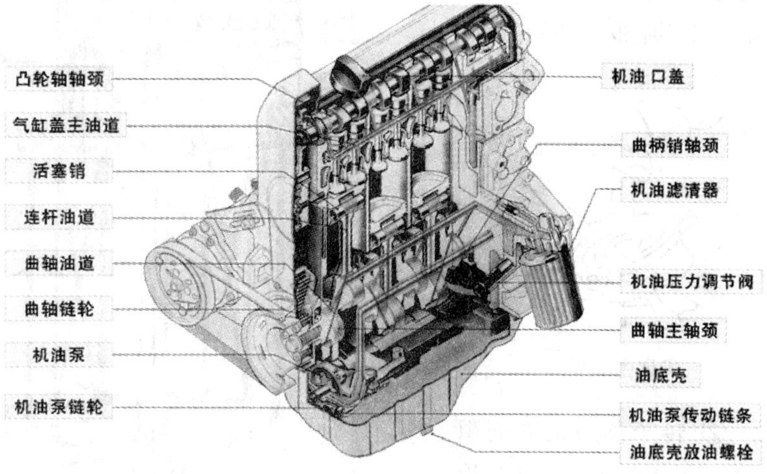

图 7.2 润滑系组成

2．机油集滤器

机油集滤器安装在油底壳润滑油的入口，用来滤除润滑油中的金属磨屑、机械杂质和机油氧化物。机油滤清器若串联安装在机油泵与主油道之间，所有机油经过滤清器过滤，称该滤清器为全流式滤清器；若滤清器与主油道并联安装，只有一部分机油经过机油滤清器；滤清器过滤，称该滤清器为分流式滤清器；有的发动机两种滤清器都有（如重型货车发动机），全流式滤清器作为粗滤器，滤除机油中直径为 0.05 mm 以上的较大杂质后，再进入主油道，润滑各运动零件表面；分流式滤清器作为细滤清器，滤除机油中直径为 0.001 mm 以上的细小杂质后，再返回油底壳，如图 7.3 所示。

3．机油泵

机油泵的功用是把一定量的机油压力升高，并压送到发动机各机件摩擦表面。现代汽车发动机多采用齿轮式机油泵和转子式机油泵。

（1）齿轮式机油泵

齿轮式机油泵由油泵壳体、泵盖、主动轴、从动轴、主动齿轮和从动齿轮、限压阀等零件组成，如图 7.4 所示。

主动轴和从动轴分别装在油泵壳体上，主动轴下端用半圆键及钢丝卡圈固装着主动齿轮，它的上端切槽与机油泵和分电器传动装置的下端切扁处啮合；从动齿轮则松套在从动轴上，工作时在从动轴上转动。限压阀装在泵盖上，阀门一端与出油腔相通，另一端与进油腔相通。

合间隙，若超过允许值，应更换转子或机油泵总成；间隙一般小于 0.15 mm，极限值为 0.25 mm，如实训图 7.3 所示；

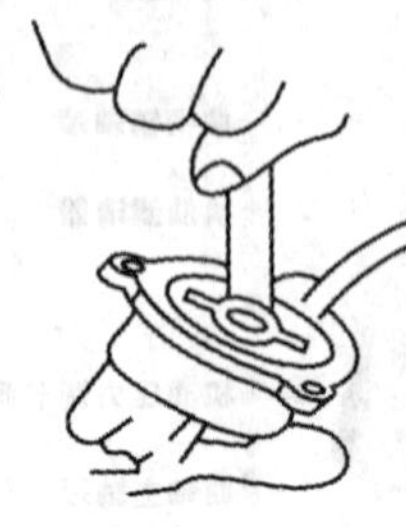

实训图 7.3

② 转子顶与泵壳间隙检查：拆下泵盖，用塞尺检查外转子与泵壳之间的间隙，若超过允许值，应更换转子或机油泵总成；正常值为 0.10 ～ 0.16 mm，极限值为 0.30 mm，如实训图 7.4 所示；

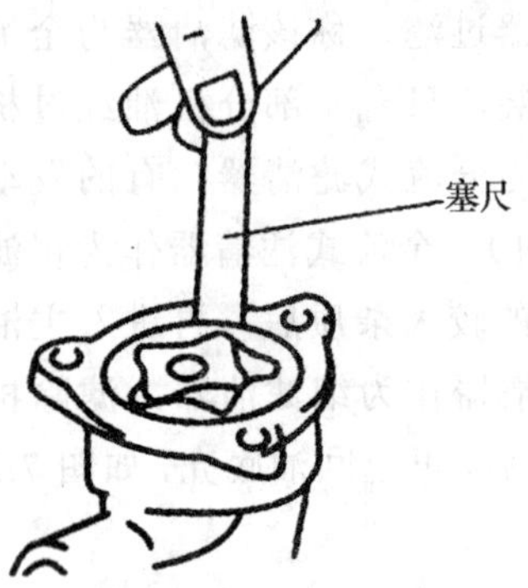

实训图 7.4

③ 端面间隙检查：拆下泵盖，用塞尺和直尺检查转子端面和泵盖之间的轴向间隙，若超过允许值，应更换转子或机油泵总成；正常值为 0.03 ～ 0.09 mm，极限值为 0.30 mm，如实训图 7.5 所示；

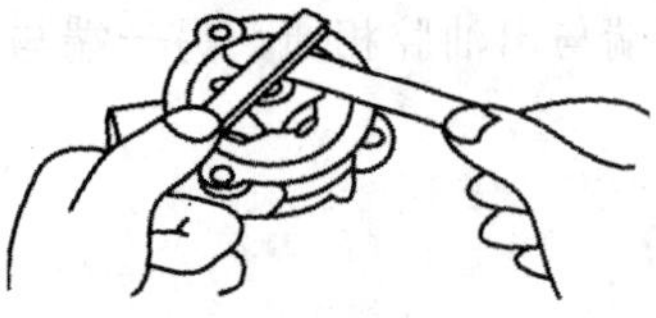

实训图 7.5

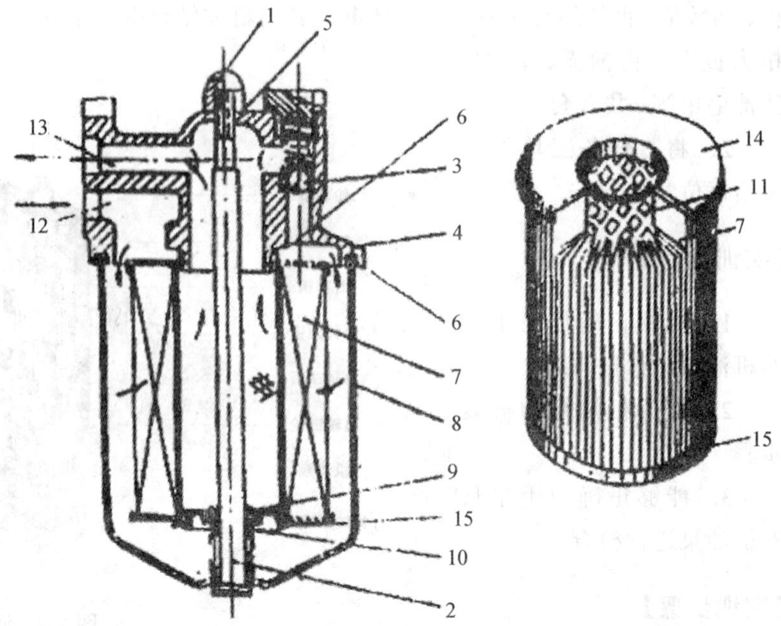

图 7.3　东风 EQ6100-1 型发动机机油粗滤器及纸质滤芯的结构

1—螺母；2—轴；3—旁通阀；4—盖；5—垫圈；6—耐油橡胶垫圈；7—微孔滤纸；8—外壳；9—密封圈；10—弹簧；11—滤网；12—进油口；13—出油口；14—上盖板；15—下盖板

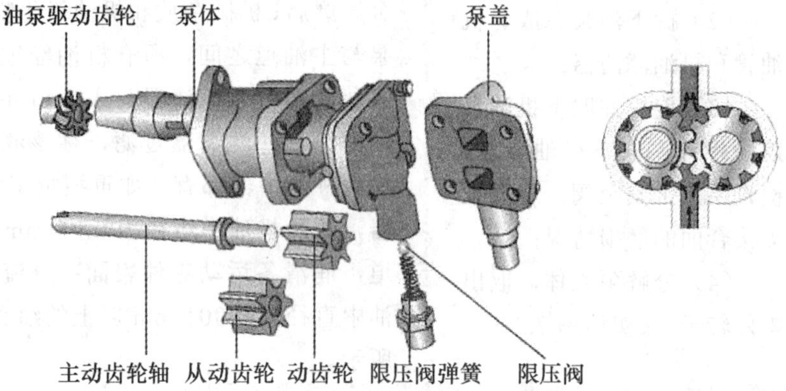

图 7.4　齿轮式机油泵结构图

机油泵壳体内装有一对主从动齿轮。主动齿轮由凸轮轴上的斜齿轮或曲轴前端齿轮驱动，两齿轮与壳体内壁之间的间隙很小（图 7.5）。发动机工作时，齿轮按图中所示箭头方向旋转，进油腔由于轮齿向脱离啮合方向高速运动而产生一定的真空度，润滑油便从进油口被吸入并充满进油腔。齿轮旋转时，把齿间所存的润滑油带到出油腔内。由于出油腔一侧轮齿进入啮合，润滑油处于被压状态，油压升高，润滑油经出油口被不断地压出。机油泵工作时，一部分润滑油将随齿轮的转动被封闭在啮合齿的间隙中，产生很高的压力作用在主、从动轴上，这不仅增加了功率消耗，更加剧了轴与孔间的磨损。为此，在泵盖上对应啮合齿隙处铣出一条泄压槽与出油腔相连，以降低润滑油压力。齿式机油泵由于构造简单、制造方便、工作可靠，应用较广泛。

（2）检查泵盖

泵盖如有磨损、翘曲和凹陷超过0.05 mm，应以车、研磨等方法进行修复；

（3）检查安全阀

检查安全阀弹簧有无损伤、弹力是否减弱，必要时予以更换。检查安全阀配合是否良好、油道是否堵塞、滑动表面有无损伤，必要时更换安全阀。

3．机油泵的安装

机油泵的安装顺序基本上与拆卸及分解顺序相反，但应注意以下几点：

（1）更换所有的垫片；

（2）按规定力矩拧紧螺栓；

（3）在内外转子表面上涂上机油，然后将其装入泵壳内；

（4）安装机油泵盖垫片时，要选择合适的垫片装入壳体内；

（5）安装油封时，将机油压入机油泵壳盖，确保油封唇部置于正确的方向。

【技术提示】

1．安装前要对拆下的零部件进行清洗

2．具体安装技术参数，参照维修手册

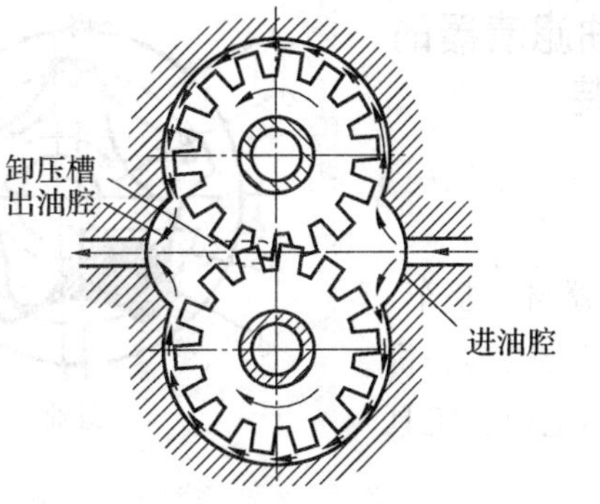

图7.5　齿轮式机油泵工作原理图

1—进油腔；2—机油泵主动齿轮；3—出油腔；4—泄压槽；5—机油泵从动齿轮；6—机油泵体

（2）转子式机油泵

转子式机油泵由泵体、主动轴、内转子、外转子、泵盖和限压阀等组成（图7.6）。转子式机油泵构造紧凑、体积小、质量轻、流量大，且供油均匀，使其应用日趋广泛。

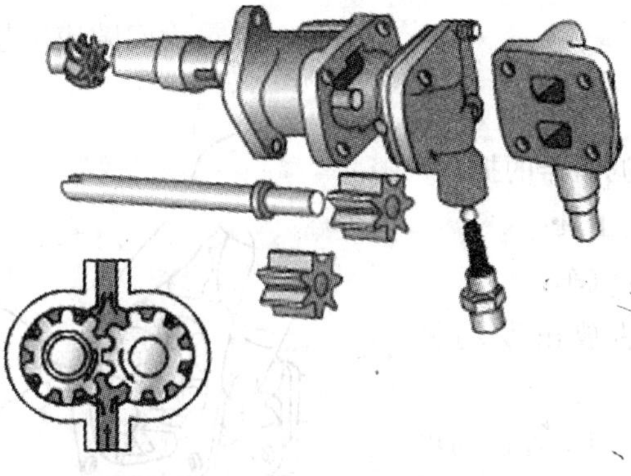

图7.6　转子式机油泵的结构

内转子有多个凸齿，外形为次摆线，固定在机油泵传动轴上，由机油泵齿轮驱动。外转子有比内转子多一个的凹齿，它自由地安装在机油泵体内，并与内转子啮合转动。内外转子有一定偏心距，它们与机油泵体和泵盖组成了进油腔、过渡油腔和出油腔。

机油泵工作时，内转子带动外转子旋转，进油腔容积不断由小变大，腔内产生一定真空度，润滑油从油底壳被吸入进油腔。随后经过过渡油腔，再进入出油腔，出油腔容积由大变小，使润滑油压力升高，再送往各润滑油道（图7.7）。

机油在发动机机体内循环，温度高达95 ℃以上，尤其是热负荷较高的发动机。过高的温度使机油黏度下降，不利于在摩擦表面形成油膜润滑，同时加快机油氧化变质，失去作用，所以有些发动机带有机油冷却器。

机油冷却器分风冷和水冷两种。风冷式机油冷却器安放在发动机前部，其结构与冷却系的散热器相似，靠汽车行驶时迎面风对机油进行冷却。水冷式机油冷却器靠冷却液冷却。

实训3 机油滤清器的拆装

【实训准备】

1．设备与器材：整车、升降机、世达组合工具、机油回收桶、清洁毛巾、工具车等，共六套

2．将“任务工单”分发给每位学生

【实训目的】

1．了解机油滤清器的安装位置

2．掌握如何更换机油滤清器

【实训步骤】

1．机油滤清器的拆卸

（1）检查工具；

（2）举升汽车；

（3）趁热放出发动机机油；

（4）用专用工具拆卸机油滤清器，如实训图7.6所示，更换时注意清洗滤清器安装表面。

实训图 7.6

2．机油滤清器的安装

（1）安装新滤清器时，应在密封圈上涂上干净的机油，若不涂机油安装的密封圈与接合面会发生干摩擦，

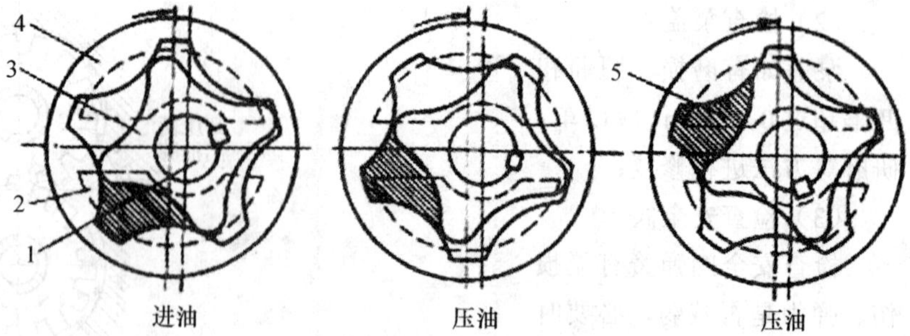

图 7.7 转子式机油泵的工作原理

1—机油泵主动轴；2—进油腔；3—内转子；4—外转子；5—出油口

7.2.2 润滑系主要部件的维修

1．齿轮式机油泵的检查

（1）两齿轮啮合间隙的检查，如图7.8所示。用塞尺测量两齿轮的啮合间隙，应为0.05～0.20 mm，所有齿侧间隙的差应不超过0.10 mm。

（2）齿轮轴向间隙的检查。检查时，用直尺横在壳体端面上，用塞尺多次、多部位地对齿轮端面与直尺的间隙进行测量，取最大值，其最大间隙应不超过0.15 mm，如图7.9所示。

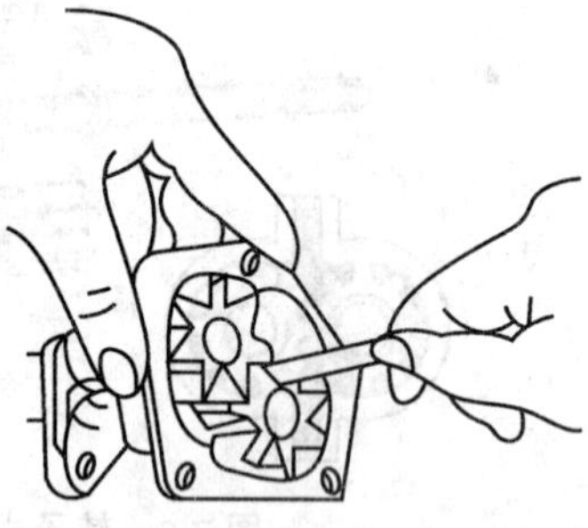

图 7.8 齿轮啮合间隙的检查

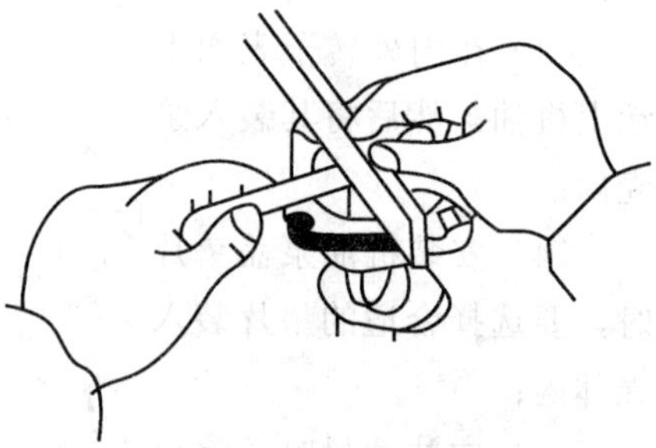

图 7.9 齿轮轴向间隙的检查

（3）齿轮齿顶与壳体间隙的检查。两啮合的齿轮装在壳体内，用塞尺测量齿顶与壳体所形成的间隙，间隙应为0.05～0.15 mm，如图7.10所示。

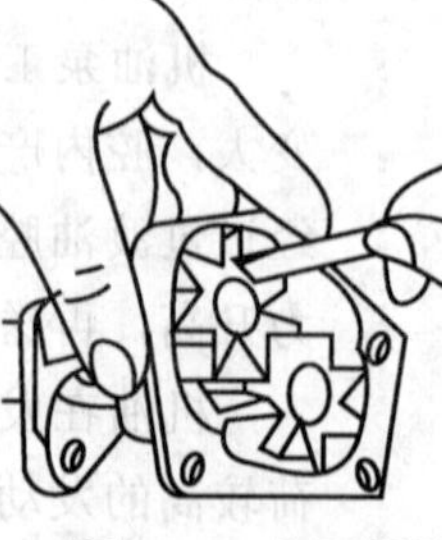

图 7.10 齿顶间隙检查

（4）从动齿轮与其轴的间隙检查。从动齿轮与其轴的配合为滑动配合，从动齿轮在其轴上应能自由转动，最大间隙为0.12 mm。

2．转子式机油泵的检查

（1）简易检查法。运用经验法检查机油泵主动轴与承孔的配合

密封圈易翘曲和损坏，造成密封不良而漏油；

（2）用手轻轻拧机油滤清器，直到感觉有阻力为止，再用专用工具拧紧机油滤清器 3/4 圈，如实训图 7.7 所示。

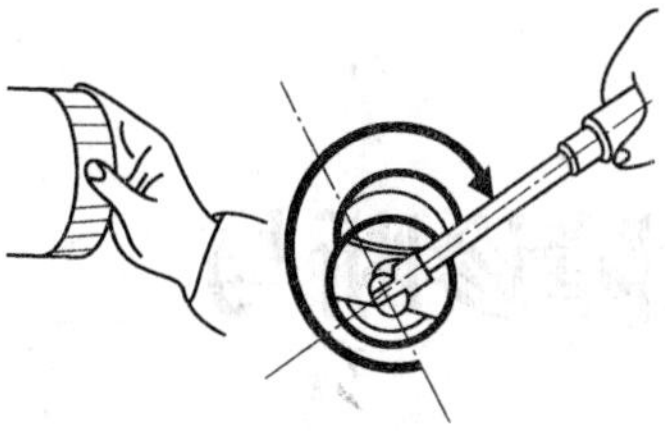

实训图 7.7

安装注意事项：

一般不得拆卸和调整旁通阀，以免开启压力发生变化；向气缸体上安装滤清器时应先在滤清器内充满机油，并检查与气缸结合处是否平整，垫片是否完好；桑塔纳轿车的机油滤清器的旁通阀在滤清器内部，无法拆卸和调整。

【技术提示】

1. 注意正确使用举升机

2. 安装时，所有螺栓与螺母的紧固力矩应符合规定

3. 装复时，各零件应清洗干净，确保无油污、残留物

间隙以及轴向间隙，简易试验机油泵的泵油能力。机油泵泵油能力简易检查法如图 7.11 所示。将集滤器浸入清洁的机油中，按机油泵的工作转向，用手指堵紧出油口，转动机油泵，手指应有压力感，同时可感到主动轴的转动阻力明显增大，甚至转不动或机油被压出。径向和轴向推拉、晃动主动轴时，应感到有间隙但不松旷。通过经验法检查，可判断是否应更换机油泵或拆维修理。

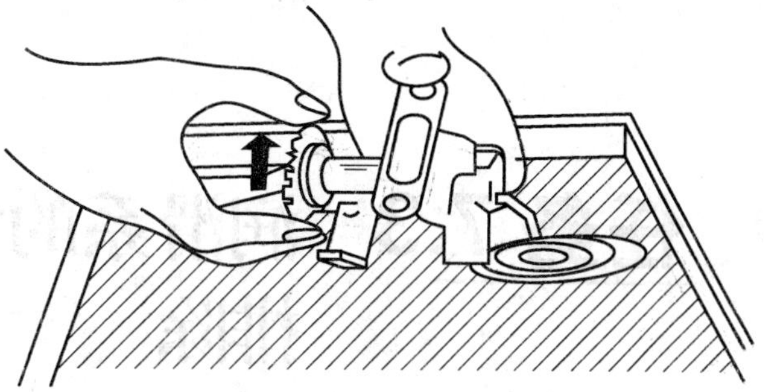

图 7.11　简易检查法

（2）机油泵的主动轴与承孔的配合间隙检查。用外径千分尺和内径百分表分别测量转子轴和泵壳上孔的直径，计算出配合间隙，一般为 0.03 ～ 0.08 mm，使用极限为 0.16 mm；用百分表检查机油泵主动轴的轴向间隙，一般为 0.03 ～ 0.08 mm，使用极限为 0.12 mm。机油泵盖平面的平面度误差要求不大于 0.05 mm。

（3）转子顶与泵壳间隙的检查。拆下泵盖，用塞尺检查外转子与泵壳之间的间隙，若超过允许值，应更换转子或机油泵总成。正常值为 0.10 ～ 0.16 mm，极限值为 0.30 mm。

（4）内外转子啮合间隙检查。拆下泵盖，用塞尺检查外转子与内转子之间的啮合间隙，若超过允许值，应更换转子或机油泵总成。间隙一般小于 0.15 mm，极限值为 0.25 mm。

（5）端面间隙检查。拆下泵盖，用塞尺和直尺检查转子端面和泵盖之间的轴向间隙，若超过允许值，应更换转子或机油泵总成。正常值为 0.03 ～ 0.09 mm，极限值为 0.30 mm。

测量转子式机油泵各种间隙的方法如图 7.12 所示。

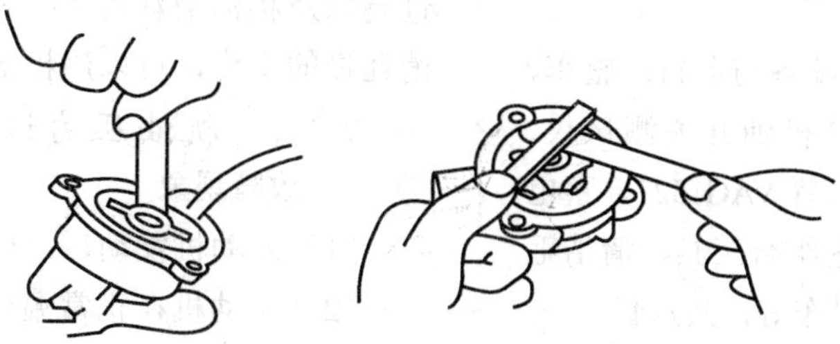

图 7.12　转子泵间隙检查

3. 机油散热器的维修

装有机油散热器的发动机长期运转后，机油散热器内会沉积砂粒、尘土、磨屑等油泥状的杂质，所以在更换机油、清洗润滑系时，

必须对机油散热器进行认真清洗，否则，散热器内的杂质不但会污染新更换的机油，还会阻碍机油流过机油散热器而影响散热。

机油散热器常见的损伤有：油管接头漏油、散热管破裂。油管接头漏油时，一般均可通过更换垫片解决，但更换新的垫片后仍漏油，则可能是散热器上的油管接头螺栓平台不平或有划痕，可用锉刀、刮刀或砂布等工具修平，然后更换新垫片。散热管破裂漏油时，可以焊补修复。

任务 7.3　润滑系的常见故障诊断与排除

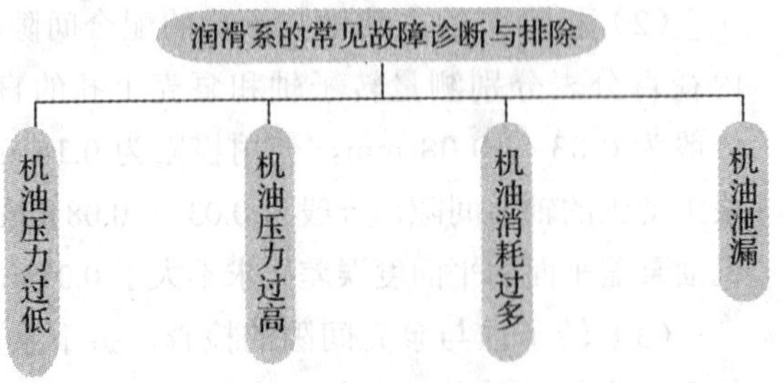

实训指导

实训 4　机油压力开关的检查

【实训准备】

1．设备与器材：整车、VAG1342 机油开关测试仪、发光二极管 VAG1527、蓄电池、世达组合工具、清洁毛巾、工具车等，共六套

2．将“任务工单”分发给每位学生

【实训目的】

1．了解机油压力开关

基础知识

发动机是在高温、高压、高速和化学腐蚀的环境下长期工作，对机油的压力、品质和数量都会引起不利的影响，从而出现很多故障。为确保发动机正常工作，延长使用寿命，必须准确诊断故障所在，及时予以排除。发动机润滑系的故障主要包括机油压力过低或过高以及机油消耗过多、机油泄漏等方面的内容。机油压力和机油消耗量的变化，可以用机油压力表和机油尺检测。

7.3.1　机油压力过低

1．故障现象

（1）发动机发动后，机油压力表读数迅速下降。

（2）发动机在正常温度和转速下工作，机油压力表读数始终低于规定值。

2．故障原因

部件的损坏会导致机油压力低。

（1）调节阀上的弹簧断裂会导致机油压力低。

（2）如果机油压力迅速下降，则首先检查机油液面，然后检查

的检查条件

2．掌握机油压力开关的检查步骤

【实训步骤】

1．检查条件

（1）机油液面高度正常；

（2）当点火开关接通时，机油报警灯应该闪亮；

（3）机油温度约为 80 ℃。

2．检查过程

如实训图 7.8 所示：

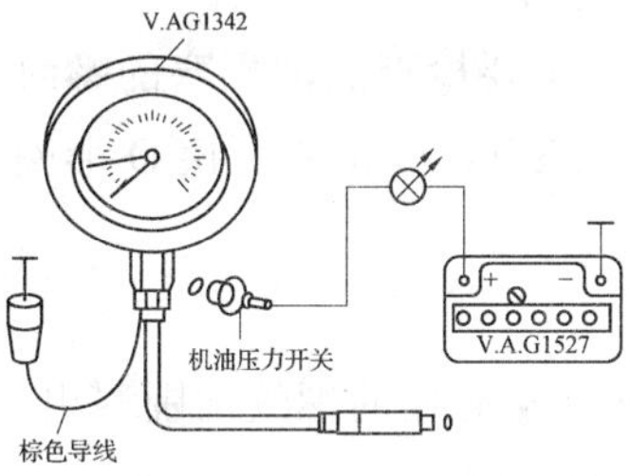

实训图 7.8

（1）拔下低压开关（0.025 MPa），将其连接到 VAG1342 机油开关测试仪上；

（2）将测试仪连接到滤清器支架上的机油压力开关位置上，将测试仪的棕色导线搭铁；

（3）将发光二极管 VAG1527 连接到机油压力开关和蓄电池正极上，发光二极管点亮；

（4）启动发动机，并缓慢提高发动机转速；

（5）当机油压力达到 0.015 ～ 0.045 MPa 时，发光二极管必须熄灭；否则更换机油压力开关；

（6）将发光二极管连接在高压开关上（0.18 MPa，白色绝缘层）。

（7）当机油压力达 0.16 ～ 0.2 MPa 时，发光二

机油压力传感器和压力表工作是否正常。

（3）机油压力过低还可能是主轴承和连杆轴承磨损造成的。

3．故障排除

（1）如果调节阀弹簧断裂，则从发动机上拆下滤清器阀和弹簧，更换新弹簧。

（2）如果机油压力传感器损坏，则换成新的。在拆卸机油压力传感器前，应确保电气或机械连接已被拆下。通过比较有机油压力时与无机油压力时传感器的电阻能检查机油传感器的好坏。有机油压力时，电阻应为 10 000 Ω，无机油压力时，电阻应为 5 Ω 左右。确切的数据可查阅厂家的规定。

（3）如果怀疑主轴承和连杆轴承有问题，则必须解体发动机检查主轴承和连杆轴承的径向间隙（使用塑料尺）。

7.3.2　机油压力过高

1．故障现象

（1）接通点火开关，机油压力表指示值为 196 kPa，启动后增大到 490 kPa 以上。

（2）发动机在运转中机油压力表指示值突然增高。

（3）有时机油压力表指示值增高后，又突然下降转为过低。

2．故障原因

（1）机油的黏度过大。

（2）限压阀调整不当。

（3）气缸体主油道堵塞。

（4）机油滤清器滤芯堵塞且旁通阀开启困难。

（5）机油压力表失准或传感器失效。

（6）机油压力增高，油路中某处破裂导致大量泄油，致使压力骤然下降。

3．故障排除

发动机压力过高，应立即熄火停车检查。

（1）首先检查机油黏度是否过大。

（2）用新机油压力表和传感器与旧机油压力表和旧传感器做对比试验，检查机油压力表和传感器是否失效。

（3）若以上检查良好，则应拆检限压弹簧是否调得过硬，再检查曲轴轴承和连杆轴承间隙是否过小。

（4）检查机油滤清器滤芯是否堵塞，旁通阀弹簧是否过硬。

（5）检查缸体主油道是否堵塞。

7.3.3　机油消耗过多

1．故障现象

（1）发动机消耗机油过多。

（2）排气管冒蓝烟。

2．故障原因

（1）气门导管磨损。机油渗入进气门在燃烧室中燃烧，若发动机冒蓝烟表示烧机油。

极管必须点亮；否则更换机油压力开关；

（8）继续提高发动机转速，在 2 000 r/min 转速和 80 ℃的机油温度下，机油压力至少应维持在 0.2 MPa。

【技术提示】

测试仪上的电线不要与蓄电池的正负极接反

（2）活塞环磨损。当活塞环磨损时，活塞环泵油加剧，机油上窜燃烧室里燃烧并被排出，可以从发动机冒蓝烟得以证明。

确定机油消耗过多的原因是排气门还是活塞环，需要进行压缩泄漏试验。

3．故障排除

（1）如果气门导管漏机油，则必须更换气门导管。

（2）如果活塞环油环损坏，则应按照汽车制造厂要求更换活塞环。

（3）还可能有许多其他的原因导致机油消耗过大，需进一步检查。

7.3.4 机油泄漏

1．故障现象

发动机出现微量的机油泄漏。

2．故障原因

在检查时，应注意查看下列几个故障点：

（1）放油螺塞。在安装放油螺塞前一定要检查放油螺塞的螺纹是否损坏，如果损坏，应更换放油螺塞。还有，一定要更换 O 形圈或油封以防止泄漏。

（2）气门室盖的衬垫。

（3）与曲轴箱接触的所有螺栓。机油能从螺栓的螺纹周围漏出，这些螺栓应由铜垫或其他的密封垫圈来阻止泄漏。

（4）曲轴上的前、后主油封的失效。

3．故障排除

（1）如果放油螺塞螺纹损坏，可以安装自攻油塞。

（2）如果气门室盖上的衬垫泄漏，则需拆下盖子更换新衬垫。

（3）如果曲轴箱螺栓接触处有泄漏，可使用螺纹密封剂来修补。

（4）如果前、后主油封有泄漏，则必须更换曲轴油封。

（5）检查机油滤清器安装是否正确。否则，拆下机油滤清器并换上新件。

任务实施

为了正确诊断、排除润滑系故障，必须熟悉润滑系各组成的具体结构，各组成部分的作用，熟悉润滑系故障产生的现象，形成故障的可能原因；并通过实训，掌握润滑系的故障诊断和排除方法以及步骤。

相关链接

发动机油的使用性能

1．机油的分类

目前市场上的机油因其基础油的不同可简分为矿物油及合成油两种（植物油因产量稀少故不计）。合成油中又分为全合成及半合成。全合成机油是最高等级的。

二者最大差别在于：合成油使用的温度更广，使用期限更长，以及成本更高；同样的油膜要求，合成油可用较低的黏度就可达成，而矿物油就需用相对于合成油较浓的黏度才可达到如此要求。在相同的工作环境里，合成油因为使用期限比矿物油长很多，因此成本较高，但是比较换油次数之后，并不比矿物油高多少。

2．机油的标号（图 7.13）

润滑油的黏度多使用 SAE 等级别标识，SAE 是英文“美国汽车工程师协会”的缩写。例如：SAE15W-40、SAE5W-40，“W”表示 winter(冬季)，其前面的数字越小说明机油的低温流动性越好，代表可供使用的环境温度越低，在冷启动时对发动机的保护能力越好；“W”后面（-后面）的数字则是机油耐高温性的指标，数值越大说明机油在高温下的保护性能越好。

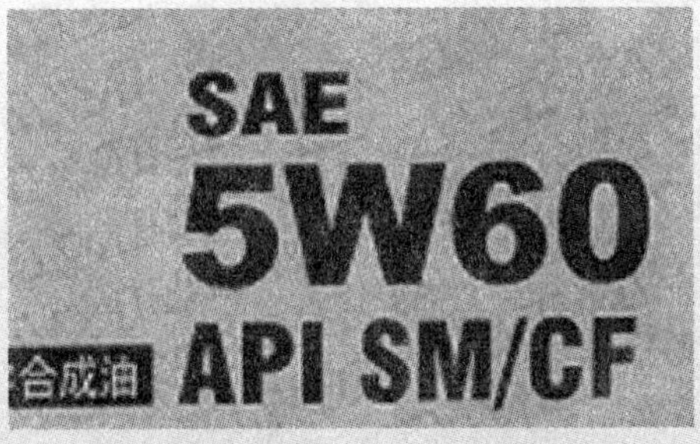

（a）适合极热地区的 60 系列机油

（b）适合极冷地区的 0W 系列机油

图 7.13　机油的标号

3．机油的分级

“S”开头系列代表汽油发动机用油，规格有：SA，SB，SC，SD，SE，SF，SG，SH，SJ，SL。“C”开头系列代表柴油发动机用油，规格有：CA，CB，CC，CD，CE，CF，CF-2，CF-4，CG-4，CH-4，CI-4。当“S”和“C”两个字母同时存在时，则表示此机油为汽 / 柴通用型。

从“SA”一直到“SL”，每递增一个字母，机油的性能都会优于前一种，机油中会有更多用来保护发动机的添加剂。字母越靠后，质量等级越高，国际品牌中机油级别多是 SF 级别以上的。

课后练习

1．机油滤清器的功用是什么？
2．润滑系的功用是什么？
3．润滑系有哪些组成部分？
4．汽车发动机的润滑方式有哪几种？

模块 8

点火系的构造

【知识目标】

1. 了解点火系的类型和功用；
2. 了解传统点火系的基本要求及特点；
3. 掌握传统点火、电子点火系各主要部件的结构；
4. 掌握传统点火、电子点火系的工作原理。

【技能目标】

能正确使用工具对点火系主要部件进行拆装、维修。

【课时计划】

任务类别	任务内容	参考课时		
		理论课时	实训课时	合　计
任务 8.1	汽油机点火系的概述	2	1	3
任务 8.2	电控汽油机点火系的构造	2	3	5
共计：8 课时				

情境导入

项目描述

车主张先生来到 4S 店反映，他所驾驶的东风小康汽车，该车每次启动后会立即熄火，连续多次启动后便使火花塞淹死，无法启动。

项目分析

汽车启动机正常运转，但汽车无法启动或者启动后立即熄火，说明该车的点火系、燃料供给系或者空气供给系可能存在问题。首先，对汽车的点火系进行检查，包括对火花塞、高压线、分电器、蓄电池等进行检查，查看点火系是否存在问题。

任务驱动

任务 8.1　汽油机点火系的概述

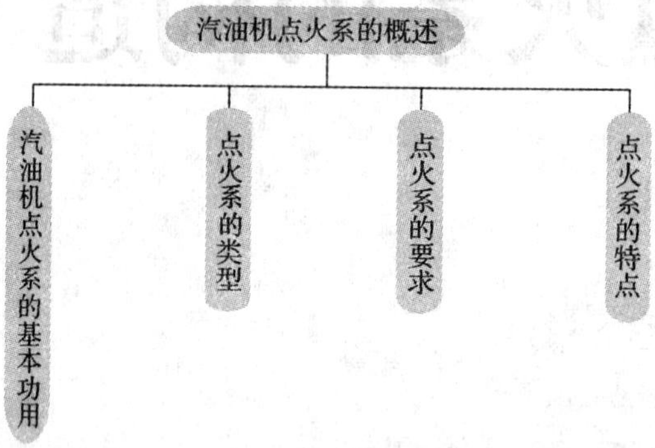

实训指导

实训 1　点火线圈的检查

【实训准备】

1．设备与器材：电子点火电路及相应部件、万用表、维修工具等，共六套

2．将“任务工单”分发给每位学生

【实训目的】

1．了解电子点火系的组成和工作原理

2．掌握电子点火系主要元件的检测方法

3．掌握电子点火系故障诊断的基本方法

【实训步骤】

1．点火线圈的检查

基础知识

汽油机在压缩接近上止点时，可燃混合气是由火花塞点燃的，从而燃烧对外做功，为此，汽油机的燃烧室中都装有火花塞。火花塞有一个中心电极和一个侧电极，两电极之间是绝缘的。当在火花塞两电极间加上直流电压并且电压升高到一定值时，火花塞两电极之间的间隙就会被击穿而产生电火花，能够在火花塞两电极间产生电火花所需要的最低电压称为击穿电压；能够在火花塞两电极间产生电火花的全部设备称为发动机点火系。点火系性能的好坏对发动机的工作有十分重要的影响。

目前，国内外汽车上使用的点火系种类较多，主要有传统点火系、电子点火系和微机控制点火系三种。本任务将对以上三种点火系做详细的说明。

8.1.1　汽油机点火系的基本功用

1．产生电火花

在汽油发动机中，气缸内混合气是由高压电火花点燃的，而产生电火花的功能是由点火系来完成的。

2．电源电压转变

点火系将电源的低电压变成高电压，再按照发动机点火顺序送至各气缸，点燃压缩混合气。

3．调节点火时刻

能适应发动机工况和使用条件的变化，自动调节点火时刻，实现可靠而准确的点火。

点火线圈的检查主要包括外部检查、初级绕组断路检查、搭铁检查以及发火强度检查，如实训图 8.1 所示。

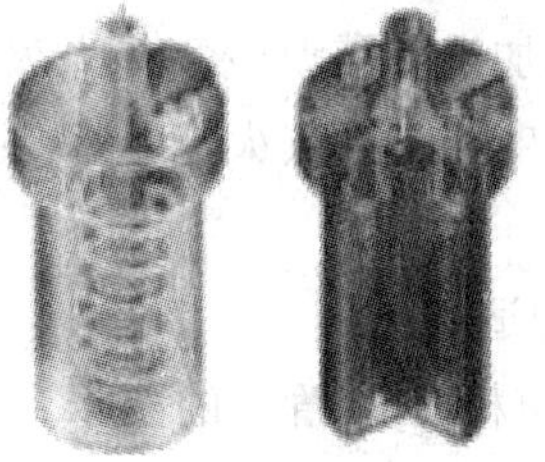

实训图 8.1

2．外部检查

检查点火线圈的外表，若绝缘盖破裂或者外壳破裂，因为容易受潮而失去点火能力，应予以更换。

3．初级绕组断路、短路、搭铁检查

用万用表测量点火线圈的初级绕组、次级绕组以及附加电阻值，应符合技术标准，否则说明有故障，应予以更换。

（1）测量电阻法

① 检查初级绕组的电阻：选用万用表 200 Ω 挡，两表笔分别接点火线圈“开关”柱与“-”柱，R=1 ～ 2 Ω：电阻过小为断路，R= ∞为断路，选用万用表 R×10k 挡，两表笔分别接点火线圈“+”柱与体壳，R= ∞为绝缘良好，否则有搭铁；

②检查次级绕组电阻：选万用表 200 Ω 挡，两表笔分别接点火线圈“-”柱与高压线插孔，R=5 ～ 10 kΩ，电阻过小为短路，R=∞为断路；

③ 检查附加电阻的电阻：用万用表 200 Ω 挡，接

4．校准点火时刻

能在更换燃油或安装分电器时校准点火时刻。

8.1.2 点火系的类型

发动机点火系，按其组成和产生高压电方式的不同可分为传统蓄电池点火系、电子点火系、微机控制点火系和磁电机点火系。

传统蓄电池点火系以蓄电池和发电机为电源，借点火线圈和断电器的作用，将电源提供的 6 V、12 V 或 24 V 的低压直流电转变为高压电，再通过分电器分配到各缸火花塞，使火花塞两电极之间产生电火花，点燃可燃混合气。传统蓄电池点火系由于存在产生的高压电比较低、高速时工作不可靠、使用过程中需经常检查和维护等缺点，目前正在逐渐被电子点火系和微机控制点火系所取代。

电子点火系以蓄电池和发电机为电源，借点火线圈和由半导体器件（晶体三极管）组成的点火控制器将电源提供的低压电转变为高压电，再通过分电器分配到各缸火花塞，使火花塞两电极之间产生电火花，点燃可燃混合气。与传统蓄电池点火系相比具有点火可靠、使用方便等优点。

微机控制点火系也以蓄电池和发电机为电源，借点火线圈将电源的低压电转变为高压电，再由分电器将高压电分配到各缸火花塞，并由微机控制系根据各种传感器提供的反映发动机工况的信息，发出点火控制信号，控制点火时刻，点燃可燃混合气。它还可以取消分电器，由微机控制系直接将高压电分配给各缸。微机控制点火系是目前最新型的点火系，已广泛应用于各种中、高级轿车中。

磁电机点火系由磁电机本身直接产生高压电，不需另设低压电源。与传统蓄电池点火系相比，磁电机点火系在发动机中、高转速范围内，产生的高压电较高，工作可靠。但在发动机低转速时，产生的高压电较低，不利于发动机启动。因此磁电机点火系多用于主要在高速、满负荷下工作的赛车发动机，以及某些不带蓄电池的摩托车发动机和大功率柴油机的启动发动机上。

8.1.3 点火系的要求

点火系应在发动机各种工况和使用条件下保证可靠而准确地点火。为此点火系应满足以下基本要求：

1．能产生足以击穿火花塞两电极间隙的电压

使火花塞两电极之间的间隙击穿并产生电火花所需要的电压，称为火花塞击穿电压。火花塞击穿电压的大小与电极之间的距离（火花塞间隙）、气缸内的压力和温度、电极的温度、发动机的工作状况等因素有关。发动机正常运行时，火花塞的击穿电压为 7 ～ 8 kV，发动机冷启动时达 19 kV。为了使发动机在各种不同的工况下均能可靠地点火，要求火花塞击穿电压应在

点火线圈“+”柱与“开关”柱，电阻应为 1.3 ～ 1.5 Ω，电阻过小为短路，$R=\infty$ 为断路。

（2）试灯检验法

用 220 V 交流电试灯，接在初级绕组的接线柱上，灯亮则表示无断路故障，否则便是断路。当检查绕组是否有搭铁故障时，可将试灯的一端与初级绕组相连，一端接外壳，如灯亮，便表示有搭铁故障；否则为良好。短路故障用试灯不易查出。

对于次级绕组，因为它的一端接于高压插孔，另一端与初级绕组相连，所以检验中，当试灯的一个触针接高压插孔，另一触针接低压接柱时，若试灯发出亮光，说明有短路故障；若试灯暗红，说明无短路故障；若试灯根本不发红，则应注意观察，当将触针从接柱上移开时，看有无火花发生，如没有火花，说明绕组已断路。因为次级绕组和初级绕组是相通的，若次级绕组有搭铁故障，在检查初级绕组时就已反映出来，无须检查。

4．发火强度检验

（1）在万能电器试验台上检验火花强度及连续性

检查点火线圈产生的高电压时，可与分电器配合在试验台上进行试验，如果三针放电器的火花强，并能击穿 5.5 mm 以上的间隙时，说明点火线圈发火强度良好。检验时将放电电极间隙调整到 7 mm，先以低速运转，待点火线圈的温度升

15 ～ 20 kV。

2．电火花应具有足够的点火能量

为了使混合气可靠点燃，火花塞产生的火花应具备一定的能量。发动机工作时，由于混合气压缩时的温度接近自燃温度，因此所需的火花能量较小（1 ～ 5 mJ），传统点火系的火花能量（15 ～ 50 mJ）足以点燃混合气。但在启动、怠速以及突然加速时需要较高的点火能量。为保证可靠点火，一般应保证 50 ～ 80 mJ 的点火能量，启动时应能产生大于 100 mJ 的点火能量。

3．点火时刻应与发动机的工作状况相适应

首先，发动机的点火时刻应满足发动机工作循环的要求；其次可燃混合气在气缸内从开始点火到完全燃烧需要一定的时间（千分之几秒），所以要使发动机产生最大的功率，就不应在压缩行程终了（上止点）点火，而应适当地提前一个角度。这样当活塞到达上止点时，混合气已经接近充分燃烧，发动机才能发出最大功率。

8.1.4 点火系的特点

汽车发动机的点火系采用单线制连接，即电源的一个电极用导线与各用电设备相连，而电源的另一个电极则通过发动机机体、汽车车架和车身等金属构件与各用电设备相连，称为搭铁。搭铁的电极可以是正极也可以是负极。因为热的金属表面比冷的金属表面容易发射电子，发动机工作时火花塞的中心电极较侧电极温度高，因而电子容易从中心电极向侧电极发射，使火花塞间隙处离子化程度高，火花塞间隙容易被击穿，击穿电压可降低 15% ～ 20%。因此，无论整车电气系统采用正极搭铁还是负极搭铁，点火线圈的内部连接或外部接线，均应保证点火瞬间火花塞中心电极为负极，即火花塞电流应从火花塞的侧电极流向中心电极。

高到工作温度（60~70 ℃）时，再将分电器的转速调至规定值（一般 4、6 缸发动机用的点火线圈的转速为 1 900 r/min，8 缸发动机的为 2 500 r/min），在 0.5 min 内，若能连续发出蓝色火花，表示点火线圈良好。

（2）用对比跳火的方法检验

此方法在试验台上或车上均可进行，将被检验的点火线圈与好的点火线圈分别接上进行对比，看其火花强度是否一样。点火线圈经过检验，如内部有短路、断路、搭铁等故障，或发火强度不符合要求时，一般均应更换新件。

【技术提示】

具体检测技术参数，参照维修手册

任务 8.2 电控汽油机点火系的构造

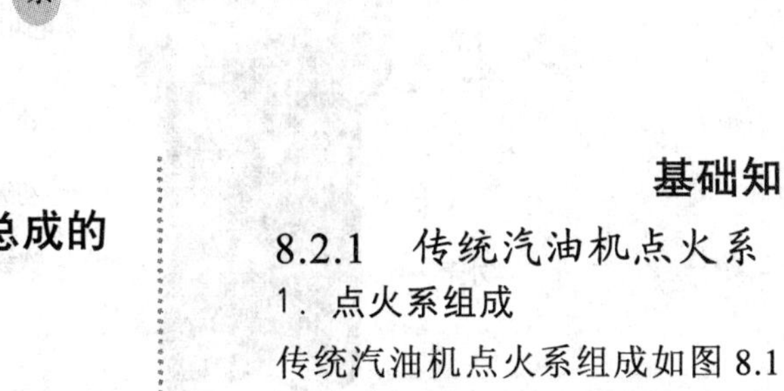

实训指导

实训 2 分电器总成的检查

【实训准备】

1．设备与器材：电子

基础知识

8.2.1 传统汽油机点火系

1．点火系组成

传统汽油机点火系组成如图 8.1 所示，主要由电源（蓄电池和发电机）、点火开关、点火线圈、电容器、断电器、配电器、火花塞、附加电阻和高压线等组成。

点火电路及相应部件，万用表，塞尺，交流试灯等维修工具

2．将“任务工单”分发给每位学生

【实训目的】

1．了解电子点火系的组成和工作原理

2．掌握电子点火系主要元件的检测方法

3．掌握电子点火系故障诊断的基本方法

【操作步骤】

1．轴向间隙检查

用塞尺测量联轴器或转动齿轮与分电器壳体接触面的间隙，一般应为 0.15 ～ 0.5 mm。

2．分电器盖检查

选万用表 200 kΩ 挡，两表笔分别接中央插孔与旁电极孔，R> 50 kΩ，否则说明分电器盖有裂纹或积污，应清洁或更换。

3．分火头的检查与分电器盖检查方法相同

4．电容器检查

用交流试灯检查，灯亮表示电容器短路，应更换。灯不亮或暗红，移去触针后，将引线与外壳相碰，有强烈火花，则电容良好，否则应更换。

5．离心点火提前装置检查

将分电器轴固定，用手捏住凸轮或分火头，沿旋转方向转至极限后松开，凸轮应能自动回到原位。

6．真空点火提前装置检查

真空点火提前调节器的

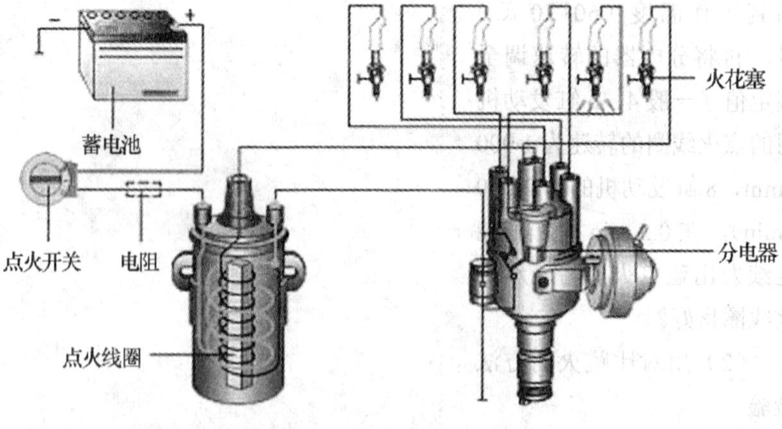

图 8.1　传统汽油机点火系组成

（1）电源

蓄电池（启动）或者是发电机（正常工作）供给点火系的低压电能，标准电压一般是 12 V。

（2）点火开关

点火开关控制点火系初级电路，还可以控制仪表电路和启动继电器电路等，如图 8.2 所示。

图 8.2　点火开关

（3）附加电阻

附加电阻改善正常工作时的点火性能和启动时的点火性能。

（4）点火线圈

点火线圈为自耦变压器，将 12 V 的低压电变成 15~20 kV 的高压电，如图 8.3 所示。

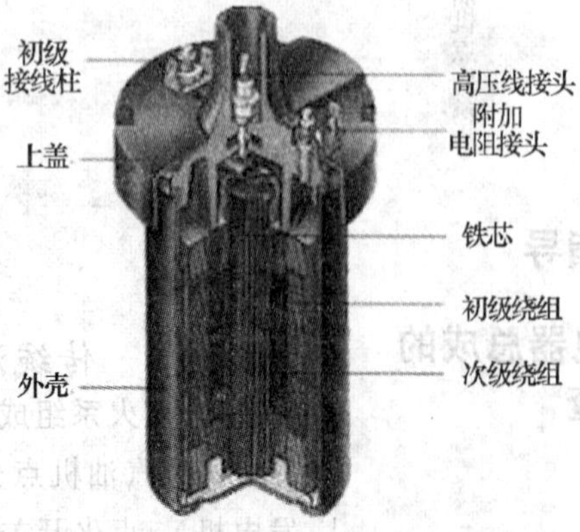

图 8.3　点火线圈

密封性必须良好，可用专用仪器或用嘴吸吮检查，膜片应能拉动或移动，否则应更换。

7. 霍尔发生器的维修

（1）电压法检测

① 在连接仪器接线之前，先将仪器置于测量电压的功能下，避免损坏电子元件；

② 将高压线插头从分电器上拔下并搭铁（此时可用辅助线）；

③ 拔掉控制器插头的橡皮套管（不拔下插头）；

④ 将电压表接于两触点之间；

⑤ 打开点火开关；

⑥ 用手按发动机旋转方向缓慢地转动分电器轴，此时电压应在0～9V之间波动。

当分电器触发叶轮的叶片在空气隙时，电压为2～9V，当叶片不在气隙时，电压为0.3～0.4V，若电压不在0～9V之间变化，则说明霍尔发生器有故障，应予更换。

（2）模拟信号发生器动作检查

关闭点火开关，打开分电器盖，转动曲轴，使分电器叶轮的叶片不在气隙中，拔出分电器盖上的中央高压线时，使其端部离气缸体5～7 mm，然后接通点火开关，用薄铁片在空气隙中轻轻地插入和拔出，模拟触发叶轮的叶片在空气隙时的动作。如此时高压线端头跳火，说明霍尔信号发生器、点火器、点火线圈及连接导线性能良好。若不跳火，在其他部件正常时，说明信号发生器有故障，应更换。

（5）分电器

分电器由断电器、配电器、电容器及点火提前机构等组成，如图 8.4 所示。

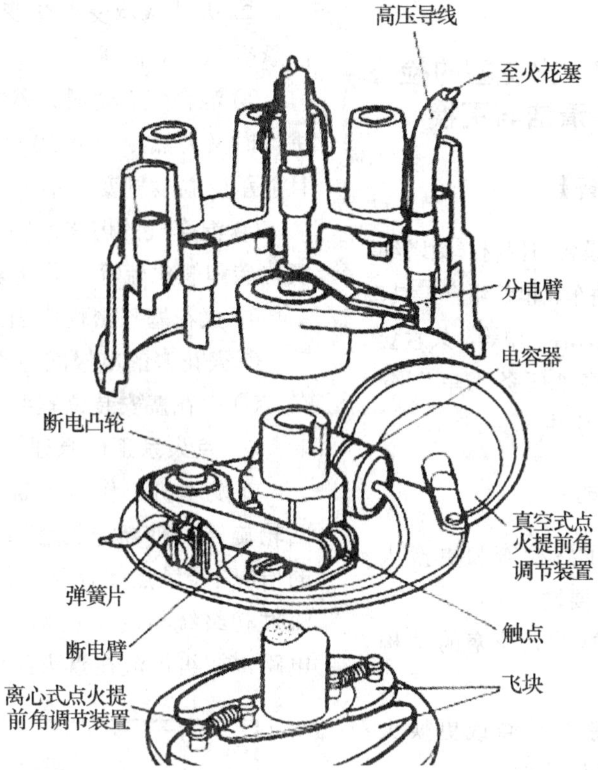

图 8.4 分电器结构图

断电器起着接通与切断点火线圈初级电路的作用。配电器是将点火线圈产生的高压电，按照发动机的工作顺序送至各缸的火花塞。电容器能减少断电器触电火花，延长触电使用寿命并提高刺激电压。点火提前机构能随发电机转速、负荷和汽油辛烷值的变化改变点火提前角。

（6）高压线

高压线用以连接点火线圈与分电器中心插孔以及分电器旁电极和各缸火花塞。

（7）火花塞

火花塞将高压电引入气缸燃烧室，产生电火花点燃混合气。如图 8.5 所示，电极一般采用耐高温、耐腐蚀的镍锰合金钢或铬锰氮、钨、镍锰硅等合金制成，也有采用镍包铜材料制成，以提高散热性能。火花塞电极间隙多为0.6～0.7 mm，电子点火间隙可增大至1.0～1.2 mm。

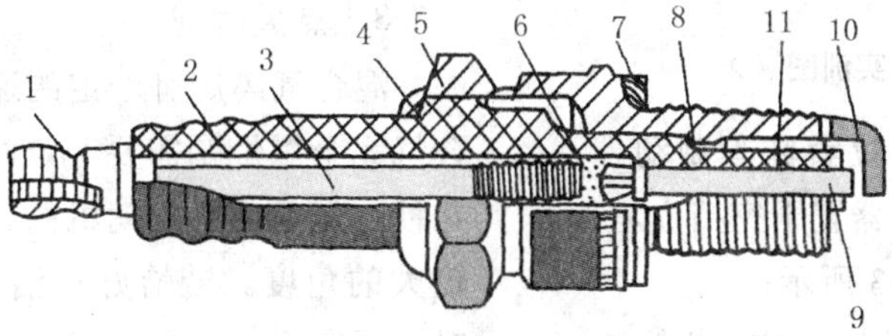

图 8.5 火花塞结构图

1—接线螺母；2—绝缘体；3—金属杆；4—内垫圈；5—壳体；6—导体玻璃；7—密封垫圈；8—内垫圈；9—中心电极；10—侧电极；11—绝缘体裙部

【技术提示】

具体检测参数，参照维修手册

实训3　火花塞的检查、清洁与更换

【实训准备】

1．设备与器材：桑塔纳2000 Gsi轿车、世达组合工具、工具车、清洁毛巾等，共六套

2．将“任务工单”分发给每位学生

【实训目的】

1．了解检查和更换火花塞的重要性

2．熟悉火花塞的结构和类型

3．掌握检查或更换火花塞的操作技能

【操作步骤】

1．事前准备

（1）车辆进入工位前，参训学生将工位清理干净，排除障碍物，准备好相关的工具、物品，如实训图8.2所示；

实训图8.2

（2）拉紧驻车制动器，并将变速器置于空挡位，如实训图8.3所示；

（3）打开并支承机舱盖；

（4）粘贴翼子板和前脸护罩；

火花塞的要求：

① 混合气燃烧时，火花塞下部将承受高压高温气体的冲击，要求火花塞必须有足够的机械强度。

② 火花塞承受着交变的高电压，要求它应有足够的绝缘强度，能承受30 kV高压。

③ 混合气燃烧时，燃烧室内温度很高，可达1 500～2 200 ℃，进气时又突然冷却至50～60 ℃，因此要求火花塞不但耐高温，而且能承受温度剧变，不出现局部过冷或过热。

④ 混合气的燃烧产物很复杂，含有多种活性物质，如臭氧、一氧化碳和氧化硫等，易使电极腐蚀。因此要求火花塞要耐腐蚀。

⑤ 火花塞气密性应当好，以保证燃烧室不漏气。

⑥火花塞的电极间隙影响击穿电压，所以要有合适的电极间隙。

⑦ 火花塞安装位置要合适，以保证有合理的着火点。

2．点火系工作原理

在发动机工作时，断电器凸轮在发动机凸轮轴的驱动下旋转，凸轮旋转时使断电器触头交替地闭合和打开。在点火开关S接通的情况下，触点闭合时，点火线圈初级绕组中有电流流过（图8.6）。流过初级绕组的电流称为初级电流，其电路称为初级电路或低压电路，初级电流在点火线圈的铁芯中形成磁场，电能转变为磁能。

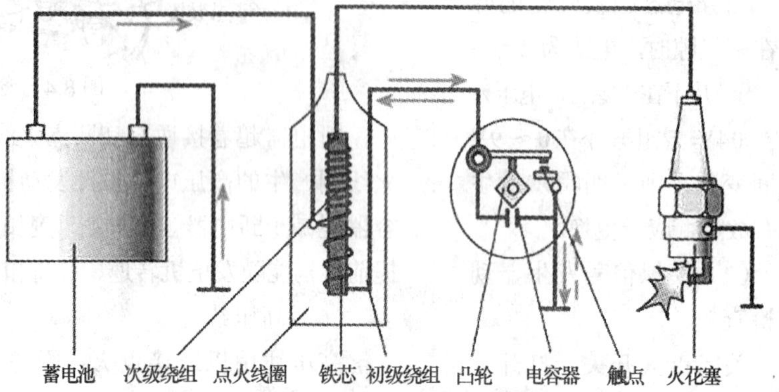

图8.6　点火线圈电流路径

初级电流的路径（图8.7）为：蓄电池正极—电流表—点火开关S—点火线圈—“开关正+”接线柱—附加电阻—“开关”接线柱—点火线圈初级绕组—“-”接线柱—断电器触头—搭铁—蓄电池负极。

初级电流在点火线圈的铁芯中形成磁场，电能转变为磁能。

3．点火时刻

混合气燃烧有一定的速度，即从火花塞跳火到气缸内的可燃混合气完全燃烧是需要一定时间的。虽然这段时间很短，不过千分之几秒，但是由于发动机的转速很高，在这样短的时间内曲轴却转过较大的角度。若恰好在活塞到达上止点时点火，混合气开始燃烧时，活塞已开始向下运动，使气缸容积增大，燃烧压力降低，发动机功率下降。因此，应提前点火，即在活塞到达压缩行程上止点之前火花塞跳火，使燃烧室内的气体压力在活塞到达压缩行程上止点

后 10° ～ 12° 时达到最大值。这样混合气燃烧时产生的热量，在做功行程中得到最有效的利用，可以提高发动机的功率。

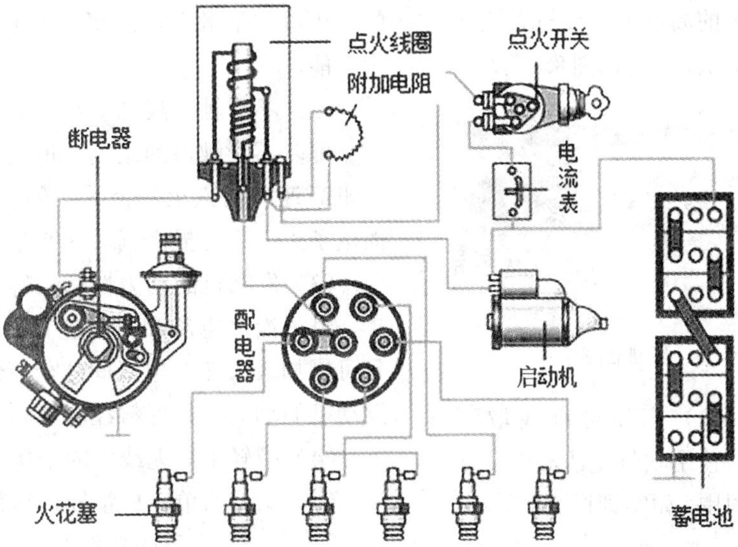

图 8.7　初级电流的路径

4．最佳点火提前角

从点火时刻起到活塞到达压缩上止点，这段时间内曲轴转过的角度称为点火提前角。能使发动机获得最佳动力性、燃油经济性和最佳排放性能的点火提前角，称为最佳点火提前角。

发动机工作时，最佳点火提前角不是固定值，它随很多因素而改变。影响点火提前角的主要因素是发动机的转速和混合气的燃烧速度。混合气的燃烧速度又与混合气的成分、发动机的结构及其他（如燃烧室的形状、压缩比等）一些因素有关。

8.2.2　电子点火系

近年来，汽车发动机向着多缸、高转速、高压缩比的方向发展，人们还力图通过改善混合气的燃烧状况，以及燃用稀混合气，以达到减少排气污染和节约燃油的目的。这些都要求汽车的点火系能够提供足够高的次级电压、火花能量和最佳点火时刻。传统点火系不能满足这些要求，因此，一系列的电子点火系应运而生，如图 8.8 所示。

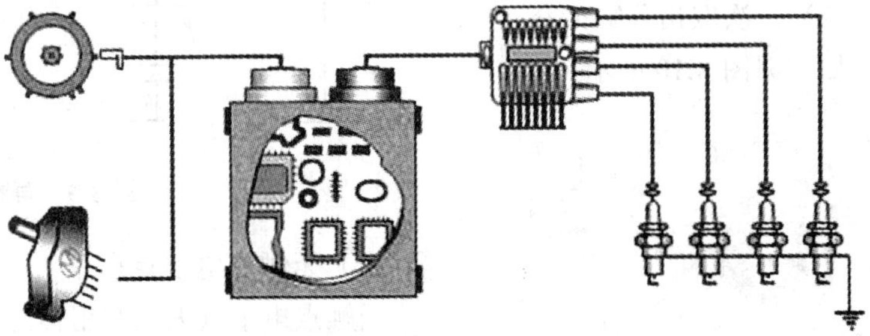

图 8.8　电子点火系

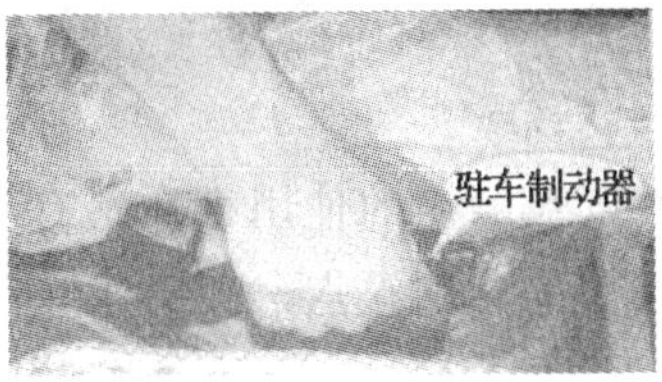

实训图 8.3

如实训图 8.4 所示。

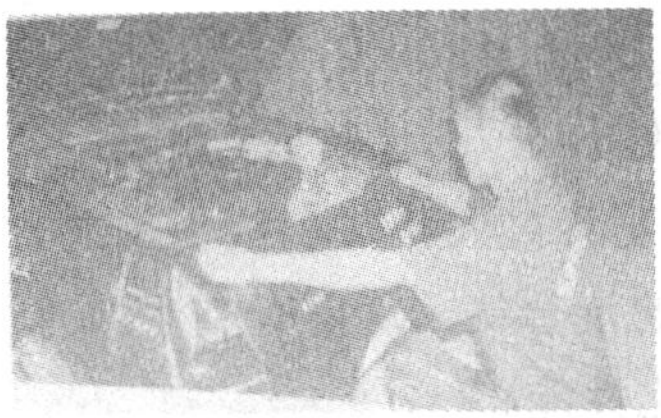

实训图 8.4

（5）安装转向盘套、换挡手柄套、座套，铺设地板垫，如实训图 8.5 所示。

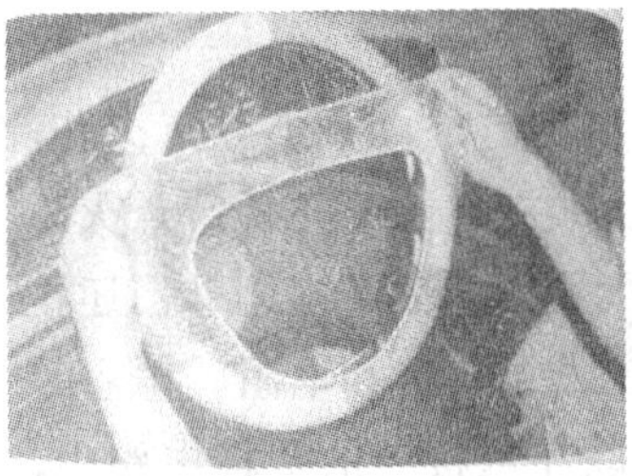

实训图 8.5

2．拆卸发动机装饰罩

将发动机装饰罩的 4 条固定螺栓拧松，用手取下，最后取下发动机罩。

3．清洁发动机上部

4．取下高压分缸线

（1）将气缸区分标签粘贴于高压分缸线粘贴标明“三缸”字样标签，如实训图 8.6 所示；

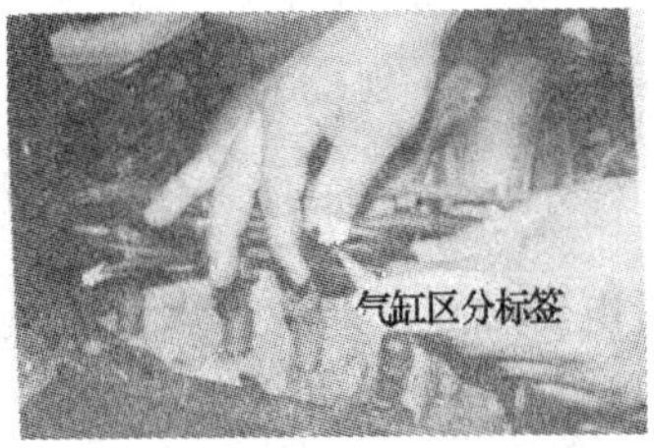

实训图 8.6

注：高压导线上带有缸序编号，应注意确认。

（2）用缸线钳拆卸各个气缸的高压分缸线与火花塞连接端，如实训图 8.7 所示；

实训图 8.7

（3）高压分缸线取下后，使用吹气枪清洁火花塞孔周围，如实训图 8.8 所示。

实训图 8.8

5．拆卸火花塞

（1）使用火花塞拆装扳手旋松火花塞，如实训图 8.9 所示；

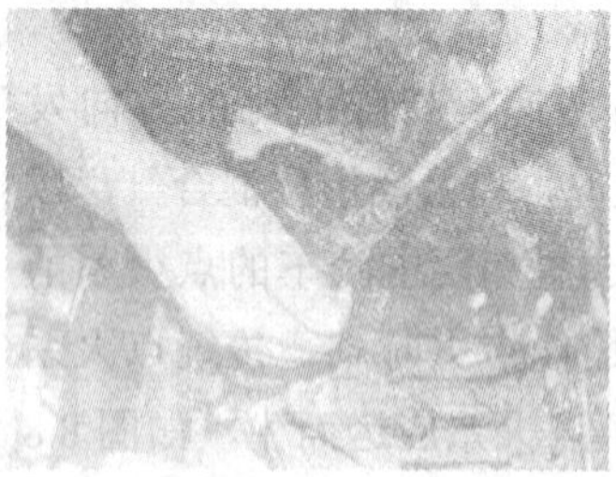

实训图 8.9

（2）依次取出各缸火花塞，如实训图 8.10 所示；

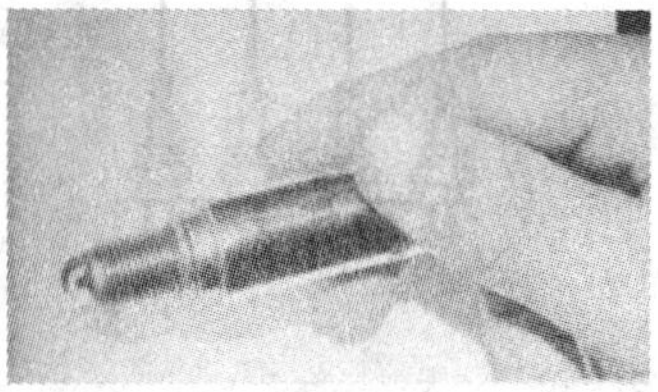

实训图 8.10

1．电子点火系优点

（1）触点火花减少

可以减少触点火花，避免触点烧蚀，延长触点的使用寿命；有的还可以取消触点，因而克服了与触点相关的一切缺点，改善了点火性能。

（2）不受触点限制

可以不受触点的限制，增大初级电流，提高次级电压，改善发动机高速时的点火性能。一般传统点火系的低压电流不超过 5 A，而电子点火系可提高到 7 ～ 8 A，次级电压可达 30 kV。

（3）发动机的动力性、燃料经济性较好

由于次级电压和点火能量的提高，使其对火花塞积炭不敏感，且可以加大火花塞电极间隙，点燃较稀的混合气，从而有利于改善发动机的动力性、燃料经济性和排气净化性能。

（4）减轻了对无线电的干扰

（5）结构简单，质量轻，体积小，使用和维修方便

2．电子点火系的分类

目前国内外汽车上使用的电子点火系主要分为有触点和无触点两种。

（1）有触点电子点火系

有触点电子点火装置用减小触点电流的方法，减小触点火花，改善点火性能。它是一种半导体辅助点火装置。除了与传统点火系一样具有电源、点火开关、分电器、点火线圈、火花塞之外，还在点火线圈初级绕组的电路中，增加了由三极管 VT 和电阻、电容等组成的点火控制电路，断电器的触点串联在三极管的基极电路中，控制三极管的导通与截止，如图 8.9 所示。

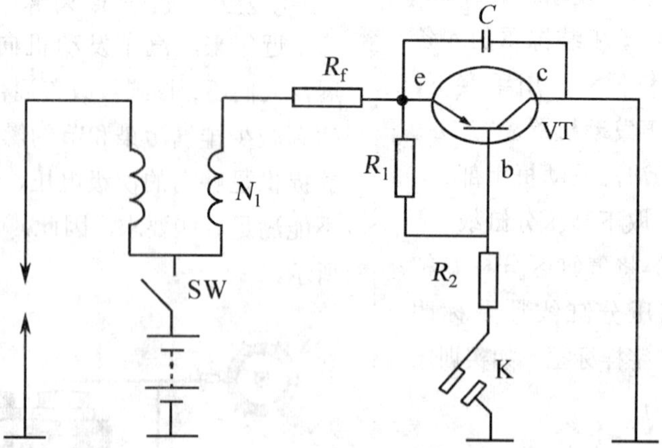

图 8.9　有触点电子点火系

（2）无触点电子点火系

无触点电子点火系利用传感器代替断电器触点，产生点火信号，控制点火线圈的通断和点火系的工作，可以克服与触点相关的一切缺点。目前，有触点电子点火系已基本上被无触点电子点火系所取代。

6．辨别火花塞电极的颜色

（1）目视检查火花塞电极的烧蚀情况，并观察火花塞电极的色泽，如实训图 8.11 所示；

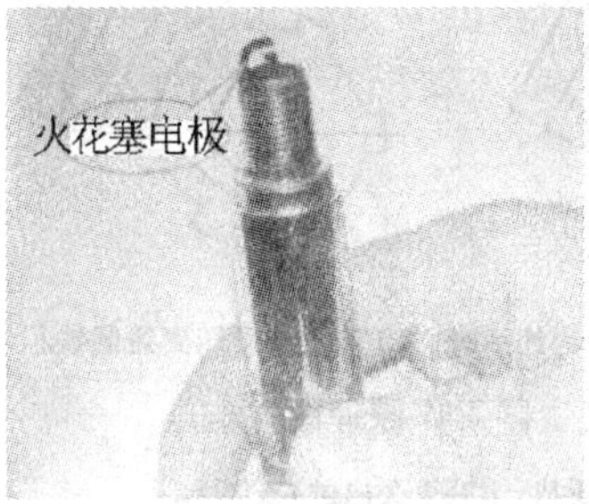

实训图 8.11

（2）火花塞电极的色泽，在一定程度上说明了发动机气缸内气体的燃烧情况。如果电极为灰白色，说明气缸内气体燃烧良好；电极为炭黑色，说明缸内气体燃烧状况差；电极上附有积炭说明发动机有燃烧机油的现象存在。

7．清洁火花塞

（1）用铜丝刷清除火花塞中心电极和侧电极上附着的积碳等污物，如实训图 8.12 所示。

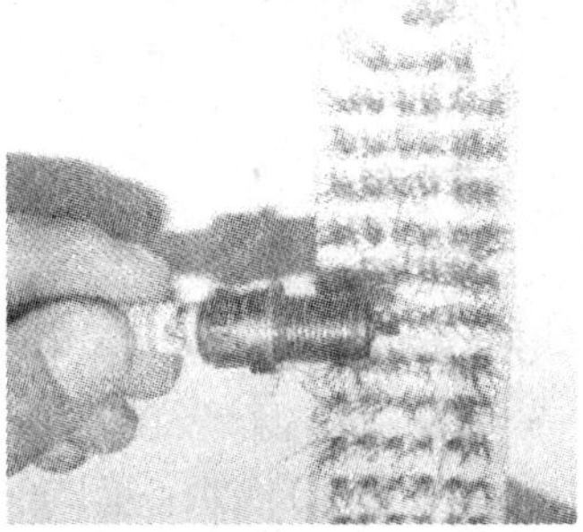

实训图 8.12

（2）火花塞电极上的污物的常用清理方法有两种：用铜丝刷或细纱布；专用火花塞积炭清洗仪。

（3）使用铂金砂条清理

① 无触点电子点火系的组成。

无触点电子点火系（图 8.10）主要由火花塞、分电器、点火信号发生器（传感器）、点火控制器、点火线圈、点火开关和电源等组成。其中分电器主要包括配电器和离心提前装置、真空提前装置。它们的作用、结构和工作原理与传统点火系对应部分完全相同。

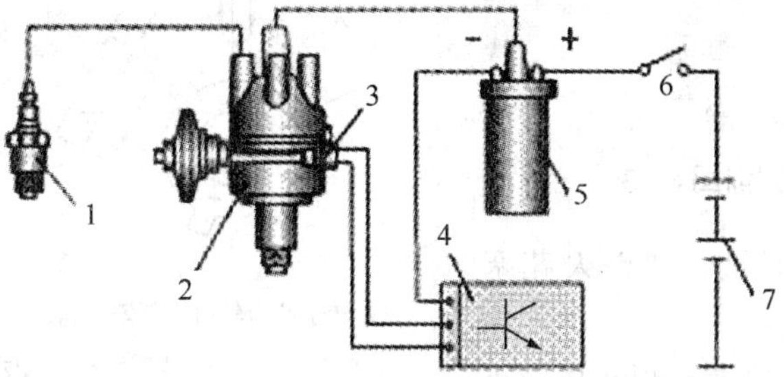

图 8.10　无触点电子点火系的组成

1—火花塞；2—分电器；3—点火信号发生器；4—点火控制器
5—点火线圈；6—点火开关；7—电源

② 点火信号发生器。

点火信号发生器取代了传统点火系断电器中的凸轮，用来判定活塞在气缸中所处的位置，并将非电量的活塞位置信号转变成为脉冲电信号输送到点火控制器，从而保证火花塞在恰当的时刻点火。点火信号发生器实际就是一种感知发动机工作状况，发出点火信号的传感器。目前应用较多的主要有磁脉冲式、霍尔式和光电效应式。

a．磁脉冲式点火信号发生器。

磁脉冲式点火信号发生器用来产生点火控制信号，装在分电器内的底板上，如图 8.11 所示。它由装在分电器轴上的信号转子以及永久磁铁、铁芯和绕在铁芯上的传感线圈等组成。信号转子由分电器轴驱动，转子上的凸齿数与发动机气缸数相等。

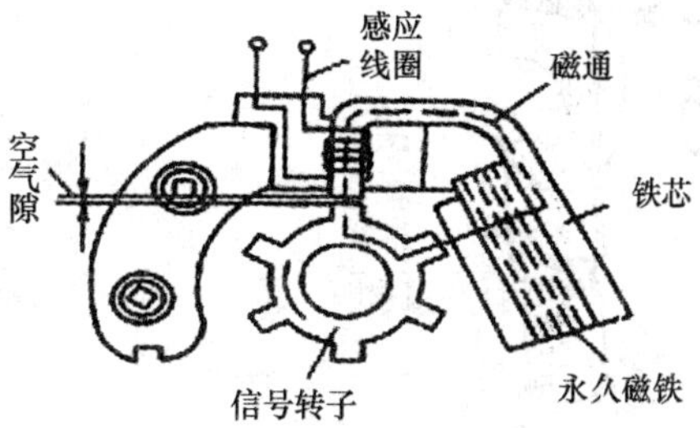

图 8.11　磁脉冲式点火信号发生器

磁脉冲式点火信号发生器是利用电磁感应原理工作的。当通过传感线圈的磁通发生变化时，在传感线圈内便产生交变电动势，它相当于一个极小的发电机。其永久磁铁的磁路是，永久磁铁 N 极—空气隙—信号转子—空气隙—铁芯（通过传感线圈）—永久磁铁 S 极。当发动机未转动时，信号转子不动，通过传感线圈的磁通未发生变化，传感线圈不产生电动势，因而无信号输出。当发动机转动

电极间的积炭等污物，如实训图 8.13 所示。

实训图 8.13

8．测量、调整火花塞电极间隙

（1）用厚薄规测量中央电极和侧电极之间的间隙值，如实训图 8.14 所示。

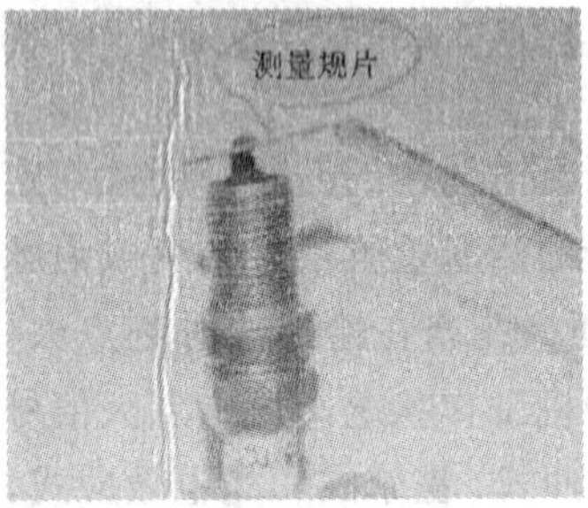

实训图 8.14

（2）将火花塞电极间的间隙调整到规定值，如实训图 8.15 所示。

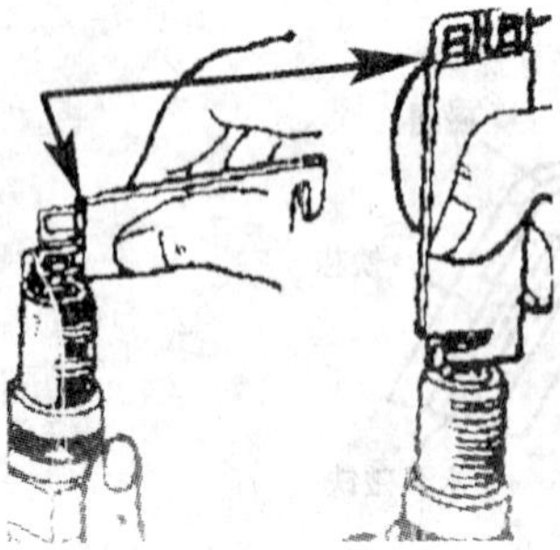

实训图 8.15

（3）AJR 型发动机用火花塞的电极之间的间隙值为 0.9 ～ 1.1 mm。若间隙过大，需要放电电压高；若间隙过小，需要放电电压低。

时，信号转子便由分电器轴带动旋转。这时信号转子的凸齿与铁芯间的空气隙将发生变化，使通过传感线圈的磁通发生变化，因此在传感线圈中便产生感应电动势，如图 8.12 所示。

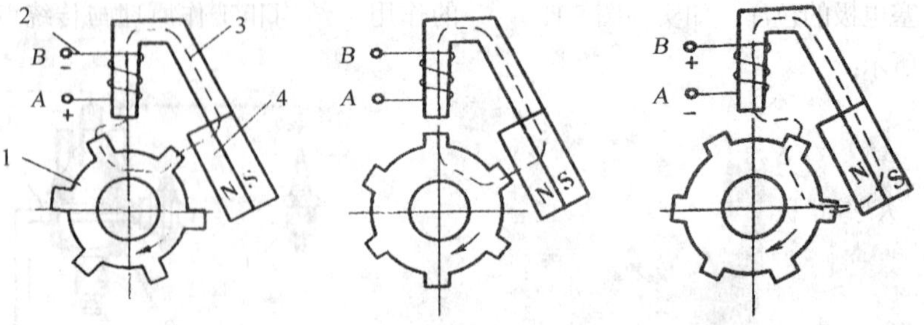

(a) 转子凸齿转向线圈铁芯 (b) 转子凸齿与线圈铁芯中心线对齐 (c) 转子凸齿转离线圈铁芯

图 8.12 磁脉冲式点火信号发生器工作原理图

1—信号传子；2—传感线圈；3—铁芯；4—永久磁铁

b．霍尔式点火信号发生器。

霍尔式点火信号发生器位于分电器（图 8.13）内，其结构如图 8.14 所示，主要由分电器轴带动的触发叶轮和霍尔传感器等组成。触发叶轮像传统的分电器凸轮一样，套装在分电器轴的上部，可随分电器轴一起转动，又能相对分电器轴做少量转动，以保证离心调节装置正常工作。霍尔传感器由永久磁铁和霍尔集成块组成。霍尔集成块由霍尔元件和集成电路组成。霍尔元件输出霍尔电压 U_H 约为 20 mV，信号很微弱，需要集成电路把霍尔电压信号经过放大、脉冲整形，最后以整齐的矩形脉冲波（方波）输出可达几百毫伏，输出给点火器。

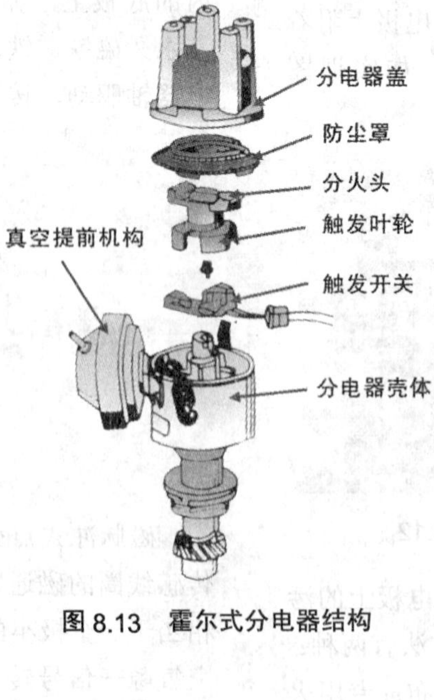

图 8.13 霍尔式分电器结构

9．火花塞跳火试验

将火花塞连接到试验台上，观察火花塞的跳火状况，如实训图 8.16 所示。

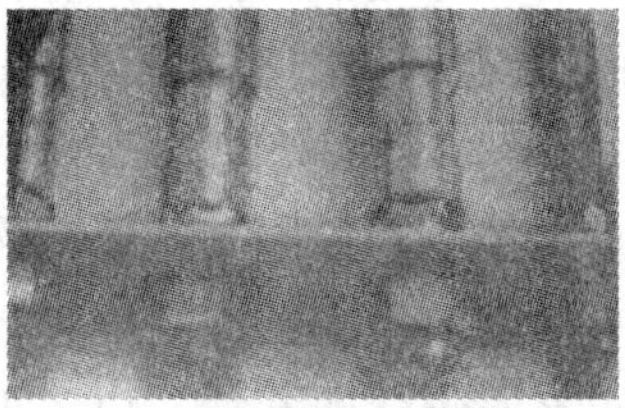

实训图 8.16

10．检查火花塞的密封垫圈

目视检查火花塞的密封垫圈是否有断裂、扭曲等损伤现象，如实训图 8.17 所示。

实训图 8.17

11．安装火花塞

（1）将火花塞插入火花塞扳手套筒内；

（2）将火花塞放入轴承孔内，用手调整火花塞扳手的角度，并转动火花塞，感知火花塞螺纹与轴承孔的螺纹是否对正；如感觉转动火花塞时，省力平顺且有下行感，证明螺纹已经对正，否则禁止用力旋转火花塞，如实训图 8.18 所示；

实训图 8.18

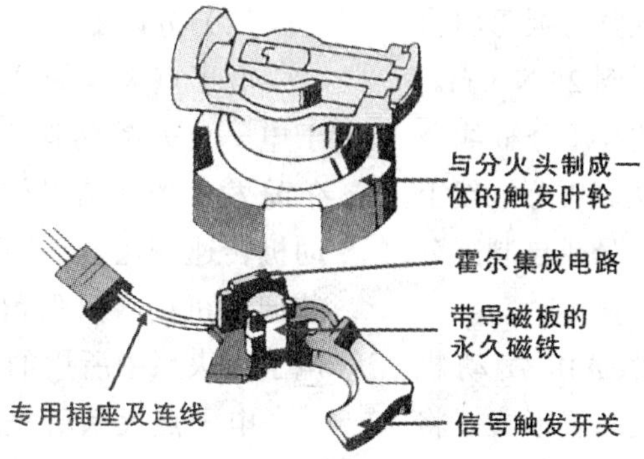

图 8.14　霍尔式点火信号发生器

c．光电效应式点火信号发生器。

光电效应式点火信号发生器是利用光电效应原理，以红外线或可见光光束进行触发的，主要由遮光盘（信号转子）、遮光盘轴、光源、光接收器（光敏元件）等组成。光源可用白炽灯，也可用发光二极管。由于发光二极管比白炽灯耐振动、耐高温，能在 150 ℃的环境温度下持续工作，而且工作寿命很长，所以现在绝大多数采用发光二极管作为光源。发光二极管发出的红外线光束一般还要用一只近似半球形的透镜聚焦，以便缩小光束宽度，增大光束强度，有利于光接收器接收、提高点火信号发生器的工作可靠性。光接收器可以是光敏二极管，也可以是光敏三极管。光接收器与光源相对，并相隔一定的距离，以便使光源发出的红外线光束聚焦后照射到光接收器上（图 8.15）。

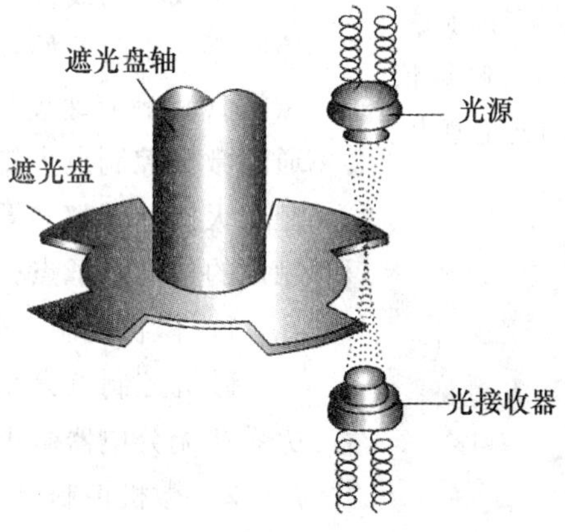

图 8.15　光电效应式点火信号发生器

3．电子点火系主要零件结构

（1）点火控制器

点火控制器取代了传统点火系中断电器的触点，将点火信号发生器输出的点火信号整形、放大，转变为点火控制信号，控制点火线圈初级绕组中电流的通断，以便在次级线圈的绕组中产生高压电，供火花塞点火。点火控制器的基本电路包括整形电路、开关信号放大电路、功率输出电路等。

（3）用预紧力扳手将火花塞力矩拧紧到 25 N·m。

12．安装高压分缸线

（1）确认高压分缸线上标注的缸序编号或自制区分标签；

（2）按照 AJR 发动机的高压分缸线布置形式，将一缸、二缸高压导线穿过进气歧管上的前端孔并通过缸线卡连接起来；三缸、四缸的高压导线穿过进气歧管上的后端孔，同样用缸线卡连接起来，如实训图 8.19 所示；

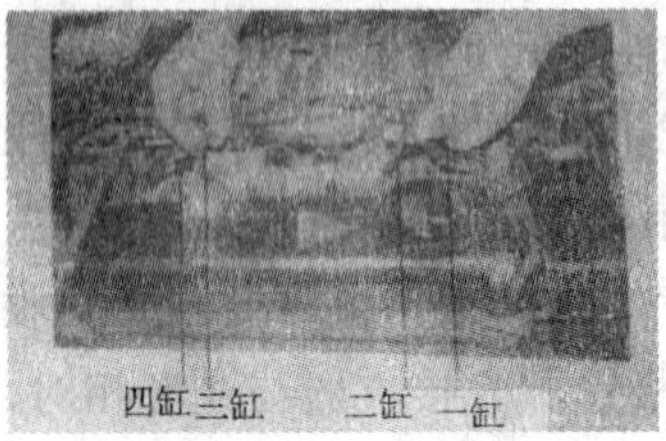

实训图 8.19

（3）根据各缸高压分线上的区分标签或缸序标号，使用缸线钳将高压分缸线依次安插到对应缸的火花塞上，如实训图 8.20 所示；

实训图 8.20

（4）确认高压分缸线安插顺序是否正确。

13．安装发动机装饰罩。

使用 ϕ5 mm 内六方接头，接杆快速扳手将螺栓力矩拧紧到 15 N·m。

14．发动机运行检查

稳定性、急加减速观察

（2）分电器

电子点火系的分电器与传统点火系的分电器不同，主要区别在于电子点火系取消了断电器（触点和凸轮）和电容器，增加了点火信号发生器（信号转子和传感部分）。有些点火控制器能够随着发动机转速变化自动调节点火提前角，所以这些分电器去掉了离心提前调节机构，只保留真空提前调节机构，配电器的结构则无变化。电子点火系中所用的为霍尔分电器。

电子点火系所采用的点火线圈是用点火控制器控制其初级电路通断的，所以其初级电流可以增大，点火线圈的电感和电阻一般较小。因此，一般情况下，不能和传统点火系点火线圈互换。电子点火系多采用闭磁路点火线圈。

（3）火花塞

由于普通电子点火系的点火能量提高，火花塞电极最大间隙比传统点火系的火花塞电极间隙增大，一般为 0.8 ～ 1.0 mm，最大为 1.2 mm，并且各种车型差异也较大，在检查、调整、维修时，应严格根据原车说明书进行。为了减轻无线电干扰，电子点火系高压线为高压阻尼线，电阻值一般在几千欧至几十千欧；火花塞插头和分火头也都有一定的电阻，一般为几千欧。

8.2.3　微机控制点火系

电子点火系对点火时刻的调节，与传统点火系一样，基本上仍采用离心提前和真空提前两套机械式点火提前调整装置，而它们只能根据发动机转速和负荷的变化来调节点火提前角，且调节特性为线性（或不同线性的组合）规律。在 20 世纪 70 年代后期，用微机控制点火正时开始在汽车上获得应用，形成微机控制点火系。由于微机具有响应速度快、运算和控制精度高、抗干扰能力强等优点，通过微机控制点火提前角要比机械式的离心点火提前调整装置和真空点火提前调整装置的精度高得多。因此，微机控制点火系是继无触点的普通电子点火系之后，点火系发展的又一次飞跃。

1．微机控制点火系分类

微机控制点火系，按是否配有分电器分为有分电器微机控制点火系和无分电器微机控制点火系两种。

2．微机控制单元

由于无分电器点火系取消了机械式高压配电而改为电子式高压配电，因此，微机控制单元不再只控制一个点火线圈初级绕组的通断，而是要根据曲轴的不同位置，按一定顺序控制两个或多个点火线圈初级绕组，以实现电子式高压配电。微机控制单元除了包括输入接口电路、A/D 转换器、微机控制单元（CPU）、只读存储器（ROM）、随机存储器（RAM）等组成部分外，还增加了气缸判别（简称判缸）电路，输出接口电路也不止输出一路点火控制信号，而是依次输出多路点火控制信号，分别控制点火控制器中与各点火线圈初级绕组对应的大功率三极管的通断；或者输出接口电路在输出一路点火控制信号的同时输出一路判别气缸信号，根据曲轴位置传感发动机的响应性。如果正常，则更换完毕。

15．整理工位

【技术提示】

具体拆装参数，参考维修手册

器或气缸判别信号传感器确定需要控制的点火线圈初级绕组。点火控制器根据点火控制信号和判别气缸信号控制与各点火线圈初级绕组对应的大功率三极管的通断，使需要点火气缸的火花塞适时跳火。

3．点火控制器

由于无分电器点火系有两个或多个点火线圈或点火线圈初级绕组，所以点火控制器一般除了具有自动断电功能、导通角控制、恒流控制等电路外，还有气缸判别电路和多个大功率三极管及相应的控制电路。

4．点火线圈

由于无分电器点火系有两个或多个点火线圈初级绕组，发动机的一个工作循环，每个点火线圈初级绕组只通断一次（独立点火）或两次（同时点火），所以点火线圈初级绕组能够有较长的通电时间，点火线圈可以采用完全的闭磁路结构，以提高能量利用率。

任务实施

为了全面认识点火系，首先从点火系的作用、组成入手，对点火系有一个基本的了解，由于现代汽车多以电子点火为主，所以，在对传统点火进行了解之后，重点讲述电子点火的相关内容。

相关链接

辉门先进的突破性 CORONA 点火系（ACIS）

法兰克福，2011 年 9 月 13 日辉门公司（NASDAQ：FDML）在 IAA（法兰克福车展，4.1 展厅，E15 展台，2011 年 9 月 13~16 日）上展示了其高度创新的 Corona 点火系（ACIS），此突破性技术可提高燃油效率并减少排放，性能远超传统火花点火系。目前，辉门正在与数家客户进行 ACIS 开发。开发测试表明，与标准火花点火装置相比，ACIS 使燃油效率提高了 10%。

与传统火花点火系相比，Corona 点火系产生了一个扩散至整个燃烧室的更大高密度离子点火源。ACIS 技术使燃烧更充分，因而可实现各种先进燃烧方法，如稀薄燃烧、高度稀释混合气和极高程度的尾气再循环（EGR），进一步提高了燃油效率。ACIS 利用了多种材料和设计方法，促进了在现有以及新引擎架构中进行大批量生产。

“辉门的新型 Corona 放电点火技术是一项突破创新，与其他技术相比，只需增加较少成本便可大幅提高燃油经济性并减少排放，”辉门总裁兼 CEO José Maria Alapont 说，“我们先进的 Corona 点火系再一次证明了辉门致力于开发各种领先技术和创新产品，在能源效率、环境责任和加强汽车安全性方面为汽车制造商提供支持，使其符合法规规定并赢得客户满意。”ACIS 采用高能高频电场来产生可重复的受控电离，形成多路电离流，在整个燃烧室中点燃燃料混合物，而传统火花点火技术仅在火花塞两个电极之间的间隙中产生小电弧。与传统点火系相比，这种高效点火技术还可优化开始燃烧的定时方法。ACIS 可快速点火、快速燃烧，确保燃料能更充分地转换成机械能，同时还具备减少引擎同步冷却要求的潜力。“辉门和我们客户的测试表明，与火花点火装置相比，新产品在提高燃油经济性和减少二氧化碳排放方面达到了前所未有的高度，”Alapont 补充说。“我们在 1.6 升涡轮增压汽油直喷式引擎中观察到燃油效率提高了 10%，而且有可能进一步提高，”辉门动力总成能源，先进 Corona 点火系开发经理 Kristapher Mixell

说，“我们的先进 Corona 点火系是一项改变游戏规则的技术，也使其他燃烧改进成为可能。”与传统火花点火系相比，Corona 点火技术提供了更高能量和更多着火点，可直接应用于不同的燃油产品。“该技术有助于动力总成工程师更高效地开发各种燃烧方法，如分层燃烧、稀薄燃烧和高度 EGR，以减少油耗和尾气排放，” Mixell 补充说。

辉门对该产品进行了优化，将产品包的体积设计成不超过火花点火系，使 ACIS 能轻松地大批量应用于目前和未来的动力总成架构中。它采用“两件式”点火器构造，使引擎制造商能够用它替换传统线圈和火花塞系统，且不会对引擎设计或组装产生不利影响。

ACIS 避免了火花塞及其产生的电弧，从而消除了电极腐蚀——这是传统火花点火系中磨损的主要原因。因此可提高点火系耐久性并延长产品维修间隔。ACIS 还使用了久经汽车行业验证的材料，可确保产品在整个设计使用寿命内的耐久性。

“全球汽车市场预计在 2015 年将增长至超过 12 亿辆，这使得火花点火系将继续是非常强大的市场，因此，我们在开发先进的 Corona 点火系的同时，也在为高性能动力总成和汽车应用开发新火花塞技术，” Alapont 补充说。

课后练习

1. 普通电子点火系由哪些部件组成，各部件的作用是什么？
2. 电子点火系与传统点火系相比有哪些优点？
3. 电子点火系中点火闭合角指的是什么，为何要对点火闭合角进行控制？
4. 什么是霍尔效应？简述霍尔效应信号发生器工作原理。
5. 发动机启动后在正常运转时，控制点火提前角的信号主要有哪些？
6. 通电时间对发动机工作的影响有哪些？
7. 点火器主要由哪几部分组成，主要功能是什么？

模块 9

启动系的构造

【知识目标】

1. 了解启动机的启动性能、工作原理和特性；
2. 了解单向离合器类型、各自工作过程；
3. 掌握启动机的组成和结构，电磁控制装置的构造及工作原理；
4. 掌握启动机的结构及工作原理。

【技能目标】

1. 能够结合启动机，指认出启动机各组成部分的名称和作用；
2. 正确使用工量具对启动机进行拆装、维修。

【课时计划】

任务类别	任务内容	参考课时		
		理论课时	实训课时	合　计
任务 9.1	启动系的概述	2	1	3
任务 9.2	启动系的构造	2	1	3
共计：6 课时				

情境导入

项目描述

车主张先生来到 4S 店反映，他家的东风小康汽车，用启动机启动发动机时，点火开关转到启动挡后，能听到吸动触点的“咔嗒”声，但启动机无反应。

项目分析

汽车启动时，由启动机带动发动机曲轴旋转，启动后启动机退出与飞轮的啮合。点火开关打到 star 位置，可以听到启动继电器的声音，但启动机不能旋转，应该对启动机的机械和电控系统进行检测。

任务驱动

任务9.1 启动系的概述

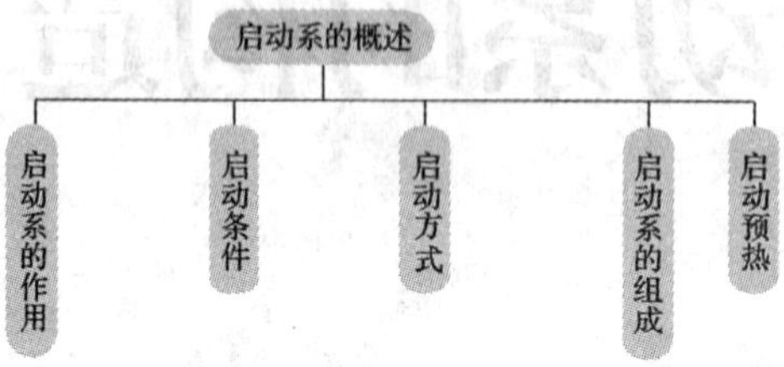

实训指导

实训1 启动机的拆装

【实训准备】

1. 设备与器材：启动机、世达组合工具、工具车、清洁毛巾等，共六套

2. 将“任务工单”分发给每位学生

【实训目的】

1. 了解启动系的部件组成

2. 掌握启动机各组成部分的名称和作用

【实训步骤】

1. 事前准备

结合书本，在实训台架上找到电源（蓄电池）、启动机、继电器、点火开关等。

2. 启动机拆装

（1）防尘罩拆装；

（2）在进行拆装前首

基础知识

9.1.1 启动系的作用

为了使静止的发动机开始进入工作状态，必须先用外力转动发动机的曲轴，使气缸吸入可燃混合气，并将其压缩、点燃，混合气燃烧、膨胀产生强大的动力，推动活塞向下运动并带动曲轴旋转，使发动机自动进入工作循环。发动机的曲轴在外力作用下开始转动，到发动机自动的怠速运转的全过程，为发动机的启动过程。

9.1.2 启动条件

启动系就是在正常启动条件下，通过启动机将蓄电池储存的电能转变为机械能带动发动机以足够高的转速运转，以顺利启动发动机。

在配气、燃料、点火正常的情况下，使发动机由静止到自行运转的条件是：

1. 启动转矩

能够使曲轴旋转的最低转矩称为启动转矩。启动机必须克服压缩阻力和内摩擦阻力矩。启动阻力矩与发动机的压缩比、温度、机油黏度等有关。

2. 启动转速

能使发动机启动的曲轴最低转速称为启动转速，在 0 ～ 20 ℃时，汽油机的启动转速为 30 ～ 40 r/min，柴油机的启动转速为 150 ～ 300 r/min。为了使发动机能在更低的温度下迅速启动，要求启动转速不低于 50 ～ 70 r/min。若启动转速过低，压缩行程内的热量损失过多，气流的流速过低，将使汽油雾化不良，导致气缸内的混合气不易着火。

先清洗启动机表面的油污，如实训图 9.1 所示；

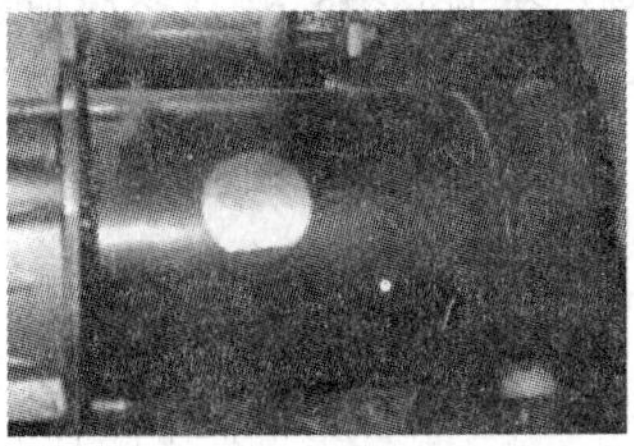

实训图 9.1

（3）用螺丝刀拆下启动机的防尘罩，注意不要使其变形。

3．导电片拆卸

用扳手拆下电磁开关与电动机 50a 接线柱之间的连接铜片，如实训图 9.2 所示。

实训图 9.2

4．电磁开关拆卸

用十字螺丝刀拆下电磁开关与驱动端盖的两颗紧固螺钉，取下电磁开关。注意在拆卸前做上标记。

5．电刷拆卸

用螺丝刀松开两条正极电刷固定螺钉后，用电刷弹簧取出电刷（正极电刷与搭铁电刷共四只），如实训图 9.3 所示。

6．后端盖及其启动机定子的拆卸

用扳手取下启动机两条穿心螺钉，取下后端盖，如实训图 9.4 所示。

9.1.3 启动方式

发动机常用的启动方式有人力启动、电动机启动等多种形式。

（1）人力启动

使用人力将发动机启动的方式称为人力启动，即手摇启动或者绳拉启动。人力启动最为简单，只须将启动手摇柄端头的横销嵌入发动机曲轴前端的启动爪内，以人力转动曲轴。该方法主要用于大功率柴油机汽车的辅助启动，或者在中、小功率汽油机上作为紧急备用启动方式，现在这种启动方式已淘汰。在蓄电池不足时或启动系统故障时也可采用此方式。

（2）电动机启动

电动机启动是用电动机作为机械动力，当将电动机轴上的齿轮与发动机飞轮周缘的齿圈啮合时，动力就传到飞轮和曲轴，使之旋转。电动机本身又用蓄电池作为电源。

电力启动机简称启动机。它以蓄电池为电源，结构简单、操作方便、启动迅速可靠，是目前广泛使用的启动方式。

（3）辅助汽油机启动

大功率的柴油机启动系可采用小型汽油机。先启动汽油机后，再带动柴油机运转。带有辅助汽油机的启动系体积大、机构复杂。

9.1.4 启动系的组成

电力启动系简称启动系，由蓄电池、启动机和启动控制电路等组成，如图 9.1 所示。启动控制电路包括启动按钮或开关、启动继电器等。

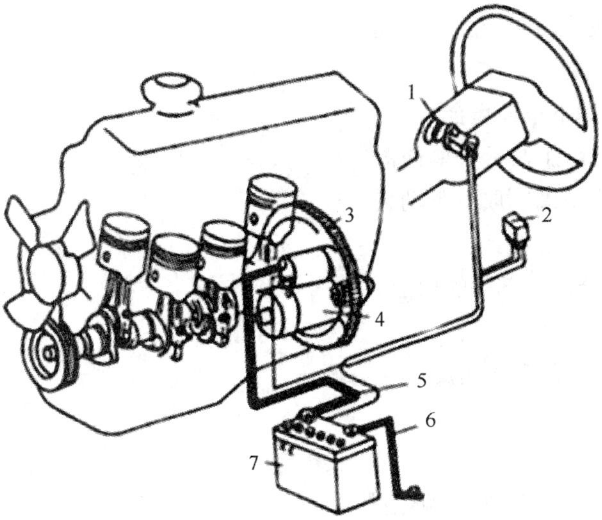

图 9.1 启动系的组成

1—点火开关；2—启动继电器；3—飞轮；4—启动机；
5—启动机电缆；6—搭铁电缆；7—蓄电池

9.1.5 启动预热

发动机在严寒冬季启动困难，这是由于机油黏度增高，启动阻力矩增大，蓄电池工作能力降低，以及燃油气化性能变坏的缘故。

注：必要时可以在后端盖与定子外壳做上标记，方便装配。

实训图 9.3

实训图 9.4

7．拆中间支承板与拨叉

取下电枢总成，用扳手或螺丝刀取下中间支承板，取下拨叉支承销，取下驱动端盖、拨叉与转子总成，使其完全分离。

8．拆下单向离合器

用专用工具拆下单向离合器止推垫圈，取下驱动齿轮、单向离合器。

9．分离后部件的摆放

10．安装

与拆下的顺序相反。

【技术提示】

具体拆装参数，参照维修手册

为使之便于启动，在冬季应设法将进气、润滑油和冷却水预热。车用柴油机为了能在低温下迅速可靠启动，常采用一些用以改善燃料着火条件和降低启动转矩的启动辅助装置，如电热塞、进气预热器、启动液喷射装置以及减压装置等。

任务 9.2 启动系的构造

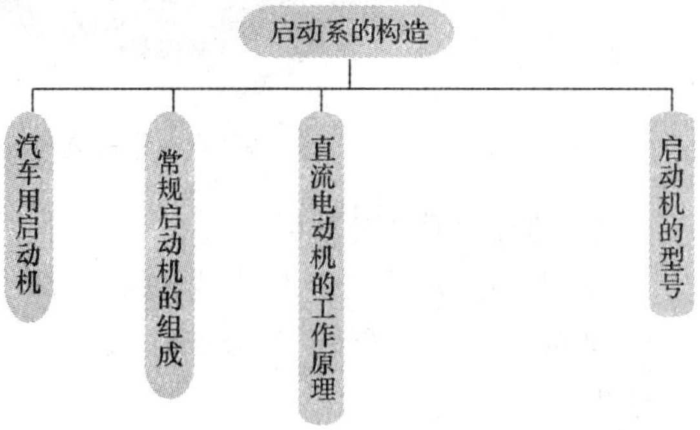

实训指导

实训 2 启动机的检测

【实训准备】

1. 设备与器材：启动机、蓄电池、世达组合工具、万用表、弹簧秤、游标卡尺、工具车、清洁毛巾等，共六套

2. 将“任务工单”分发给每位学生

【实训目的】

1. 掌握启动机的组成、结构和工作原理

2. 掌握启动机主要部件的检查方法

注：启动机的检测分为解体检测和不解体检测。

【实训步骤】

1. 吸引线圈的性能测试

随解体过程一起进行；不拆解检测可以在拆解之前进行，也可以在装复完成之

基础知识

要使发动机由静止状态过渡到工作状态，必须用外力转动发动机的曲轴，使气缸内吸入（或形成）可燃混合气并燃烧膨胀，工作循环才能自动进行。曲轴在外力作用下开始转动到发动机开始自动地怠速运转的全过程，称为发动机的启动。

常用的方法有电力启动和手摇启动两种。

9.2.1 汽车用启动机

1．启动机的要求

（1）启动时，启动机驱动齿轮与飞轮齿圈啮合应无冲击，柔和啮合。

（2）启动过程中，启动机工作平顺，启动后驱动齿轮打滑，并能及时退出啮合。

（3）发动机启动后，驱动齿轮不应再次进入啮合以防损坏。

（4）启动机体积紧凑，质量轻，工作可靠。

2．启动机的分类

在各种启动机中，电动机部分一般没有本质的差别，而控制方法和传动机构的啮入方式则有很大差异，因此启动机是按控制方法和传动机构的啮入方式的不同来分类的。

按控制方法的不同，启动机可分为机械控制式和电磁控制式。

按传动机构啮入方式，启动机可分为惯性啮合式、强制啮合式、电枢移动式和同轴式启动机。

除上述以外，还有磁极为永久磁铁的永磁式启动机，以及内装减速齿轮的减速启动机等，但一般来说，减速启动机大多都是永磁式的。

9.2.2 常规启动机的组成

常规启动机一般由直流串励式电动机、传动机构、控制装置三个部分组成，如图 9.2 所示。

后进行。

将电磁开关上与启动机连接的端子C断开，与蓄电池负极连接。电磁开关壳体与蓄电池负极连接。将电磁开关上与点火开关连接的端子50与蓄电池正极连接，此时，启动机驱动齿轮应向外移出，否则说明电磁开关有故障，应予以修理或更换。

2. 保持线圈的性能测试

在吸引线圈性能测试的基础上，拆下电磁开关端子C上的线，此时，驱动齿轮应保持在伸出位置不动。否则，说明保持线圈损坏或搭铁不正常，应修理或更换电磁开关，如实训图9.5所示。

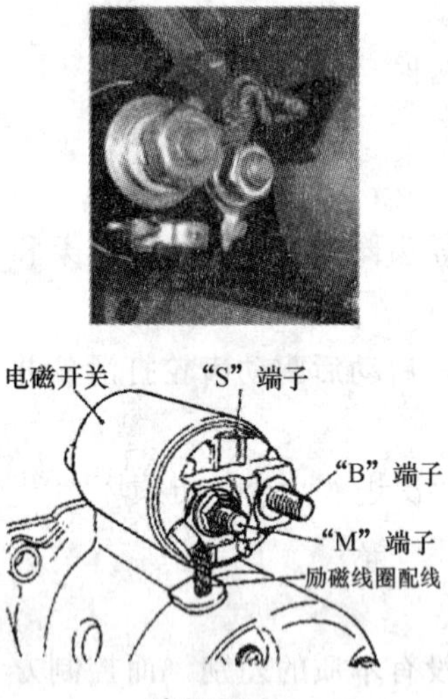

实训图 9.5

3. 保持线圈的性能测试

在吸引线圈性能测试的基础上，拆下电磁开关端子C上的线，此时，驱动齿轮应迅速复位。如不能复位，说明复位弹簧失效，应予以更换。

4. 驱动齿轮间隙的

图 9.2 汽车常规启动机

1. 直流串励式电动机

功用：将蓄电池输入的电能转换为机械能，产生电磁转矩。

结构：由电枢（转子）、磁极（定子）、换向器和电刷等主要部件构成。

（1）电枢

直流电动机的转动部分称为电枢，又称转子。转子由外圆带槽的硅钢片叠成的铁芯、电枢绕组线圈、电枢轴和换向器等组成，如图9.3所示。

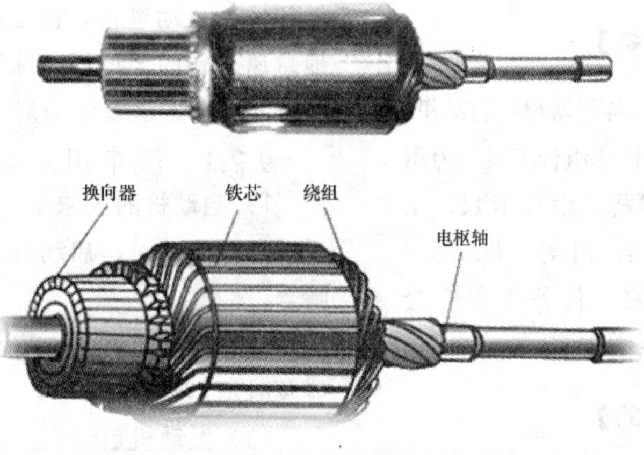

图 9.3 直流串励式电动机电枢结构

为了获得足够的转矩，通过电枢绕组的电流一般较大（汽油机为200～600 A；柴油机可达1 000 A），因此，电枢绕组采用较粗的矩形裸铜漆包线绕制为成型绕组。

电枢绕组通常用波绕法，两端焊在换向片上，与每一绕组两端相连接的换向器片相隔90°，这种绕法电阻较低，有利于提高转矩。

（2）磁极

磁极由固定在机壳内的磁极铁芯和磁场绕组线圈组成，如图9.4所示。

磁极一般是4个，两对磁极相对交错安装在电机的壳体内，定子与转子铁芯形成的磁通回路如图9.5所示，低碳钢板制成的机壳也是磁路的一部分。

4个励磁线圈的连接方式有两种，一种是相互串联后再与电枢

检查

连接蓄电池和电磁开关，并进行驱动齿轮间隙的测量。测量时，先把驱动齿轮推向电枢方向，消除间隙后测驱动齿轮端和止动套圈间的间隙，并和标准值进行比较。

5．空载测试

① 固定启动机，连接相关的导线；

② 启动机应平稳旋转，同时驱动齿轮应移出；

③ 读取安培表的数值，应符合标准值；

④ 断开端子后，启动机应该立即停止转动，同时驱动齿轮缩回。

6．启动机的解体检测

（1）直流电动机的检测

① 磁场绕组的检测：万用表放在导通挡，检查励磁绕组两电刷之间时，应导通（实训图 9.6）；检查励磁绕组和定子外壳时，不应导通，如实训图 9.7 所示；

实训图 9.6

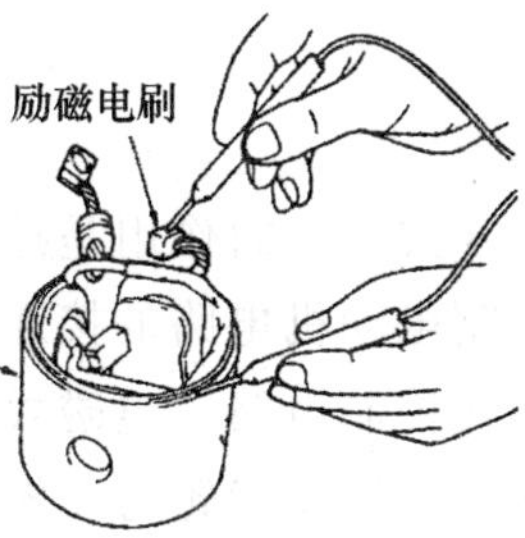

实训图 9.7

绕组串联（称为串联式），另外一种则是两两相串后再并联，再与电枢绕组串联（称混联式），如图 9.6 所示。

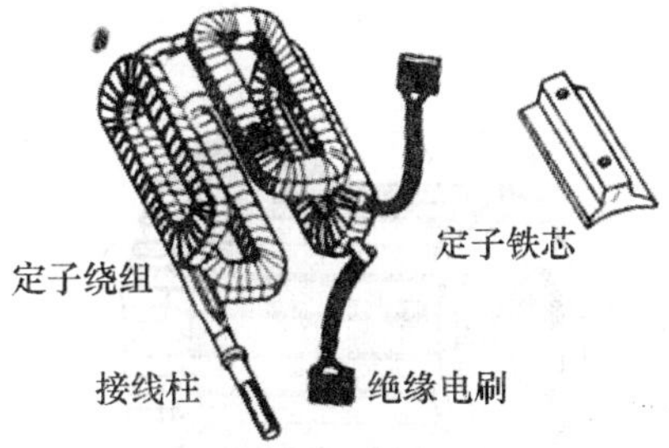

图 9.4　磁极

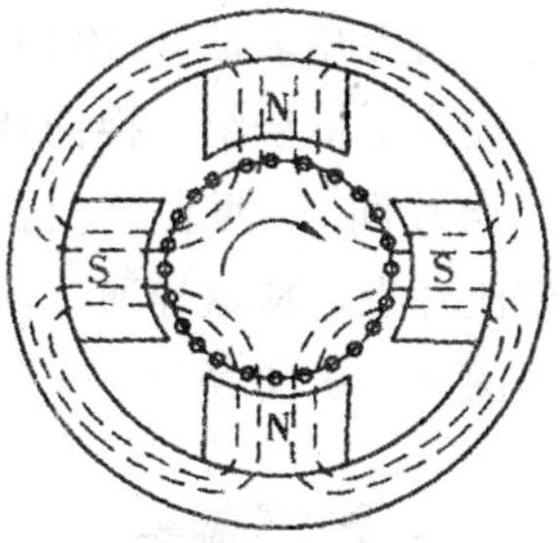

图 9.5　磁路

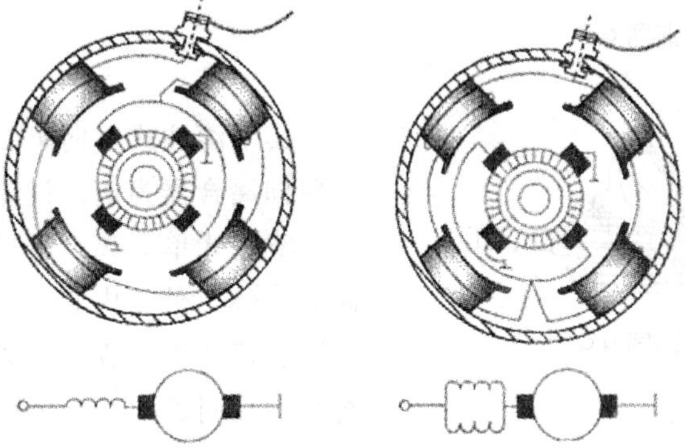

图 9.6　励磁绕组的连接

当启动开关接通时，电动机的工作电路为蓄电池正极→接线柱→励磁绕组→绝缘电刷→换向器和电枢绕组→搭铁电刷→搭铁→蓄电池负极。

（3）换向器

作用：向旋转的电枢绕组注入电流。

它由许多截面呈燕尾形的铜片围合而成，如图 9.7 所示。铜片之间由云母绝缘。云母绝缘层应比换向器铜片外表面凹下 0.8 mm 左右，以免铜片磨损时，云母片很快突出。电枢绕组各线圈的端头均焊接在换向器的铜片上。

（4）电刷与电刷架

如图 9.8 所示为电刷架总成，电刷与电刷架的作用是将电流引入电枢，使电枢产生连续转动。电刷一般用（80%~90%）铜和（10%~20%）石墨压制而成，有利于减小电阻及增加耐磨性。电刷装在电刷架中，借弹簧压力紧压在换向器上。与外壳直接相连构成电路搭铁，称为搭铁电刷，与励磁绕组和电枢绕组相连，与外壳绝缘，称为绝缘电刷。

2．传动机构

传动机构的作用是把直流电动机产生的转矩传递给飞轮齿圈，再通过飞轮齿圈把转矩传递给发动机的曲轴，使发动机启动；启动后，飞轮齿圈与驱动齿轮自动打滑脱离。传动机构一般由驱动齿轮、

②电枢的检查：将万用表放在 200 Ω 挡，换向器和电枢线圈铁芯之间不应导通；将万用表放在 200 Ω 挡，检查电枢绕组（换向片和换向片间），两表笔放在两整流片上，应该导通，如实训图 9.8~9.10 所示。

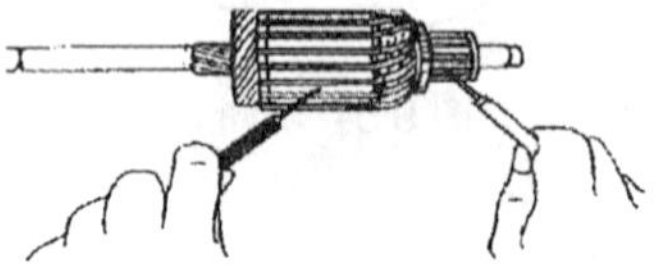

实训图 9.8

实训图 9.9

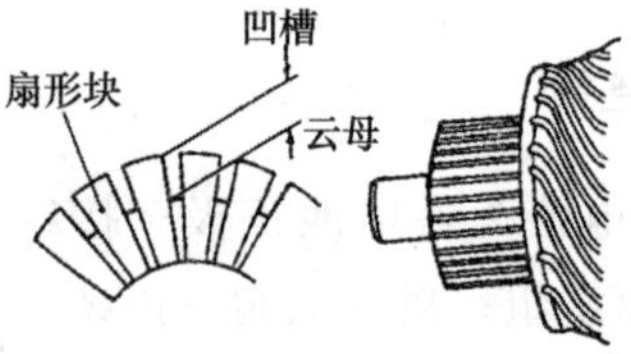

实训图 9.10

a．电枢绕组与换向器脱焊检查：换向器的表面是否光洁、表面厚度不得小于 2 mm；

b．用百分表检查换向器矢圆，其矢圆跳动量不应超过 0.03 mm，最新的标准为 0.02 mm；

c．用游标卡尺检查换向器的最小直径，检查时应和标准值进行比较，若测得的直径小于最小值，应该更换电枢，如实训图 9.11 所示。

③ 电刷、电刷架及电刷弹簧的检查：

单向离合器、拨叉、啮合弹簧等组成。单向离合器有滚柱式、摩擦片式、弹簧式等几种类型。

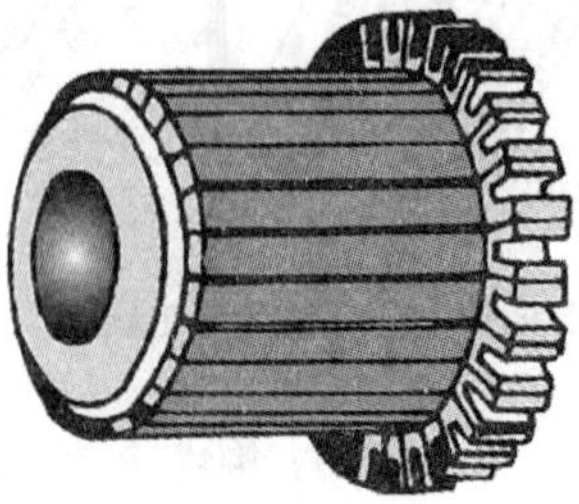

图 9.7　换向器

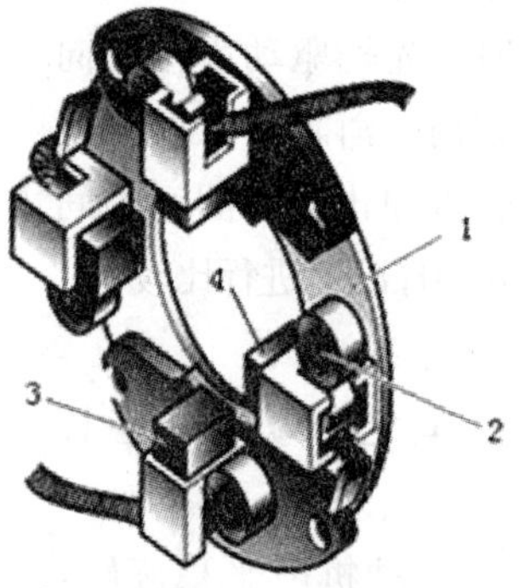

图 9.8　电刷架总成图

1—电刷架；2—电刷弹簧；3—绝缘电刷；4—搭铁电刷

其中滚柱式单向离合器是小型汽车上最常用的，下面就以滚柱式单向离合器为例，讨论其结构和工作原理。

滚柱式单向离合器的构造如图 9.9 所示，它的驱动齿轮与外壳制成一体，外壳内装有十字块和 4 套滚柱、压帽和弹簧。十字块与花键套筒相连，壳底与外壳相互扣合密封。花键套筒的外面装有啮合弹簧及衬圈，末端安装着拨环与卡圈。整个离合器总成套装在电动机轴的花键部位上，可做轴向移动和随轴转动。在外壳与十字块之间，形成四个宽窄不等的楔形槽，槽内分别装有一套滚柱、压帽及弹簧。滚柱的直径略大于楔形槽窄端，略小于楔形槽的宽端。

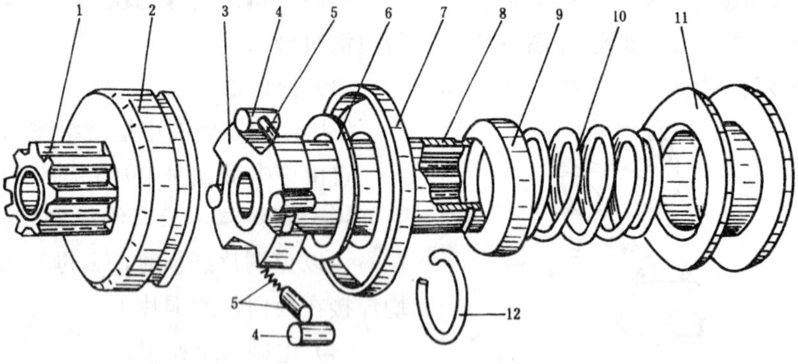

图 9.9　滚柱式单向离合器

1—驱动齿轮；2—外壳；3—十字块；4—滚柱；5—压帽弹簧；6—垫圈；7—护盖；8—花键套筒；9—弹簧座；10—啮合弹簧；11—拨环；12—卡簧

3．控制装置

电磁控制装置在启动机上称为电磁开关，它的作用是控制驱动齿轮与飞轮齿圈的啮合与分离，并控制电动机电路的接通与切断。在现代汽车上，启动机均采用电磁式控制电路，电磁式控制装置是利用电磁开关的电磁力操纵拨叉，使驱动齿轮与飞轮啮合或分离。

实训图 9.11

a. 用游标卡尺测量电刷的长度，测量电刷的长度时要参照具体的标准，不应小于最小的长度标准；

b. 检查“+”电刷架和“-”电刷架之间不应导通，若导通，应进行电刷架总成的更换。

（2）传动机构的检测

握住电枢，转动单向离合器外座圈时，驱动齿轮总成应能够沿着电枢轴自如滑动，检查小齿轮和花键及飞轮齿圈有无磨损，在确保启动齿轮无损坏的情况下，握住外座圈，应该能自由转动；反转时应锁住，否则更换，如实训图 9.12 所示。

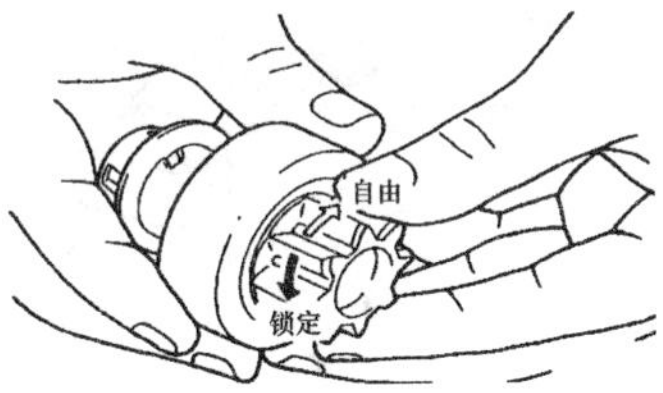

实训图 9.12

（3）电磁开关的检查

① 启动继电器的检查：当给启动继电器线圈通电时，其触点吸合，此时万用表检查时应接通；当给继电器线圈断电时，其触点打开，万用表应不通。

② 电磁开关的检查：

a. 进行活动铁芯的检查时，推入铁芯，然后松开，

（1）控制装置的组成

图 9.10 所示为电磁开关结构图。它主要由吸引线圈、保持线圈、回位弹簧、活动铁芯、接触片等组成。其中，端子 50 接点火开关，通过点火开关再接电源；端子 30 直接接蓄电池正极。

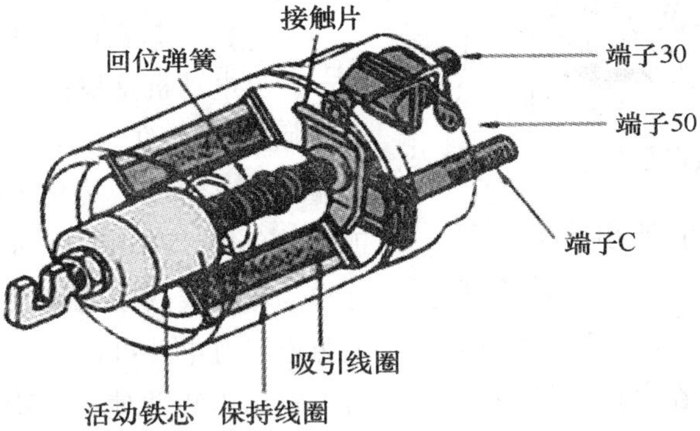

图 9.10　电磁开关结构图

（2）基本工作过程

电磁开关的工作过程要结合电路进行分析。主要的工作过程见启动系统控制电路图 9.11。当启动电路接通后，保持线圈的电流经启动机端子 50 进入，经线圈后直接搭铁，吸引线圈的电流也经启动机端子 50 进入，但通过线圈后未直接搭铁，而是进入电动机的励磁线圈和电枢后再搭铁。

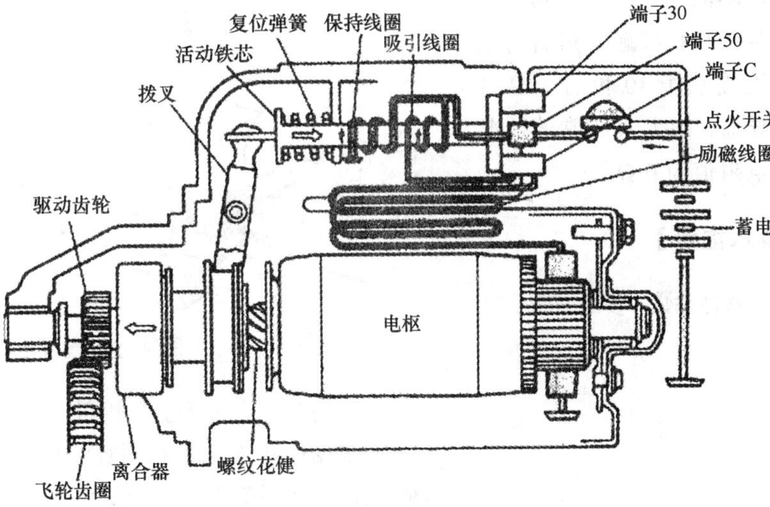

图 9.11　无启动继电器的启动控制

两线圈通电后产生较强的电磁力，克服复位弹簧弹力使活动铁芯移动，一方面通过拨叉带动驱动齿轮移向飞轮齿圈并与之啮合，另一方面推动接触片移向端子 30 和 C 的触点，在驱动齿轮与飞轮齿圈进入啮合后，接触片将两个主触点接通，使电动机通电运转。在驱动齿轮进入啮合之前，由于经过吸引线圈的电流经过了电动机，所以电动机在这个电流的作用下会产生缓慢旋转，以便于驱动齿轮与飞轮齿圈进入啮合。在两个主接线柱触点接通之后，蓄电池的电

活动铁芯应能迅速复位，如实训图 9.13 所示；

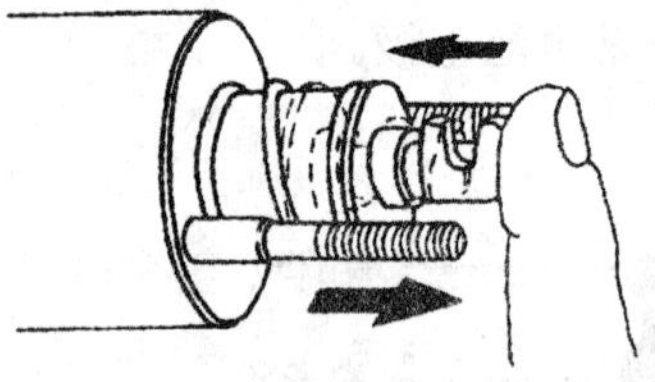

实训图 9.13

b．进行吸引线圈开路检查时，万用表 Ω 挡连接端子 50 和端子 C 应导通，并且电阻值应在标准范围内，可以进行不解体检查；

c．进行保持线圈开路检查时，用万用表 Ω 挡连接端子 50 和搭铁，应该导通，并且电阻值在标准范围内，可以进行不解体检查；

d．最后，进行电磁开关接触片的检查时，可以用手推动活动铁芯，使其触盘与两接线柱接触，然后用 Ω 挡连接端子 30 和端子 C 时应导通，并且在正常的情况下电阻值为 0 Ω。

【技术提示】

具体参数，参照维修手册

流直接通过主触点和接触片进入电动机，使电动机进入正常运转，此时通过吸引线圈的电路被短路，因此，吸引线圈中无电流通过，主触点接通的位置靠保持线圈来保持。发动机启动后，切断启动电路，保持线圈断电，在复位弹簧的作用下，活动铁芯回位，切断了电动机的电路，同时也使驱动齿轮与飞轮齿圈脱离啮合。

9.2.3　直流电动机的工作原理

直流电动机是根据载流导体在磁场中受到电磁力作用而发生运动的原理工作的。如图 9.12 所示，两片换向片分别与环状线圈的两端连接，电刷一端与两换向器片相接触，另一端分别接蓄电池的正极和负极。在环状线圈中电流的方向交替变化，用左手定则判断可知，环状线圈在电磁力矩作用下按顺时针方向连续转动。这样在电源连续对电动机供电时，其线圈就不停地按同一方向转动。为了增大输出力矩并使运转均匀，实际的电动机中电枢采用多匝线圈，随线圈匝数的增多换向片的数量也要增多。

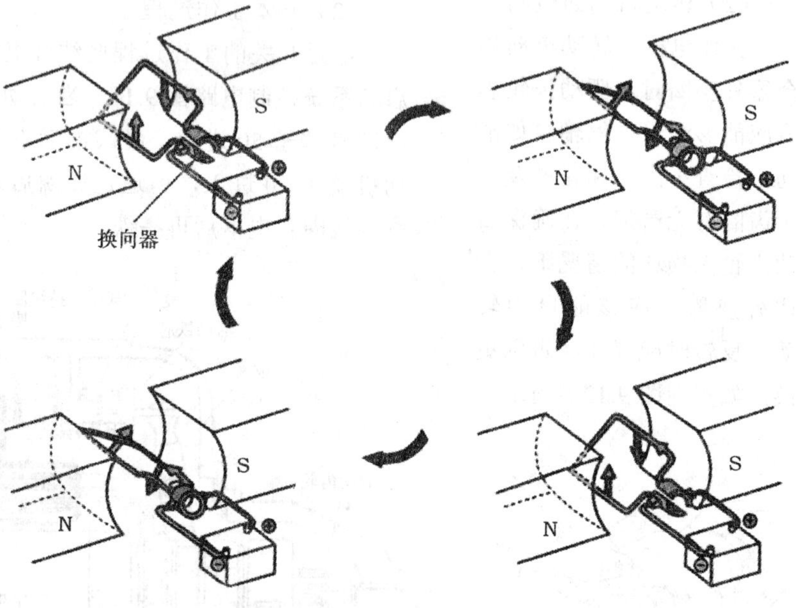

图 9.12　直流电动机的工作原理

9.2.4　启动机的型号

根据中华人民共和国行业标准 QC/T 73.93《汽车电气设备型号产品编制方法》规定，启动机的规格型号如下：

第一部分：启动机产品代号。启动机产品代号 QD，QDJ，QDY 分别表示常规启动机、减速启动机及永磁式启动机。

第二部分：电压等级代号。1 表示 12 V，2 表示 24 V，6 表示 6 V。

1 — 2 — 3 — 4 — 5

第三部分：功率等级代号，其含义见表 9.1。

第四部分：设计序号。

第五部分：变形代号。

例如：QD124 表示额定电压为 12 V、功率为 1~2 kW 经过第四次设计的启动机。

表9.1 功率等级代号

功率等级	1	2	3	4	5	6	7	8	9
功率/KW	～1	1～2	2～3	3～4	4～5	5～6	6～7	7～8	8～9

任务实施

为了全面认识启动系，首先从启动系的作用、组成入手，对启动系有一个基本的了解，然后对其工作原理进行分析。

相关链接

车用启动机的发明和变迁启动用的启动机是在一次偶然的事故后研制成功的。1910 年冬，一名妇女驾驶一辆凯迪莱克汽车，在密执安州贝尔岛的一座木桥上抛了锚。因为她没有足 够的力气用手摇柄来启动发动机，因而不得不在寒冷的桥上等待别人的帮助，恰好来了另外一辆车子，是凯迪莱克汽车公司的卡顿，卡顿帮助妇女启动那辆汽车，当卡顿摇动发动机的启动手柄时，发动机产生回火，使手柄反转，打在卡顿的脸上，打破了卡顿的额头。自此，卡顿开始了启动机的研制。

汽车发动机的自动启动，有些是采用机械装置，有一些是用气动的，也有些是用电驱动的方式。但是对各种自启动的尝试均因可靠性、有效性、紧凑性等方面的不足而遭失败。1912 年出现了把汽车工业推向前进的另外一个重要的部件，即推广应用自动启动机。一旦采用自动启动机，制造商就必须用蓄电池发电机系统才能使启动机工作，由于这个系统输出的电流比启动机、大灯和电喇叭需要的电流大得多，因此汽车制造商认识到，他们可以利用这个电流，作为发动机气缸内的燃油混合气点火之用，到那时就不再用磁电机点火了。

1912 年凯特林装置在凯迪莱克汽车里得到了推广应用。凯特林装置是一套启动马达和发电机用一个超越离合器与减速器连接在一起的组合部件。齿轮与飞轮啮合，使启动马达和发动机曲轴之间得到 25:1 的减速比，这样就有足够的力矩保证转动发动机，使启动成功。起初，通用汽车公司的高级官员并不十分相信这个新装置，因此要求汽车上仍装置备用磁电机和手摇柄。当公众信赖这套可靠的蓄电池－发电机－自动启动机装置的时候，这套装置很快就代替了通用汽车公司所有汽车上的磁电机，汽车行业中的其他制造商也都采用这一装置。而到 1924 年在纽约汽车展览会上，参加展出的 119 种车型就有 110 种车型采用蓄电池－发电机和自动启动机了。1949 年，克莱斯勒公司是第一个使用联合按键操纵点火启动开关的。以前控制启动机是通

课后练习

1．常规启动机由哪几个部分组成？各起什么作用？
2．减速传动型启动机的减速机构有哪三种类型？
3．直流串励式电动机中磁极、电枢、电刷及换向器的作用分别是什么？
4．启动系有哪些常见故障，如何诊断？
5．启动系有哪些使用、维护注意事项？
6．启动机的整体检测包括哪些内容，如何通过实验来检测启动机性能的好坏？
7．启动机解体后检测内容包括哪些，如何检测？

模块 10

发动机的拆装调试

【知识目标】

1. 了解发动机装配过程中的基本要求和注意事项，发动机修理竣工技术条件；
2. 了解发动机装配的一般原则和流程，发动机竣工验收的内容；
3. 掌握发动机装配的技术工艺，发动机调试的技术规范；
4. 掌握按照工艺流程装配发动机，按照技术标准检验发动机的装配质量。

【技能目标】

1. 熟练拆装发动机，对发动机进行全面的调试；
2. 正确使用发动机装调工具。

【课时计划】

任务类别	任务内容	参考课时		
		理论课时	实训课时	合　计
任务 10.1	发动机的拆装	1	2	3
任务 10.2	发动机的调试	1	2	3
共计：6 课时				

情境导入

项目描述

一辆 2010 年桑塔纳轿车 2000 型 1.6 L 出现排气管冒蓝烟，加速无力，燃油消耗量增大，功率下降的现象。客户要求对发动机进行修理，恢复发动机的功率，减少燃油消耗量。

项目分析

作为一名修理工，发动机各个机构和系统维修完成后，按技术要求和操作规范进行总装，然后按维修手册要求制定磨合规范并进行发动机的磨合，磨合结束后，按发动机大修后技术检验标准进行发动机验收，最后装车完成发动机大修工作。

任务驱动

任务10.1 发动机的拆装

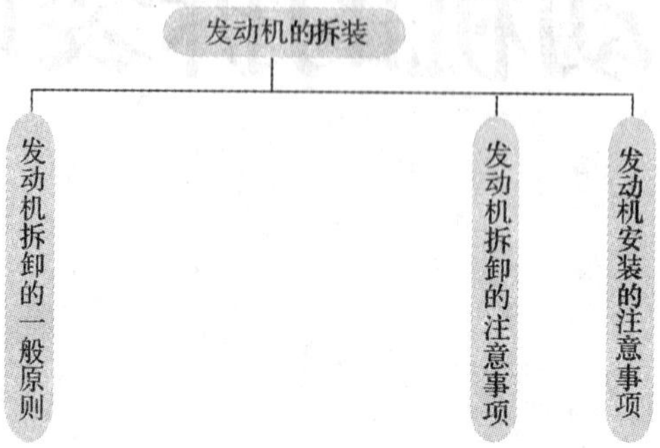

实训指导

实训1 发动机的拆装

【实训准备】

1. 设备与器材：发动机6台，相应的拆装工具：扳手，木质榔头，组合工具等

2. 将“任务工单”分发给每位学生

【实训目的】

1. 巩固和加强汽车发动机构造和原理课程的理论知识，为后续课程的学习奠定必要的基础

2. 把握汽车发动机总成、各零部件及其相互间的连接关系、拆装方法和步骤及注意事项

3. 学习准确使用拆装机器工具、量具的方法

4. 了解安全操作常识，

基础知识

10.1.1 发动机拆卸的一般原则

（1）拆卸顺序遵循从外到内、从上到下的原则。

（2）拆卸零件遵循先附件后总成、先组件后零件的原则。

（3）工具使用遵循套筒优先、梅花为辅、开口次之的原则。

（4）拆卸方向遵循对角交叉、逐步旋松的原则。

（5）旋松操作遵循拉动为主、推动为辅的原则。

10.1.2 发动机拆卸的注意事项

（1）拆卸前，应仔细阅读维修手册，熟悉发动机的组成和结构，掌握发动机拆卸的操作步骤。

（2）拆卸前，要检查相同零件的编号标记，配气相位的对位记号，正时皮带和驱动皮带的旋向记号，旋转组件的装配记号。

（3）拆卸前，要确定拆卸发动机所需的设备和工具，拆卸时，按维修手册的要求使用专用工具，避免零件变形。

（4）拆卸螺栓时要对每个螺栓均匀用力，按顺时针或者对角的方向，使部件受力均匀，避免拆卸的过程中变形。包括气缸头、左右曲轴箱盖等。

（5）拆卸下来的螺栓、螺母、垫片等要根据其所在的位置和作用，与拆下的部件放在一起，方便安装时取用。

（6）发动机零部件分解后，一定要用零件车或零件盘分类放置，避免出现零部件的磕碰划伤等机械磨损，拆下的螺钉或螺母，能装回原位的尽量装回原位，避免损坏或丢失。

（7）当不拆开曲轴箱时，拆卸某些细小部件要尤其注意，例如

认识零部件拆装后的准确放置、分类及清洗方法，养成良好的工作和生产习惯

5．锻炼和培养学生的动手能力

【实训步骤】

1．发动机附件的拆卸

（1）将发动机安装到翻转架上

（2）拆卸发动机附件

拆卸进气歧管，拆卸燃油管及总成，拆卸输油管及总成，拆卸喷油器总成，拆卸点火线圈总成，拆卸机油壳及机油泵总成，拆卸排气歧管隔热罩，拆卸歧管撑条，拆卸排气歧管，拆卸通风软管，拆卸水旁通软管，拆卸水旁通管，拆卸进水软管，拆卸进水口，拆卸节温器等。

2．发动机上部的拆卸

（1）拆卸气门室罩盖与正时齿轮盖

拆卸气缸盖罩，拆卸气缸盖罩衬垫，拆卸正时齿轮盖，拆卸皮带张紧器，拆卸正时皮带，拆卸曲轴皮带轮等。

（2）拆卸凸轮轴

拆卸进气凸轮轴轴承盖，拆卸进气凸轮轴，拆卸排气凸轮轴轴承盖，拆卸排气凸轮轴。

（3）拆卸气缸盖

按维修手册顺序旋松气缸盖固定螺栓，拆卸气缸盖衬垫和气缸盖。

（4）拆卸气门组

3．发动机下部的拆卸

（1）拆卸油底壳

按维修手册顺序旋松油

正时链盘固定螺栓、活塞销挡圈等，要用布或者手护住，防止其掉入曲轴箱内。

（8）拆卸某些特定零件时要使用专门的工具，例如磁电机飞轮、火花塞、自动蹄块式离合器等，这些都有专门的工具，不到万不得已尽量使用专用工具，否则容易弄坏零件，并且还拆不下来，费力不讨好。

（9）拆卸有销钉连接的部件时，主要注意有销钉的几个点，这几个点分离后就很容易了，有轴承的地方要尽量保证轴承内外圈同时受力，切忌野蛮拆卸。

（10）按零件拆卸的先后次序进行摆放。对于某些表面要求比较高的部件，在放置时要格外小心，确保不被外物划伤或磕到。

（11）将化油器从发动机上拆下时，要将化油器水平放置，防止里面的燃油溢出。进一步拆卸化油器时，要特别留意油针、针阀等部件。

（12）对于一些较紧的螺栓之类的零件，拆时需要将发动机固定住，一般是两个人合作，防止发动机倾倒。

10.1.3 发动机安装的注意事项

（1）注意零部件的安装顺序，避免做额外功。

（2）对于有损坏的零件、垫圈之类的要及时进行更换。

（3）安装前清理掉留在火花塞、燃烧室、活塞上表面的积炭。专用部件用专用工具安装。

（4）注意安装要求，例如，活塞环的三道环之间的角度，启动离合器安装好后要保证大齿盘能够绕一个方向自由旋转。

（5）有密封要求的地方要涂抹密封胶，包括左右曲轴箱之间，曲轴箱与曲轴箱盖之间。

（6）安装的过程中如果被卡住了，不要敲下去，应该拿出来仔细检查，对于正确的安装来说，一旦位置正确了，是很容易下去，不会被卡住的。

（7）曲轴箱安装完毕后再安装别的部件时也要防止螺栓之类的掉入曲轴箱内。

（8）在安装每一个总成时要仔细搜集好零件，不要漏装，安装完毕后要检查一下周围有没有多余的零件。

（9）在对正时的过程中要明确好几个标记的对应关系。

（10）最后，安装完毕后要将每个螺栓都拧紧，有条件的话最好按标准扭矩来拧紧。

底壳固定螺栓，拆卸衬垫和油底壳。

（2）拆卸曲轴轴承支架

（3）拆卸活塞连杆组

（4）拆卸曲轴

4．安装

与拆卸的步骤相反。

任务 10.2　发动机的调试

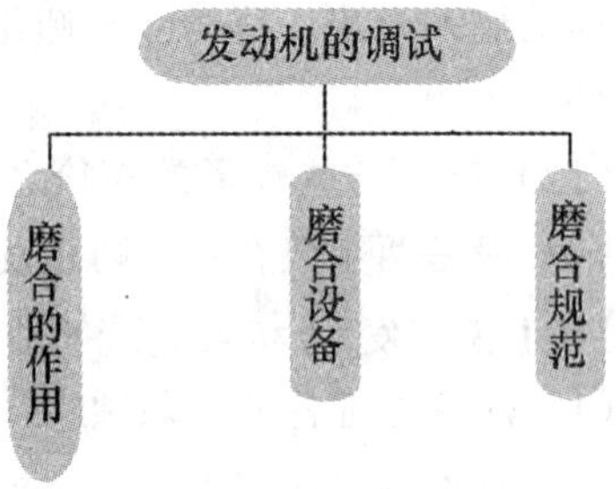

实训指导

实训 2　发动机的拆装

【实训准备】

1. 发动机六台

2. 相应的实训台架，机油盛放器皿等

【实训目的】

1. 了解发动机磨合的流程

2. 能够对发动机进行简单的磨合操作

3. 对磨合完成的发动机进行评价、检查

【实训步骤】

1．发动机冷磨合

（1）冷磨合是将装配好

基础知识

发动机装配完毕，需进行磨合及磨合过程中的调试、检验和维护才能装车出厂。出厂后，发动机还要经过一段“汽车走合”期，才能投入正常工作。大修的发动机，在磨合工序完成后还要测定发动机的最大功率、最大转矩和最低燃油消耗率，以鉴定发动机大修后的性能是否达到标准。

10.2.1　磨合的作用

磨合过程实质上就是通过零件配合表面间的摩擦运动，进行一种特殊的机械加工的过程。零件表面之间通过相互磨合，可以起到如下作用：

1．扩大配合表面的实际接触面积

新零件和经过修理的零件，由于表面微观粗糙和各种误差，装配后配合副的实际接触面积仅为设计面积的 1/100 ～ 1/1 000，配合表面上单位实际接触面积的载荷就会超过设计值的百倍乃至千倍。微观接触面在高应力、高摩擦热作用下就容易产生塑性变形和黏着磨损，引起咬黏等破坏性故障。因此，使新零件在特定的磨合规范下运动，粗糙表面的微观凸点镶嵌并产生微观机械切削现象，使实际接触面积不断扩大，在短期内形成适应正常工作条件的配合表面。

等待磨合的发动机，安装固定在磨合试验台上；

（2）冷磨合的发动机要加足机油，通常用 20 号机械油作为发动机机油，机油要保持正常的机油压力，以便有利于散热和冲洗摩擦面；

（3）冷磨合时，一般不装火花塞（汽油机）或喷油器（柴油机），燃料供给系应停止供油，以减轻发动机运动部件的负荷，有利于发动机运动部件初始阶段的磨合；

（4）冷磨合的发动机，靠外界水循环冷却，冷却液温度控制在 70 ℃左右；

（5）冷磨合起始转速一般为 400~600 r/min，然后以 200~400 r/min 的级差逐级增加转速，冷磨合终了转速一般为 1 000~1 200 r/min。冷磨合的总时间一般为 1.5~2 h，具体磨合时间应根据零件加工质量和装配情况确定；

（6）冷磨合检查内容：

① 顶置气门式发动机，应打开摇臂室罩盖，检查摇臂的润滑飞溅情况和有无金属摩擦声；

② 检查有无漏水、漏油现象；

③ 检查发动机各运转磨合部位，发现异响，应查明原因，予以调整和排除；

④ 检查活塞环有无泵油、喷油现象；

⑤ 观察发动机运转是否平稳；

（7）发动机冷磨合完成后，应放出全部机油，加入清洗油（90% 的柴油加

2．降低配合表面的粗糙度

3．增大配合间隙

磨合使配合间隙增大到适应正常工作条件的数值，从而也增加了配合副的机油流量，改善了润滑、冷却和清洗效果。

综上所述，由于磨合磨损扩大了配合表面的实际接触面积，降低了表面粗糙度，增大了配合间隙，改善了润滑效果，因此，显著地提高了零件的抗磨损能力和抗疲劳破坏能力，提高了大修发动机的可靠性与耐久性。

10.2.2 磨合设备

发动机的磨合是在如图 10.1 所示的可以进行冷、热磨合和测功的联合装置上完成的。它包括连接发动机的凸缘盘（发动机固定在凸缘盘右侧的可调支架上）、由测力机构和水力测功器等组成的测功设备（也称加载设备）、拖动装置（包括电动、摩擦离合器、变速器等）以及润滑油供给装置、测油耗及发动机转速的辅助设备等。

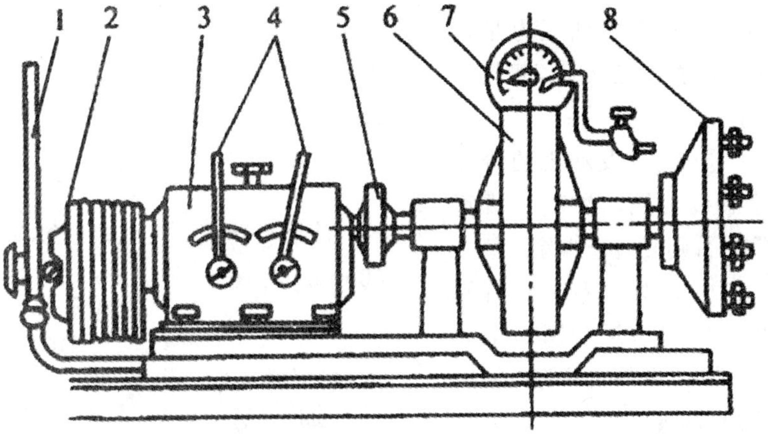

图 10.1 发动机磨合设备

1—离合器手把；2—摩擦离合器；3—变速器；4—变速手把；5—反向离合器；6—水力制动鼓；7—称力机构；8—凸缘盘

10.2.3 磨合规范

发动机的磨合过程分为两个阶段：第一阶段是出厂前在台架上进行的磨合（包括冷磨合与热磨合），一般称之为发动机磨合；第二阶段是发动机装车出厂后，在汽车运行过程中进行的磨合，一般称为汽车走合。发动机磨合过程如下：

发动机磨合有冷磨合（用外力驱动发动机运转）、热磨合（发动机自行运转）、无载热磨合、负载热磨合、汽车走合。

发动机的磨合质量在材料、结构、装配质量等条件已定的情况下，主要取决于磨合时的转速、载荷、磨合时间、润滑油品质。因此，由磨合转速、载荷和磨合时间组成了发动机的磨合规范。

1．冷磨合规范

（1）冷磨合转速、时间

对于载货汽车发动机，磨合起始转速为 400 ～ 500 r/min

10% 的车用机油），再运转 5 min，放出清洗油，并清洗各油道；必要时，将各主要零件解体清洗检查。

2．发动机的热磨合

（1）无负荷热磨合

① 采用该发动机冬季用机油；

② 按规定程序启动发动机，在空载情况下，以规定转速 800 ～ 1 000 r/min 运转 1 h；

③ 调整润滑系、燃料系、冷却系和点火正时等，使其符合标准和达到最佳状态；

④ 检查机油压力是否正常，否则应立即停机排除故障；

⑤ 检查发动机的冷却液温度、机油温度是否正常，否则应检查排除；

⑥ 若发现异响，特别是当发动机运转阻力增大时，应立即停机检查，及时排除故障；

⑦ 发动机热磨时，各部位应无漏水、漏油、漏气和漏电等现象，否则应查找原因并排除。

（2）有负荷热磨合

用试验台的加载装置对发动机进行磨合：

① 观察冷却液温度、油压和油温应符合原厂规定；

② 发动机在各种工况下应运转平稳、无异响，发现故障及时排除；

③ 及时调整点火提前角至最佳值。

3．发动机的验收

（1）装备与装配；

（2）启动性能；

（$0.2 \sim 0.25n_e$，n_e 为发动机额定转速），终止转速为 1 200 ～ 1 400 r/min（$0.4 \sim 0.55n_e$）。起始转速过低，尤其是发动机自润滑磨合，曲轴溅油能力不足，机油泵输油压力过低，不能满足配合副很大摩擦阻力和摩擦热对润滑、冷却、清洁能力的需求，会引起配合副破坏性耗损。由于高摩擦阻力和高摩擦的限制，起始转速也不能过高。

发动机磨合的关键是气缸、活塞环、活塞和曲轴与轴承等配合副的磨合，配合面上的载荷主要由连杆活塞组的质量和离心力形成的。据资料介绍，发动机转速在 1 200 ～ 1 400 r/min 范围内单位面积上的载荷最大，超过或低于此转速，反而减小，影响磨合效率（图 10.2）。

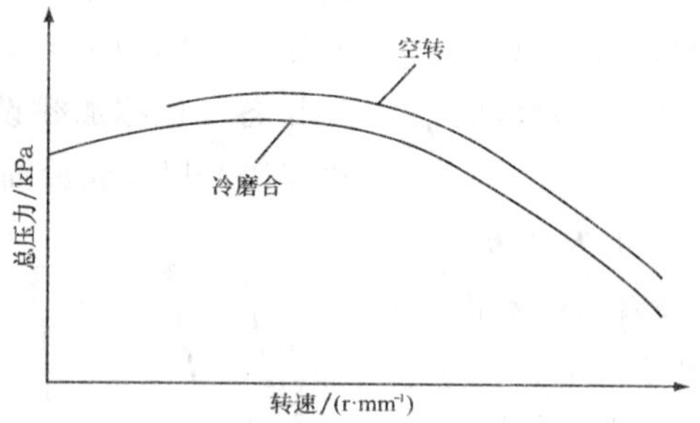

图 10.2 总压与转速曲线

冷磨合转速一般采取四级调速。在每级转速下磨合 15 min，共 60 min（表 10.1）。

表10.1 冷磨合转速

发动机额定转速 /(r · min⁻¹)	离合器转速 /(r · min⁻¹)	时间 /min	总时间 /h
3 200	600 600~800 800~1 000 1 000~1 200	15	1
3 200	500 500~900 900~1 200 1 200~1 400	15	1

（2）冷磨合载荷

实践证明，装好气缸盖和火花塞，借助气缸的压缩力来增加冷磨合载荷，可以提高磨合效率，取得较好的效果。

（3）冷磨合的润滑

现行的润滑方式有自润滑、油浴式润滑和机外润滑，其中机外润滑方式效果最好。所谓机外润滑是指由专门的泵送系统，将专门配制的黏度较低、硫化极性添加剂含量高的专用发动机润滑油，以较大的流量送入发动机进行润滑的一种方式。机外润滑不但使摩擦表面松软，加速磨合过程，而且润滑、散热以及清洁能力很强，提高了磨合过程的可靠性。

（3）进气歧管真空度；

（4）气缸压力；

（5）运转情况；

（6）油液正常；

（7）动力性能；

（8）燃料消耗率；

（9）排放性能；

（10）其他。发动机应无漏水、漏油、漏气和漏电现象；发动机应按规定加装限速装置，并加铅封；对有分电器的电喷发动机可适当减小点火提前角，走合一定里程后再恢复。

2．热磨合规范

（1）无载热磨合

无载热磨合是为有载热磨合做准备，其磨合原理与冷磨合类似，因此无载热磨合转速取 0.4 ～ 0.55n_e。

（2）有载热磨合

磨合起始转速为 0.4 ～ 0.5n_e，终了转速一般取 0.8n_e，四级调速。

起始加载取 0.2p_e（p_e 为发动机标定功率），磨合终了前载荷取 0.80p_e，采取四级加载方式，与四级调速相应组合。

磨合时间的确定，多以每级磨合中的转速变化或润滑温度来判断。当每级负载不变时，随着磨合时间的延续、零件工作表面质量的改善、摩擦损失的减小，发动机转速会有明显的升高，就表明这一级磨合已达到了磨合要求，可以转入高一级转速、负载的磨合。也可以用润滑油的温度变化评价每级磨合时间，在发动机冷却液温度保持恒定的条件下，摩擦阻力进入温度稳定阶段后，润滑油温度也从升温转入温度稳定状态，此时就可以转入高一级磨合。

上述磨合规范的总磨合时间为 120 ～ 150 min。

在热磨合过程中，必须进行发动机的检查调整和发动机性能试验，排除故障使发动机符合大修竣工技术条件。热磨合后应清洗润滑系，更换润滑油和滤清器滤芯，加装限速装置。

任务实施

发动机的总体拆装是汽车专业类学生的基础技能，对后面发动机检测、故障诊断等都有着重要的作用，为了能够使学生全面地掌握这部分内容，学生必须学会如何正确使用工具，如何流畅正确地拆装发动机，对于拆装结束的发动机必须进行有效的检测。

课后练习

1．简述发动机分解的一般顺序。

2．发动机装配的主要技术要求是什么？

3．简述发动机装配的一般顺序。

4．发动机磨合的意义是什么？何为发动机的冷磨合，何为发动机的热磨合？

参 考 文 献

[1] 龙纪文 . 汽车发动机维修 [M]. 北京：中国劳动社会保障出版社，2006.

[2] 陈家瑞 . 汽车构造 [M]. 北京：人民交通出版社，2007.

[3] 刘炽平 . 汽车发动机机械系统维修一体化项目教程 [M]. 上海：上海交通大学出版社，2012.

[4] 岳杰 . 汽车发动机常见维修项目实训教材 [M]. 北京：人民交通出版社，2009.